科目別 過去問題集

日本史A・B
2023高卒認定
スーパー実戦過去問題集

編集●J-出版編集部　　　制作●J-Web School

もくじ

高卒認定情報ほか

問題／解答・解説

高卒認定試験の概要

1. 高等学校卒業認定試験とは

高等学校卒業程度認定試験（高卒認定試験）は、高等学校を卒業していないなどのため、大学等の受験資格がない方に対し、高等学校卒業者と同等以上の学力があるかどうかを認定する試験です。合格者には大学・短大・専門学校や看護学校などの受験資格が与えられるだけでなく、高等学校卒業者と同等以上の学力がある者として認定され、就職、転職、資格試験等に広く活用することができます。ただし、試験で合格点を得た者が満18歳に達していないときには、18歳の誕生日の翌日から合格者となります。

2. 受験資格

受験年度末の3月31日までに満16歳以上になる方。現在、高等学校等に在籍されている方も受験が可能です。ただし、すでに大学入学資格を持っている方は受験できません。

3. 実施日程

試験は8月と11月の年2回実施されます。8月試験と11月試験の受験案内（願書）配布開始日、出願期間、試験日、結果通知送付日は以下のとおりです（令和4年度の実施日程を基に作成しています。最新の実施日程については文部科学省のホームページを確認してください）。

	第1回（8月試験）	第2回（11月試験）
配布開始日	4月4日(月)～	7月19日(火)～
出願期間	4月4日(月)～5月9日(月)	7月19日(火)～9月13日(火)
試験日	8月4日(木)・5日(金)	11月5日(土)・6日(日)
結果通知送付日	8月30日(火)発送	12月6日(火)発送

4. 試験科目と合格要件

試験の合格者となるためには、合格要件に沿って8科目もしくは9科目、10科目の試験科目に合格することが必要です（「公民」および「理科」の選択科目によって科目数が異なります）。

教科	試験科目	科目数	合格要件
国語	国語	1	必修
地理歴史	世界史A、世界史B	1	2科目のうちいずれか1科目必修
	日本史A、日本史B	1	4科目のうちいずれか1科目必修
	地理A、地理B		
公民	現代社会	1 または 2	「現代社会」1科目 「倫理」および「政治・経済」の2科目　いずれか必修
	倫理		
	政治・経済		
数学	数学	1	必修
理科	科学と人間生活	2 または 3	以下の①、②のいずれかが必修 ①「科学と人間生活」の1科目と「物理基礎」、「化学基礎」、「生物基礎」、「地学基礎」のうち1科目（合計2科目） ②「物理基礎」、「化学基礎」、「生物基礎」、「地学基礎」のうち3科目（合計3科目）
	物理基礎		
	化学基礎		
	生物基礎		
	地学基礎		
外国語	英語	1	必修

5. 試験科目の出題範囲

試験科目	出題範囲（対応する教科書名）	
国語	「国語総合」古文・漢文含む	平成25年4月以降の高等学校入学者が使用している教科書
世界史A	「世界史A」	
世界史B	「世界史B」	
日本史A	「日本史A」	
日本史B	「日本史B」	
地理A	「地理A」	
地理B	「地理B」	
現代社会	「現代社会」	
倫理	「倫理」	
政治・経済	「政治・経済」	
数学	「数学Ⅰ」	平成24年4月以降の高等学校入学者が使用している教科書
科学と人間生活	「科学と人間生活」	
物理基礎	「物理基礎」	
化学基礎	「化学基礎」	
生物基礎	「生物基礎」	
地学基礎	「地学基礎」	
英語	「コミュニケーション英語Ⅰ」	平成25年4月以降の高等学校入学者が使用している教科書

出願から合格まで

1. 受験願書の入手

受験案内（願書）は、文部科学省や各都道府県教育委員会、各都道府県の配布場所などで配布されます。ただし、配布期間は年度毎に異なりますので、文部科学省のホームページなどで事前に確認してください。なお、直接取りに行くことができない方はパソコンやスマートフォンで受験案内（願書）を請求することが可能です。

〈パソコンもしくはスマートフォンで請求する場合〉

次のURLにアクセスし、画面の案内に従って申し込んでください。　https://telemail.jp/shingaku/pc/gakkou/kousotsu/

○受験案内（願書）は、配布開始時期のおよそ1か月前から出願締切のおよそ1週間前まで請求できます。

○請求後、受験案内（願書）は発送日から通常3～5日程度で届きます。ただし、配布開始日以前に請求した場合は予約扱いとなり、配布開始日に発送されます。

○受験案内（願書）に同封されている支払い方法に従って料金を払います。

○不明な点はテレメールカスタマーセンター（TEL：050-8601-0102　受付時間：9:30 ～ 18:00）までお問い合わせください。

2. 出願書類の準備

受験案内（願書）を入手したら、出願に必要な次の書類を用意します（令和4年度の受験案内を基に作成しています。内容が変更になる場合もあるため、最新の受験案内を必ず確認してください）。

①受験願書・履歴書
②受験料（収入印紙）
③写真2枚（縦4cm× 横3cm）　※同じ写真を2枚用意
④住民票または戸籍抄本
⑤科目合格通知書　※一部科目合格者のみ
⑥試験科目の免除に必要な書類（単位修得証明書、技能審査の合格証明書）　※試験科目の免除を申請する者のみ
⑦氏名、本籍の変更の経緯がわかる公的書類（戸籍抄本等）　※必要な者のみ
⑧個人情報の提供にかかる同意書　※該当者のみ
⑨特別措置申請書および医師の診断・意見書　※必要な者のみ
⑩出願用の封筒

①受験願書・履歴書

受験願書・履歴書の用紙は受験案内に添付されています。

②受験料（収入印紙）

受験科目が７科目以上の場合は 8,500 円、４科目以上６科目以下の場合は 6,500 円、３科目以下の場合は 4,500 円です。受験料分の日本政府発行の収入印紙（都道府県発行の収入証紙等は不可）を郵便局等で購入し、受験願書の所定欄に貼り付けてください。

③写真２枚（縦４cm× 横３cm）

出願前６か月以内に撮影した、無帽・背景無地・正面上半身の写真を２枚（同一のもの）用意し、裏面に受験地と氏名を記入して受験願書の所定欄に張り付けてください。写真は白黒・カラーいずれも可です。

④住民票または戸籍抄本（原本）

出願前６か月以内に交付され、かつ「本籍地（外国籍の方は国籍等）」が記載されたものを用意してください。マイナンバーの記載は不要です。海外在住の外国籍の方で提出が困難な場合は、必ず事前に文部科学省総合教育政策局生涯学習推進課認定試験第二係まで問い合わせてください。　TEL：03-5253-4111（代表）（内線 2590・2591）

⑤科目合格通知書（原本）

過去に高等学校卒業程度認定試験または大学入学資格検定において、一部科目に合格している方は提出してください。なお、紛失した場合は受験案内にある「科目合格通知書再交付願」で出願前に再交付を受けてください。結婚等により、科目合格通知書に記載された氏名または本籍に変更がある場合は、「⑦氏名、本籍の変更の経緯がわかる公的書類（戸籍抄本等）」をあわせて提出してください。

⑥試験科目の免除に必要な書類（単位修得証明書、技能審査の合格証明書）（原本）

試験科目の免除を申請する方は受験案内を確認し、必要書類を提出してください。なお、単位修得証明書が発行元で厳封されていない場合は受理されません。結婚等により、試験科目の免除に必要な書類の氏名に変更がある場合は、「⑦氏名、本籍の変更の経緯がわかる公的書類（戸籍抄本等）」をあわせて提出してください。

⑦氏名、本籍の変更の経緯がわかる公的書類（戸籍抄本等）（原本）

結婚等により、「⑤科目合格通知書」や「⑥試験科目の免除に必要な書類」に記載された氏名または本籍が変更となっている場合に提出してください。

⑧個人情報の提供にかかる同意書

外国籍の方で、過去に高等学校卒業程度認定試験または大学入学資格検定で合格した科目があり、「⑤科目合格通知書」の氏名（本名）または国籍に変更がある場合は、提出してください。

⑨特別措置申請書および医師の診断・意見書

身体上の障がい等により、受験の際に特別措置を希望する方は、受験案内を確認し、必要書類を提出してください。

⑩出願用の封筒

出願用の封筒は受験案内に添付されています。封筒の裏面に氏名、住所、受験地を明記し、「出願書類確認欄」を用いて必要書類が揃っているかを再度チェックし、不備がなければ郵便局の窓口で「簡易書留扱い」にして文部科学省宛に送付してください。

3. 受験票

受験票等（受験科目決定通知書、試験会場案内図および注意事項を含む）は文部科学省から受験願書に記入された住所に届きます。受験案内に記載されている期日を過ぎても到着しない場合や記載内容に誤りがある場合は、文部科学省総合教育政策局生涯学習推進課認定試験第二係に連絡してください。　TEL：03-5253-4111（代表）　①試験実施に関すること（内線 2024・2643）　②証明書に関すること（内線 2590・2591）

4. 合格発表・結果通知

試験の結果に応じて、文部科学省から次のいずれかの書類が届きます。全科目合格者には「**合格証書**」、一部科目合格者には「**科目合格通知書**」、その他の者には「**受験結果通知**」が届きます。「**合格証書**」が届いた方は、大学入学資格（高等学校卒業程度認定資格）が与えられます。ただし、試験で合格点を得た方が満 18 歳に達していないときには、18 歳の誕生日の翌日から合格者となります。そのため、大学入学共通テスト、大学の入学試験等については、原則として満 18 歳になる年度から受験が可能となります。大学入学共通テストについては、独立行政法人大学入試センター　事業第一課（TEL：03-3465-8600）にお問い合わせください。「**科目合格通知書**」が届いた方は、高等学校卒業程度認定試験において１科目以上の科目を合格した証明になりますので、次回の受験まで大切に保管するようにしてください。なお、一部科目合格者の方は「**科目履修制度**」を利用して、合格に必要な残りの科目について単位を修得することによって、高等学校卒業程度認定試験合格者となることができます（「**科目履修制度**」については次のページもあわせて参照してください）。

科目履修制度（未合格科目を免除科目とする）

1.科目履修制度とは

科目履修制度とは、通信制などの高等学校の科目履修生として未合格科目（合格に必要な残りの科目）を履修し、レポートの提出とスクーリングの出席、単位認定試験の受験をすることで履修科目の単位を修得する制度となります。この制度を利用して単位を修得した科目は、免除科目として文部科学省に申請することができます。高等学校卒業程度認定試験（高卒認定試験）の合格科目と科目履修による単位修得を合わせることにより、高等学校卒業程度認定試験の合格者となることができるのです。

2.科目履修の学習内容

レポートの提出と指定会場にて指定回数のスクーリングに出席し、単位認定試験で一定以上の点数をとる必要があります。

3.科目履修制度の利用

❶すでに高卒認定試験で合格した一部科目と科目履修を合わせることにより高卒認定試験合格者となる。

高卒認定試験 既合格科目 ＋ 科目履修（残り科目を履修） ＝ 合わせて8科目以上 **高卒認定試験合格**

※最低１科目の既合格科目または合格見込科目が必要

①苦手科目がどうしても合格できない方
②合格見込成績証明書を入手し、受験手続をしたい方
③残り科目を確実な方法で合格したい方
④大学・短大・専門学校への進路が決まっている方

❷苦手科目等を先に科目履修で免除科目にして、残りの得意科目は高卒認定試験で合格することで高卒認定試験合格者となる。

科目履修（苦手科目等を履修） ＋ 高卒認定試験 科目受験 ＝ 合わせて8科目以上 **高卒認定試験合格**

※最低１科目の既合格科目または合格見込科目が必要

①得意科目だけで高卒認定試験の受験に臨みたい方
②できるだけ受験科目数を減らしたい方
③どうしても試験で合格する自信のない科目がある方
④確実な方法で高卒認定試験の合格を目指したい方

4.免除を受けることができる試験科目と免除に必要な修得単位数

免除が受けられる試験科目	高等学校の科目	免除に必要な修得単位数
国語	「国語総合」	4
世界史Ａ	「世界史Ａ」	2
世界史Ｂ	「世界史Ｂ」	4
日本史Ａ	「日本史Ａ」	2
日本史Ｂ	「日本史Ｂ」	4
地理Ａ	「地理Ａ」	2
地理Ｂ	「地理Ｂ」	4
現代社会	「現代社会」	2
倫理	「倫理」	2
政治・経済	「政治・経済」	2
数学	「数学Ⅰ」	3
科学と人間生活	「科学と人間生活」	2
物理基礎	「物理基礎」	2
化学基礎	「化学基礎」	2
生物基礎	「生物基礎」	2
地学基礎	「地学基礎」	2
英語	「コミュニケーション英語Ⅰ」	3

（注）上記に記載されている免除に必要な修得単位数はあくまで標準的修得単位数であり、学校によっては科目毎の設定単位数が異なる場合があります。

■科目履修制度についてより詳しく知りたい方は、J-出版編集部にお問い合わせください。
TEL：03-5800-0552
Mail：info@j-publish.net
http://www.j-publish.net/risyu/

傾向と対策

1. 出題傾向

過去３年間の８月試験および 11 月試験の出題傾向は以下のとおりです。日本史は暗記科目ではありますが、高卒認定では図や資料をひとつずつ見ていけば解ける問題が３割程度あります。資料が多く提示されている問題ほど丁寧に読んでいきましょう。

日本史Ｂの問題構成は年度によって多少異なりますが、おおよそ 1 、 2 が古代～中世、 3 が江戸時代、 4 ～ が江戸時代末～現代という構成になっています。

出題内容	令和２年度第１回		令和２年度第２回		令和３年度第１回		令和３年度第２回		令和４年度第１回		令和４年度第２回	
	A	B	A	B	A	B	A	B	A	B	A	B
原始～飛鳥時代												
日本のはじまり		●		●								
ヤマト政権の成立と古墳文化		●		●		●		●		●		
律令国家の成立		●		●		●				●		●
奈良時代と平安時代												
奈良時代と天平文化										●		●
平安時代のはじまりと弘仁・貞観文化												●
摂関政治と荘園の発達								●				
武士の発生と院政				●				●		●		
国風文化と院政期の文化												●
鎌倉時代と室町時代												
鎌倉幕府と創設と執権政治		●						●		●		●
鎌倉幕府の衰退と鎌倉文化		●		●		●						
室町時代の政治・社会		●		●		●		●		●		
室町時代の文化						●						●
室町幕府の衰退						●		●				●
安土桃山時代と江戸時代												
安土桃山時代		●				●				●		
幕藩体制の確立（①家康～③家光まで）								●		●		
幕藩体制の展開（④家綱～正徳の治まで）				●								
幕政改革（⑧吉宗からはじまる三大改革）				●		●		●		●		●
江戸時代の文化		●				●		●				●
江戸幕府の滅亡（幕末の動乱）	●	●	●	●	●	●	●	●	●	●	●	●
明治時代と大正時代												
明治維新と富国強兵	●	●	●	●	●	●	●	●	●	●	●	●
立憲国家の成立	●	●	●	●	●	●	●	●	●	●	●	●
明治時代の対外関係	●	●	●	●	●	●	●	●	●	●	●	●
大正時代の政治	●	●	●	●	●	●	●	●	●	●	●	●
明治～大正期の教育・文化	●	●	●	●	●	●	●	●	●	●	●	●
昭和時代以降												
軍部の台頭	●	●	●	●	●	●	●	●	●	●	●	●
日中戦争・太平洋戦争	●	●	●	●	●	●	●	●	●	●	●	●
戦後の政治	●	●	●	●	●	●	●	●	●	●	●	●
高度経済成長期～現代へ	●	●	●	●	●	●	●	●	●	●	●	●

2. 出題内容と対策

1 原始〜飛鳥時代

日本史Bのみの出題です。基礎的な内容を覚えておきましょう。なかでも律令国家形成やしくみについては問われる可能性が高いのでしっかり復習してください。

2 奈良時代と平安時代

日本史Bのみの出題です。政治面での出題がほぼ毎年あります。深掘りはしなくてもいいので、基礎的な内容（参考書などで太字の部分や中学生向けの参考書の範囲）を学習しておきましょう。

3 鎌倉時代と室町時代

日本史Bのみの出題です。2と同じく、政治面で毎年出題があります。鎌倉・室町期は権力者の変化が激しいのでしっかり理解できるように工夫して学習しましょう。

4 安土桃山時代と江戸時代

日本史Bで受験する場合は、とくに江戸時代の改革や禁教令を重点的に勉強しましょう。幕末以降は日本史A・B両方で出題されます。また、出題数も古代・近世に比べて多くなっています。とくに日本史Aはこれ以降のみが出題範囲となるので、幕末〜平成まで非常に深く学習する必要があります。

5 明治時代と大正時代

日本史A・Bともに出題されます。とくに自由民権運動と条約改正については必須事項ですので、漏れのないように学習してください。また、初期議会の内容についても整理しておきましょう。

6 昭和時代以降

第二次世界大戦前後の日本の変化については深く学習しておきましょう。どのような思想のもとでどのような法律が作られてどのような生活をしていたのか、また戦後の復興から先進国と呼ばれるまでにどのようなことがあったのかをきちんと理解する必要があります。

令和４年度 第２回
高卒認定試験

日本史Ａ・Ｂ

解答時間　50 分

注　意　事　項（抜粋）

＊　試験開始の合図前に，監督者の指示に従って，解答用紙の該当欄に以下の内容をそれぞれ正しく記入し，マークすること。

①**氏名欄**

氏名を記入すること。

②**受験番号**，③**生年月日**，④**受験地欄**

受験番号，生年月日を記入し，さらにマーク欄に**受験番号**（数字），**生年月日**（年号・数字），**受験地をマーク**すること。

＊　**受験番号，生年月日，受験地が正しくマークされていない場合は，採点できないことがある。**

＊　解答は，解答用紙の解答欄にマークすること。例えば，［10］と表示のある解答番号に対して②と解答する場合は，次の（例）のように**解答番号 10 の解答欄**の②に**マーク**すること。

（例）

解答番号	解　答　欄
10	①　●　③　④　⑤　⑥　⑦　⑧　⑨　⓪

日　本　史　A

（解答番号 1 ～ 28 ）

1　次の表1について，後にある問1～問8に答えよ。

表1　歴代秋田県知事(注1)

	在任期間	出身地(注2)	人物・経歴
初代	1871年12月～1872年6月	佐賀	のちに佐賀の乱に参加したことで刑死した。
2代	1872年7月～1873年5月	山口	のちに枢密顧問官に就任した。
3代	1873年5月～1875年5月	山口	
4代	1875年5月～1883年3月	高知	適塾(a)出身であり，海援隊に参加した。
5代	1883年3月～1886年2月	山口	
6代	1886年2月～1889年12月	福井	元老院議官から秋田県知事となった。
7代	1889年12月～1890年3月	長崎	
8代	1890年3月～1892年3月	宮城	長く北海道開拓使(b)で勤務し，のちに貴族院議員となった。
9代	1892年3月～1892年8月	滋賀	品川弥二郎とともに選挙干渉を行った。(c)
10代	1892年8月～1896年9月	広島	衆議院議員から秋田県知事となり，のちに貴族院議員となった。
11代	1896年9月～1899年4月	熊本	
12代	1899年4月～1902年2月	福岡	
13代	1902年2月～1903年6月	長崎	内国勧業博覧会(d)に出張中に病死した。
14代	1903年6月～1904年11月	三重	
15代	1904年11月～1905年12月	東京	
16代	1905年12月～1906年1月	鹿児島	

（初代～5代：X，6代～10代：Y）

（『新編　日本の歴代知事』『秋田県知事物語　その人その時代』より作成）

（注1）「権令」「県令」も「県知事」に統一して表記している。

（注2）現在の都県名に統一して表記している。

III

問 1　下線部分適塾(a)についてのレポートを読み，［A］［B］に当てはまる語句の組合せとして適切なものを，下の①～④のうちから一つ選べ。解答番号は［1］。

レポート

適塾には，「学生の読書研究はただ原書を読むのみで，一枚たりとも翻訳してはならない」という塾則があった。

幕末の日本には外国船が相次いで接近しており，1839 年にはモリソン号事件を批判したとして高野長英らが処罰されるという［A］がおこった。その際，塾を主宰した緒方洪庵も「高野がもし訪れたら申し出ること。もし隠すようなことがあれば厳罰に処す」という命令を受けている。さらに福沢諭吉が適塾に入門する際に藩の上層部から「異国の学問修業は不都合である」と言われていたことや，1850 年に幕府が「みだりに蘭書を翻訳してはならない」という命令を出したことからも，幕府や藩が［B］ことがうかがえる。そのような中で緒方はこのような塾則を作らざるを得なかったのだろう。

① A―安政の大獄　B―蘭学の影響を警戒していた
② A―安政の大獄　B―蘭学を奨励していた
③ A―蛮社の獄　B―蘭学の影響を警戒していた
④ A―蛮社の獄　B―蘭学を奨励していた

問２　下線部北海道開拓使(b)に関して，当時出されたアイヌ民族に関連する命令についてまとめたカード１・２および，現在のアイヌ民族の生活の実態についてまとめた表２から読み取れることとして最も適切なものを，下の①～④のうちから一つ選べ。解答番号は［２］。

カード１　北海道開拓使から出された命令

・北海道の旧土人(注３)に対して，これまでの風習を洗い流し，教化を行い，徐々に人間としての道に入れるために，…(中略)…特に男子の耳輪や生まれてくる女子に対して入れ墨をしてはいけない。…(中略)…もし，違反する者がいれば厳重に処分する。

・これまで土人(注３)たちは毒矢を使って獣類を刺殺する風習があるが，…(中略)…これからは堅く禁止する。それによって旧土人は一時的に生業を失うため，他の新たな生業に移るように。

（『いま学ぶアイヌ民族の歴史』より作成）

カード２　北海道地券発行条例

旧土人(注３)が住居している土地は，その種類に関係なく，当分すべてを官有地に編入する。…(中略)…山，林，沢，原野などはすべて官有地として，差し支えない場合は，人々の要望により有料で貸し渡し，または売り渡してもかまわない。

（『いま学ぶアイヌ民族の歴史』より作成）

（注３）　いずれもアイヌを指す。なお，原典の表記をそのまま用いている。

表２　北海道アイヌ生活実態調査

【生活保護率】　（単位：％）

	1972年	1979年	1986年	1993年	1999年	2006年
アイヌが居住する市町村全体	1.8	2.0	2.2	1.6	1.8	2.5
アイヌ	11.6	6.9	6.1	3.9	3.7	3.8

【高等学校への進学率】　（単位：％）

	1972年	1979年	1986年	1993年	1999年	2006年
アイヌが居住する市町村全体	78.2	90.6	94.0	96.3	97.0	98.3
アイヌ	41.6	69.3	87.4	87.4	95.2	93.5

（『いま学ぶアイヌ民族の歴史』）

①　1972年から2006年にかけての生活保護率は，アイヌ民族が居住する市町村全体とアイヌ民族の両方で低下傾向にある。

②　1972年から2006年にかけてのアイヌ民族の高等学校への進学率は，低下傾向にある。

③　北海道では地券の発行にともないアイヌ民族が居住していた土地は，すべて国有地に編入されることになった。

④　北海道開拓使は，アイヌ民族の伝統文化や風習を尊重した政策を行った。

問 3　下線部分(c)品川弥二郎とともに選挙干渉を行ったに関して，このときの選挙や初期議会について述べた文として**適切でないもの**を，次の①〜④のうちから一つ選べ。

解答番号は　3　。

① このときの選挙では，25歳以上のすべての男子が選挙権をもっていた。

② このときの選挙では，民党が吏党を上回る議席を獲得した。

③ 第一議会では，超然主義の立場をとる内閣が民党に攻撃された。

④ 政府と衆議院は，日清戦争直前まで対立を繰り返した。

問 4　下線部分内国勧業博覧会(d)についての**会話文**を読み，［　C　］［　D　］に当てはまる語句の組合せとして適切なものを，下の①～④のうちから一つ選べ。解答番号は［　4　］。

会話文

先生：内国勧業博覧会の目的は何でしょう。**資料1**を読んで考えてみましょう。
生徒：［　C　］ことであると読み取れます。
先生：そうですね。次に**図**を見てください。これは第13代知事が参加した博覧会に設置された「台湾館」ですが，なぜこれが作られたのでしょうか。
生徒：この時期には［　D　］からではないですか。
先生：そのとおりです。よく背景を理解していますね。

資料1　大久保利通の書簡(意訳してある)

外国からの出品を受け入れることが有益であることは言うまでもないが，この内国博覧会はまず全国の物産を増殖することを目的としているから，…(中略)…もし外国人の出品を許してしまえば当初の目的が変わってしまい，さまざまな不都合が生じてくるだろう。

図　「台湾館」外観

① C―外国からの輸入品を展示する　　D―台湾出兵が行われていた
② C―外国からの輸入品を展示する　　D―台湾が日本の植民地となっていた
③ C―国産物品の生産を拡大する　　D―台湾出兵が行われていた
④ C―国産物品の生産を拡大する　　D―台湾が日本の植民地となっていた

問 5　初代秋田県知事について述べた次の**ア・イ**の正誤の組合せとして最も適切なものを，下の①～④のうちから一つ選べ。解答番号は 5 。

ア　この人物は知事に就任する直前，秋田藩知藩事の地位にあった。

イ　この人物は日露戦争の講和条約に反対する運動に参加した。

①　ア―正　　イ―正
②　ア―正　　イ―誤
③　ア―誤　　イ―正
④　ア―誤　　イ―誤

問 6　第15代秋田県知事は退任後，第二次日韓協約に基づき漢城におかれた日本政府の機関で勤務した。この機関の**名称**と，その機関の初代長官を務めた**人物**の組合せとして適切なものを，下の①～④のうちから一つ選べ。解答番号は 6 。

名　称

ア　統監府　　　イ　朝鮮総督府

人　物

ウ　寺内正毅　　エ　伊藤博文

①　ア―ウ　　②　ア―エ　　③　イ―ウ　　④　イ―エ

問7　資料2は表1の［X］の時期におきたある事件を風刺した歌の一部である。これについて述べた文として**適切でないもの**を，下の①～④のうちから一つ選べ。
解答番号は［7］。

資料2

国事に関する罪犯し　入獄ありし大井氏(注4)が　心底如何(いかん)と問うたれば
荒井章吾(注5)を先手(さきて)とし　小林樟雄(注5)を後手となし　都合人数が四十と五人
爆裂弾丸製造なし　品川汽船に乗込みて　行く内に磯山(注5)が　変心(注6)ゆえに発覚し
長崎監倉につながれて　重罪軽罪処分され
苦役の中にこの度の　憲法発布の式を得て　大赦(たいしゃ)(注7)復権あられしは
まことに満足慶賀の至り

(注4)　大井憲太郎のこと。　(注5)　いずれも大井憲太郎の同志。　(注6)　心変わり。
(注7)　政令によって罪を許されること。

① この歌が示す事件がおこったとき，朝鮮半島では義兵運動がおこっていた。
② この歌が示す事件は，武力による朝鮮の内政改革をめざしたものであった。
③ この歌によると，大井憲太郎は表1の［Y］の時期に大赦され復権した。
④ この歌によると，大井憲太郎は仲間の心変わりによって逮捕され，長崎で服役していた。

問8　表1から読み取れることについて述べた次のア・イの正誤の組合せとして最も適切なものを，下の①～④のうちから一つ選べ。解答番号は［8］。

ア　初代から5代までの秋田県知事の出身地には，明治新政府樹立を主導した地域が多くみられる。
イ　初代から5代までの秋田県知事の出身地には，奥羽越列藩同盟に属した地域が多くみられる。

① ア―正　イ―正　　② ア―正　イ―誤
③ ア―誤　イ―正　　④ ア―誤　イ―誤

2 次の**表**について，後にある**問1～問8**に答えよ。

表 第一次世界大戦から第二次世界大戦までの日本外交に関する主なできごと(年代の古い順に並べてある)

(a) 日本が第一次世界大戦に参戦した。

X

関東軍が満州へ帰還途中の張作霖を奉天郊外で爆殺した。

Y

(b) 日本が国際連盟を脱退した。

Z

(c) 太平洋戦争がはじまった。

日本がポツダム宣言を受諾した。

問1 下線部分(a)日本が第一次世界大戦に参戦したに関連して，次の**資料1**についての**説明文**中の [A] [B] に当てはまる語句の組合せとして適切なものを，下の①～④のうちから一つ選べ。解答番号は [9] 。

資料1

説明文

資料1は1914年9月2日に発行されたドイツの雑誌に掲載された絵である。日英同盟を根拠に日本は [A] の側に立って参戦した。中央に大きく描かれた人物は日本人であることがうかがえる。彼のとがった爪の先にはアジアにおけるドイツの租借地であった [B] がある。この雑誌が発行された後，[B] は日本に占領された。

① A―三国同盟　B―膠州湾
② A―三国同盟　B―遼東半島
③ A―三国協商　B―膠州湾
④ A―三国協商　B―遼東半島

問 2　下線部分日本が国際連盟を脱退した(b)に関して，日本政府は次の**資料 2** の通告文を出した。**資料 2** 中の「国際連盟臨時総会」に出席した**日本代表**と**資料 2** から**読み取れること**の組合せとして適切なものを，下の①～④のうちから一つ選べ。解答番号は 10 。

資料 2（意訳してある）

> 今年の二月二十四日の国際連盟臨時総会での報告書は，日本の意図が東洋の平和の確保のみであることを考えず，また事実認識や判断に大きな誤りを犯している。特に九月十八日の事件の際の日本軍の行動を自衛ではないと根拠もなく判断し，またそれ以前の日中間の状態の全責任が中国にあることを見逃し，東洋の政局に新たな混乱の原因を作っている。
>
> 日本政府は，これ以上連盟と協力する余地がないと信じ，連盟規約により日本が国際連盟を脱退することを通告する。

日本代表

ア　幣原喜重郎

イ　松岡洋右

読み取れること

ウ　国際連盟臨時総会での報告書は日本軍の行動を自衛行為と認めている。

エ　日本政府は，国際連盟臨時総会での報告書に不満を抱いている。

①　アーウ　　②　アーエ　　③　イーウ　　④　イーエ

問 3　下線部分(c)太平洋戦争中の日本のようすを示す**写真**とその**説明**の組合せとして適切なものを，下の①～④のうちから一つ選べ。解答番号は［11］。

写　真

ア

イ

説　明

ウ　都市部の空襲が激化して，子どもが空襲の少ない地域に避難するようになった。

エ　日米安全保障条約の改定の内容に反対する人びとが集まった。

①　ア―ウ　　②　ア―エ　　③　イ―ウ　　④　イ―エ

問4 表の X の時期における農業日雇の賃金の推移を男女別に表したグラフとその会話文を読み，C D に当てはまる語句の組合せとして適切なものを，下の①～④のうちから一つ選べ。解答番号は 12 。

グラフ

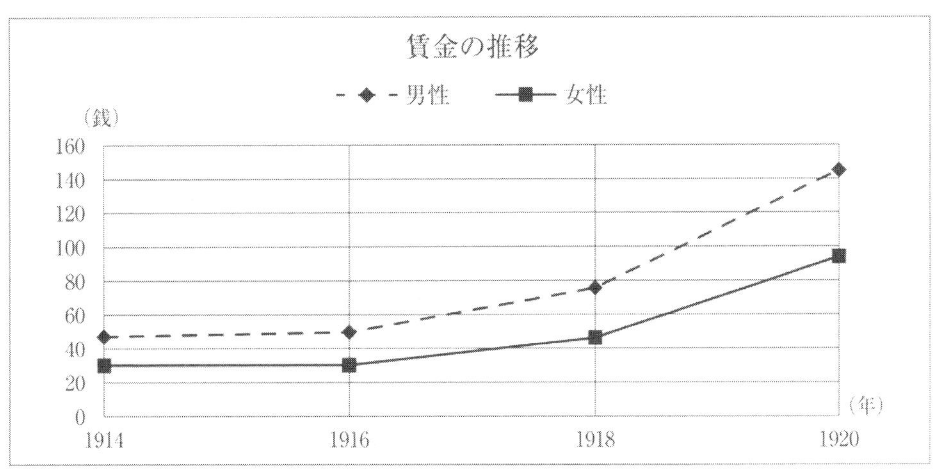

会話文

生徒：グラフから1920年の賃金は，1914年の賃金と比べると C ことが分かります。

先生：このように賃金が推移した背景は何だと考えられますか。

生徒：このグラフの時期には，ヨーロッパを中心に第一次世界大戦が行われていました。このことと何か関係がある気がします。

先生：そのとおりです。第一次世界大戦をきっかけとして， D ことが背景です。

① C―男女ともに2倍を上回っている
D―欧米やアジアへの輸出超過によって日本経済が好況になった

② C―男女ともに2倍を上回っている
D―兌換紙幣が発行されてデフレーションが日本で発生した

③ C―男性の賃金と女性の賃金の金額差が少なくなっている
D―欧米やアジアへの輸出超過によって日本経済が好況になった

④ C―男性の賃金と女性の賃金の金額差が少なくなっている
D―兌換紙幣が発行されてデフレーションが日本で発生した

問5 表の Y の時期におけるできごとについて，次の**資料3・4**について説明した文の組合せとして適切なものを，下の①～④のうちから一つ選べ。解答番号は 13 。

資料3 『時事漫画』1931年8月2日号の一部

> 米価騰貴して百姓餓ゆ(注1)
> 米が高くなって百姓が喜ぶと思いの外出来 秋までは小農も中農も大部分は米を買って食べている。
> 今日此頃米価が騰貴して喜ぶのは商人ばかり！

（注1） 飢えている。

資料4 1932年に行われた衆議院議員総選挙の時に使用された選挙ビラ(表記については一部書き改めてある)

> 倒せ亡国の醜党
> 一、非募債政策(注2)は大募債政策に豹変した(民政党)
> 一、国民を救うはずの緊縮政策は国民を苦しめた(民政党政策)
> 一、減税の約束は増税に変わった(民政党)
> 一、インチキ政党を倒せ
> 一、いざこれより救国の巨弾を放たん(政友会)
> 立憲政友会 志太正気団

（注2） 財源を公債の発行に頼らない政策。

ア **資料3**は，米価が上がって百姓が困窮しているようすを表している。

イ **資料3**が発行された後に，米騒動がおこった。

ウ **資料4**は，原敬内閣が行った政策を批判している。

エ **資料4**のビラが使用された選挙は，犬養毅内閣のもとで行われた。

① アーウ　② アーエ　③ イーウ　④ イーエ

問 6 **表**の Z の時期に結ばれた同盟や条約について，**資料5・6**から考えられる内容として**適切でないもの**を，下の①～④のうちから一つ選べ。解答番号は 14 。

資料5　日独伊三国同盟

第一条　日本は，独・伊のヨーロッパ新秩序建設における，指導的地位を認める。
第二条　独・伊は，日本の東アジア新秩序建設における，指導的地位を認める。
第三条　締約国のいずれかが，欧州戦争や日中紛争に参加していない国によって攻撃を受けた場合は，三国は政治的・経済的・軍事的方法の相互援助を約束する。

資料6　日ソ中立条約

第二条　日ソ両国の一方が，第三国の軍事行動を受けた場合，他方はその紛争の間中，中立を守ること。

① **資料5**の内容は，日独伊三国がヨーロッパと東アジアにおける指導的地位をお互いに認めるものだった。
② **資料6**の内容は，日ソ両国間において太平洋戦争終了まで遵守された。
③ **資料5・6**は，それぞれ仮想敵国の名前を明確にしていない。
④ **資料5・6**の条文は，第二次世界大戦中に出されたものである。

問 7 **表**の時期におけるできごとについて述べた次のア～ウを，年代の古い順に正しく並べたものを，下の①～④のうちから一つ選べ。解答番号は 15 。

ア　寺内正毅内閣は，巨額の資金を貸しつけて日中関係の改善を進める政策をとった。
イ　震災手形の処理をめぐり，銀行の不良経営が問題となり，金融界の混乱が深まった。
ウ　日本軍が南部仏印に進駐したため，アメリカ合衆国は対日石油禁輸を決定した。

① ア→イ→ウ　② イ→ア→ウ　③ ウ→ア→イ　④ ウ→イ→ア

問 8 **表**の時期のできごととして適切なものを，次の①～④のうちから一つ選べ。解答番号は 16 。

① 歌謡曲として「リンゴの唄」が流行した。
② 日本万国博覧会が大阪で開催された。
③ 正岡子規が，写生にもとづく俳句や短歌の革新運動を進めた。
④ 円本と呼ばれる安価な書籍が人気を集めるなど，文学の大衆化が進んだ。

3 第二次世界大戦後のできごとに関する次の**表**について，後にある**問1**～**問8**に答えよ。

表

内閣	主なできごと	
東久邇宮	<u>降伏文書が調印された</u>(a)。	
<u>吉田</u>(b)	サンフランシスコ平和条約・日米安全保障条約が締結された。	
		W
池田	日本と中国との間で準政府間貿易が開始された。	
田中	第四次中東戦争にともない<u>第一次石油危機</u>(c)が発生した。	X
海部	<u>湾岸戦争</u>(d)に際し，日本が多国籍軍に90億ドルを支援した。	
		Y
小泉	自衛隊がイラクに派遣された。	

問1 下線部分<u>降伏文書が調印された</u>(a)後のできごとについて述べた次のア～ウを，年代の古い順に正しく並べたものを，下の①～④のうちから一つ選べ。解答番号は 17 。

ア　衆議院と貴族院での修正，審議を受け日本国憲法が公布された。
イ　民主化を進めるための五大改革指令がGHQより政府に示された。
ウ　米軍基地の拡張に反対する砂川事件がおこった。

① ア→イ→ウ　　② イ→ア→ウ　　③ ウ→ア→イ　　④ ウ→イ→ア

問 2　下線部分吉田内閣の時期の**新聞**と，この時期のできごとについて述べた首相の**演説**の組合せとして適切なものを，下の①～④のうちから一つ選べ。解答番号は 18 。

新　聞

ア

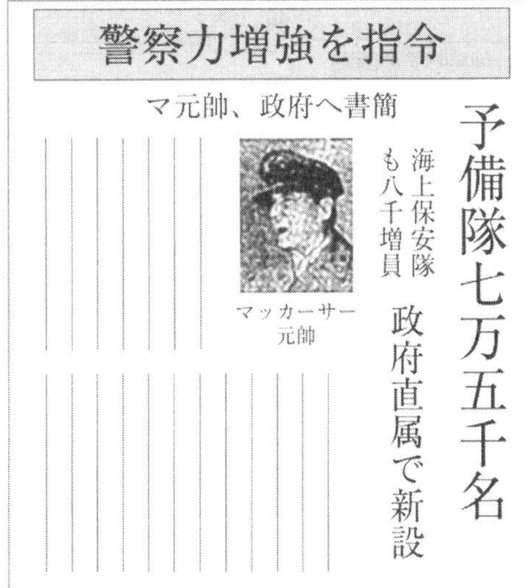

警察力増強を指令

マ元帥、政府へ書簡

予備隊七万五千名

海上保安隊も八千増員

政府直属で新設

マッカーサー元帥

イ

東海道新幹線スタート

晴れの超特急ひかり1号

マーチに送られ初列車

演　説

ウ「わが国の復興再建の機運とみに横溢(おういつ)(注1)し，昨年来には辺隅(へんぐう)の地(注2)に至るまでまれに見るところの光景を呈(てい)したことは，まことに御同慶(ごどうけい)の至り(注3)であります。目を国外に転ずれば，朝鮮動乱は中共軍(注4)の参加とともに一層の紛糾を生じ，これを中心として冷たい戦争の様相を世界至るところに現(うつ)しきっております」

(注1)　特に盛んである。　　(注2)　国の片隅。

(注3)　この上なくよろこばしい。　　(注4)　中華人民共和国の軍隊。

エ「政府は，今後10年以内に国民所得を2倍以上にすることを目標とし，この長期経済展望のもとに，さしあたり来年度以降3カ年につき，年平均9％の成長を期待しつつ，これを根幹として政府の財政経済政策の総合的な展開を考えているのであります」

①　ア―ウ　　②　ア―エ　　③　イ―ウ　　④　イ―エ

問 3　**写真1**は，表中の W の時期のできごとを示したものであり，**記事**は**写真1**のできごとを受けて，読者が自分の考えを寄せた新聞記事の一部である。**記事**に関する**説明文**の空欄 A B に当てはまる語句の組合せとして適切なものを，下の①～④のうちから一つ選べ。解答番号は 19 。

写真1

記　事

日ソ交渉にどう響くでしょう。鳩山内閣の主張が大分後退したようで残念ですが，抑留同胞（注5）を一刻も早く帰すこと，この問題だけは政治のかけひきの道具にしてもらいたくない。とにかく新しい構想を立てメンツなどにこだわらず引揚促進に努力してほしい。

（注5）　強制的にとどめおかれた日本国民。

説明文

記事では， A を受け， B を早く進めてほしいという主張を読みとることができる。この**記事**が書かれた翌年，日ソ共同宣言が発表され，平和条約締結後の歯舞群島・色丹島の返還を約束するとともに， B が進むこととなった。

① A―社会主義政党の合同　　B―日本国憲法に明記された戦力の不保持
② A―社会主義政党の合同　　B―シベリアなどに連行された日本人の帰国
③ A―新たな保守政党の誕生　　B―日本国憲法に明記された戦力の不保持
④ A―新たな保守政党の誕生　　B―シベリアなどに連行された日本人の帰国

問 4 下線部分(c)第一次石油危機に関係する，次の**グラフ 1** について**考察できること**について述べた文と**グラフ 1** 中の Z の**時期のできごと**の組合せとして適切なものを，下の①～④のうちから一つ選べ。解答番号は 20 。

グラフ 1　日本の一次エネルギー供給の長期推移

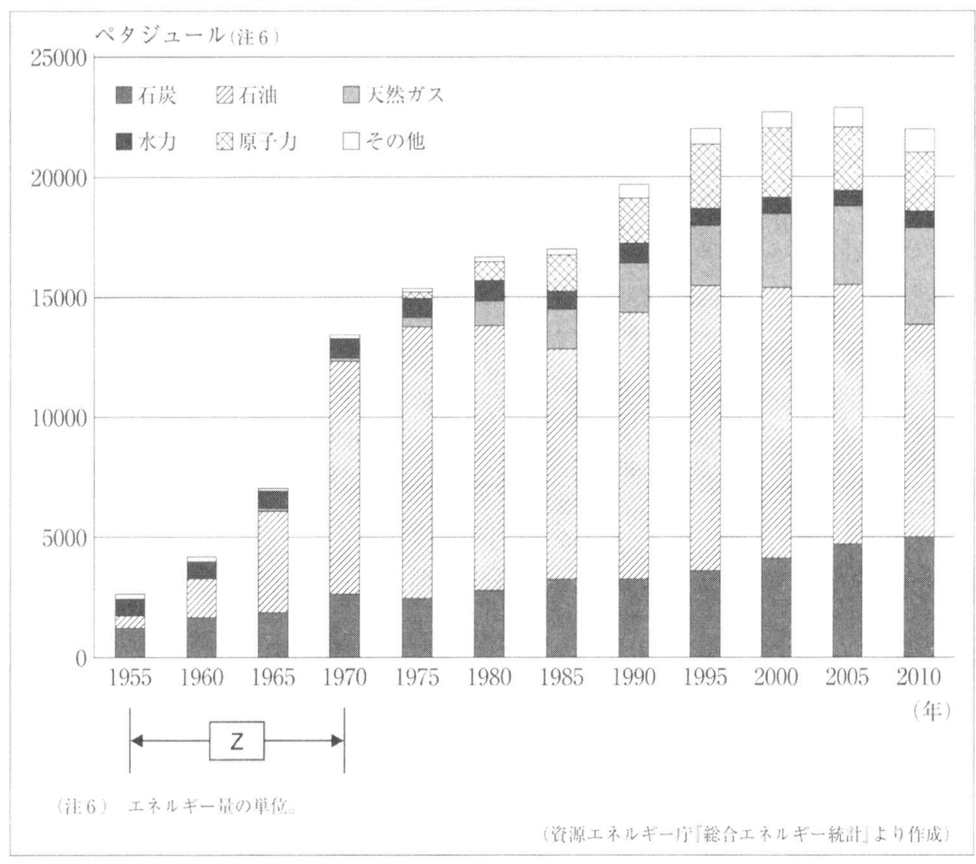

(注6)　エネルギー量の単位。

(資源エネルギー庁『総合エネルギー統計』より作成)

考察できること

ア　高度経済成長の時期において，エネルギー供給の総量に占める石炭の割合がほぼ一定であったのは，省エネなどの技術革新が進んだためである。

イ　第一次石油危機が発生する以前とエネルギー供給の総量が最大になった時期を比べてみると，天然ガスや原子力など，エネルギー源の多様化が進んでいる。

Z **の時期のできごと**

ウ　先進国の温室効果ガスの削減目標を定めた京都議定書が採択された。

エ　電気洗濯機などの耐久消費財が家庭に普及していった。

① ア―ウ　　② ア―エ　　③ イ―ウ　　④ イ―エ

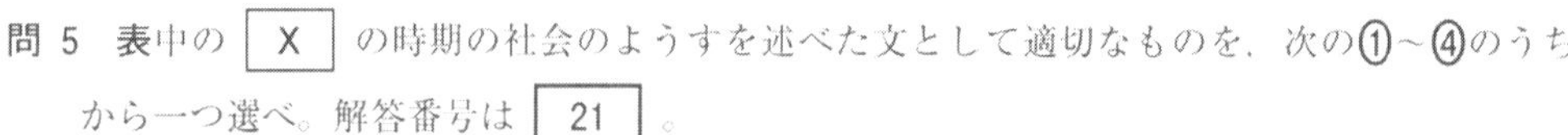

問 5　表中の X の時期の社会のようすを述べた文として適切なものを，次の①〜④のうちから一つ選べ。解答番号は 21 。

① 四大公害訴訟のすべての裁判において，原告が勝訴した。
② 太平洋のビキニ環礁でアメリカ合衆国が水爆実験を行い，日本の漁船が被ばくした。
③ 労働者の不満を背景とした二・一ゼネスト計画が，GHQ の命令によって中止された。
④ 阪神・淡路大震災が発生し，多数のボランティアが活動した。

問 6　下線部分(d)湾岸戦争の結果，自衛隊の海外派遣を可能にする**法律**が制定された。この**法律**の名称と，この**法律**に基づき，自衛隊が初めて海外派遣された**地域**の組合せとして適切なものを，下の①〜④のうちから一つ選べ。解答番号は 22 。

法　律

ア　テロ対策特別措置法　　　イ　PKO 協力法

地　域

① ア—ウ　　② ア—エ　　③ イ—ウ　　④ イ—エ

問 7　グラフ2と資料は表中の [Y] の期間に行われた選挙の結果を示したもの，グラフ3はその前回の選挙の結果を示したものである。これらのグラフと資料について述べた文として適切なものを，下の①～④のうちから一つ選べ。解答番号は [23] 。

グラフ2　第40回衆議院議員総選挙議席数

無所属 30
日本共産党 15
新党さきがけ 13
日本新党 35
社会民主連合 4
民社党 15
公明党 51
新生党 55
日本社会党 70
自由民主党 223
511
合計

グラフ3　第39回衆議院議員総選挙議席数

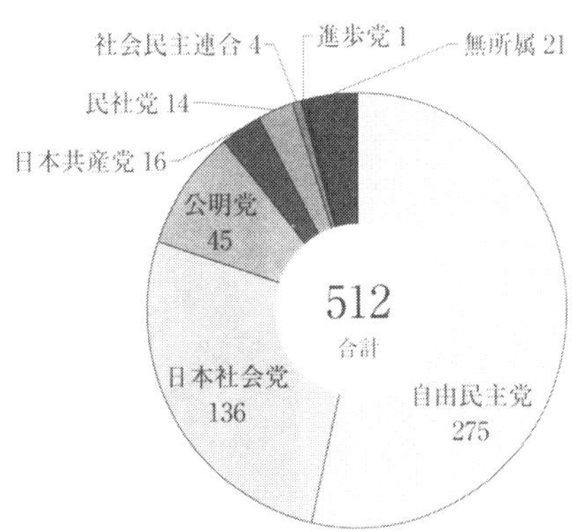

資　料　第40回衆議院議員総選挙の結果組閣された内閣の閣僚とその出身政党等

職名	出身政党等	備考
内閣総理大臣	日本新党	初入閣
副総理 外務大臣	新生党	再入閣
法務大臣	民間出身	初入閣
大蔵大臣	新生党	初入閣
文部大臣	民間出身	初入閣
厚生大臣	民社党	初入閣
農林水産大臣	新生党	初入閣
通商産業大臣	新生党	初入閣
運輸大臣	日本社会党	初入閣
郵政大臣	公明党	初入閣
労働大臣	公明党	初入閣

職名	出身政党等	備考
建設大臣	日本社会党	初入閣
自治大臣 国家公安委員会委員長	日本社会党	初入閣
内閣官房長官	新党さきがけ	初入閣
総務庁長官	公明党	初入閣
国土庁長官 沖縄開発庁長官 北海道開発庁長官	日本社会党	初入閣
防衛庁長官	新生党	初入閣
経済企画庁長官	日本社会党	初入閣
科学技術庁長官	社会民主連合	初入閣
環境庁長官	公明党	初入閣
国務大臣	日本社会党	初入閣

① 第40回衆議院議員総選挙の結果，自由民主党は議席を減らしたものの，資料の「出身政党等」からも分かるように，政権与党の地位を保持した。

② 資料において初入閣の閣僚が多いのは，この内閣が，自由民主党を除く複数の党派が連立することで組閣された内閣であるためである。

③ 第39回衆議院議員総選挙の時までは，自由民主党が他の政党に比べて多くの議席数を確保しており，憲法改正の発議が可能な状況であった。

④ 資料において最も多くの閣僚を輩出している政党は，第39回衆議院議員総選挙では議席を獲得していなかった政党である。

問 8　**写真 2** は 1987 年 12 月 8 日にワシントンで撮影された，ある**条約**の調印式のようすである。**写真 2** と**条約**の内容を参考にしながら，当時のソヴィエト連邦及びアメリカ合衆国について述べた文として適切なものを，下の①～④のうちから一つ選べ。解答番号は 24 。

写真 2

条　約

一，米ソ両国は核戦争が人類に与える壊滅的結果を念頭に置き，長，短射程の中距離核ミサイルを廃棄し，今後この種の兵器システムを持たない。
一，長距離ミサイルは発効後三年以内，短距離ミサイルは一年半以内に廃棄される。
一，発効後，双方は十三年間にわたって相手国ならびに基地がある国で現地調査を行う権利を持つ。

① **条約**の締結を受け，欧米各国が加盟する NATO が発足した。
② **条約**を結んだ**写真 2** の共産党書記長はアジア＝アフリカ会議に参加し，平和共存を訴えた。
③ **条約**は中距離核戦力についての軍縮を実現した初めての条約である。
④ **条約**に基づき，相手国で軍縮が行われたかを調査する権限がアメリカ合衆国のみに認められた。

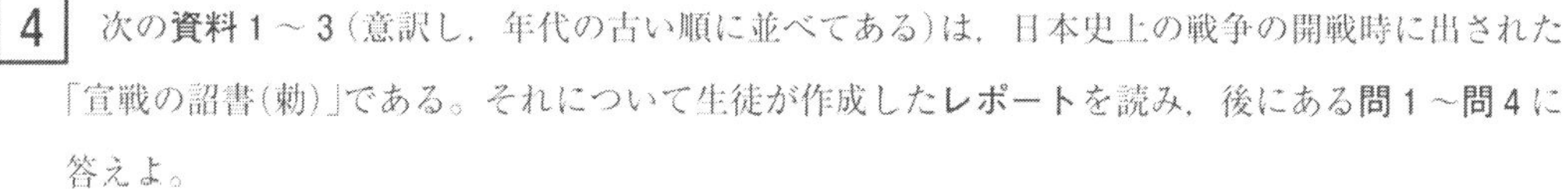

4 次の**資料1～3**(意訳し，年代の古い順に並べてある)は，日本史上の戦争の開戦時に出された「宣戦の詔書(勅)」である。それについて生徒が作成した**レポート**を読み，後にある**問1～問4**に答えよ。

資料1

天の助けを保有し，万世一系の皇位を受け継ぐ大日本国皇帝は，忠実で勇ましいあなた方国民に示す。私はここに，ロシアに対して宣戦を布告する。我が陸海軍は全力でロシアとの交戦に従事し，我が官僚・役人は各々その職務の中で，権限や職能に応じて国家の目的を達成するよう務めるべきだ。…(中略)…もし満州がロシア領となれば，韓国の保全は期待できずそもそも極東の平和も望めない。よって私は，思い切って妥協することでこの状況を解決し，平和を永遠に維持しようと考え，臣下にロシアへ提案させ，半年の間少しずつ折衝を重ねさせたが，ロシアは少しも譲りあいの気持ちをもって日本の提案を迎えず，無駄に時間を費やし，事態の解決を遅らせ，表向きは和平を唱えるも，裏では海陸の軍備を増大し，日本を屈服させようとしている。ロシアが平和を好む誠意は少しもみて取れない…(後略)…

資料2

天の助けを保有し，万世一系の皇位を受け継ぐ大日本国皇帝は，忠実で勇ましいあなた方国民に示す。私はここに，独逸(ドイツ)国に対して宣戦を布告する。我が陸海軍は全力をもって戦闘に従事し，我が官僚・役人のすべては，職務に応じて軍国の目的を達するために励め。国際条規の範囲内において一切の手段を尽くし，間違いがないようにせよ。…(中略)…独逸国の行動はついに私の同盟国グレートブリテン国が開戦せざるをえない状況にし，…(中略)…その艦艇はしばしば東アジアの海洋に出没して日本及び同盟国の通商貿易を威圧し，極東の平和はまさに危機に瀕している。…(中略)…私は，…(中略)…なおも努めて平和的手段を尽くそうと願い…(後略)…

資料3

天の助けを保有する万世一系の皇位を引き継ぐ大日本帝国天皇が，忠実で勇ましいあなた方国民に示す。私はここに米国と英国に対して宣戦を布告する。陸海軍将兵は全力をもって交戦に従事し，我が官僚や役人は皆励んで職務に身を捧げ，我が臣民は各々がその本分を尽くし，一億人の国民が心を一つにして国家の総力を挙げて，この戦争の目的を達成するにあたって間違いがないようにせよ。米英両国は…(中略)…さらに帝国の平和的通商にあらゆる妨害を与え，ついに経済断交を行い，帝国の生存に重大な脅威を加えた。私は，政府に事態を平和的に収拾させようとし，苦しさを心に抱きながらも，長い間がまんしてきたが，彼らは少しも譲りあいの精神をもたず，無駄に事の解決を伸ばし続けて，その間ますます経済上軍事上の脅威を増し，日本を服従させようとしている。…(後略)…

レポート

テーマ 「宣戦の詔書(勅)」からみる，国民への開戦説明

1 テーマ設定の理由

太平洋戦争が終了するとき，ラジオ放送で天皇が自ら国民に語りかけたことが印象的だった。日本史の学習を通じて，開戦のときも天皇の名で国民への説明がなされたことを知り，その内容に興味をもったから。

2 調査の方法

明治期以降の主な対外戦争の「宣戦の詔書(勅)」を比較し，それぞれの特徴や違いなどを考察する。

3 考察

まず，三つの詔書(勅)の書き出しをみると，ある程度決められた表現になっており，天皇が国民に示す形式になっていることが分かる。資料中では省略しているが，詔書(勅)の最後には天皇の印と国務大臣の署名がある。内容をみると，どの詔書(勅)でも [A] ことが強調されている。一方で，**資料1・2**と**資料3**で異なる表現もみて取れる。以下にそれをまとめてみた。

- ◆ **資料1・2**では「大日本国皇帝」と記されているが，**資料3**では「大日本帝国天皇」になっている。
- ◆ **資料1・2**で，交戦に際して努力が求められているのは，軍と役人や官僚のみであるが，**資料3**では一般の民衆まで含まれている。

上のように表現が変化した背景を，授業から学んだことを基に考えてみると，**資料3**が出されたころには，[X]

このように**資料1**と**資料2**が似ている部分が多く，**資料3**が少し違うようにみえるが，必ずしもそうではない。書かれた内容をみてみると，資料の後半部分では**資料1**と**資料3**が似ているようにみえる。これは [B] 経緯があるからだと考えられる。

4 まとめと今後の課題

各詔書(勅)は，開戦における自国の正当性を国民に知らしめ，戦争への協力や団結を呼びかけていたと言える。ただし，詔書(勅)だけが戦争に対する国民の考え方を形成したわけではないだろう。今後は，当時の<u>教育</u>に関わる資料や新聞などを調べ，戦争に対する国民の考え方がどのように形成されていったのかを探究していきたい。

問1 下線部分教育に関するできごとについて述べた次のア・イと最も近い時期の**資料1～3**の組合せとして正しいものを，下の①～④のうちから一つ選べ。解答番号は 25 。

ア 小学校で使用する教科書に関して，国定教科書制度が開始された。
イ 小学校が，国民学校に改められた。

① ア―資料1 イ―資料2　② ア―資料1 イ―資料3
③ ア―資料2 イ―資料1　④ ア―資料2 イ―資料3

問2 **資料1～3**について述べた文章として**適切でないもの**を，次の①～④のうちから一つ選べ。解答番号は 26 。

① **資料1**と**資料2**の間の時期より，**資料2**と**資料3**の間の時期の方が長い。
② 日本では**資料2**の戦争での戦死者が最も少なく，**資料3**の戦争での戦死者が最も多かった。
③ **資料1～3**は，すべて異なる天皇によって出された。
④ **資料1～3**が出された時の首相はすべて，その当時軍人であった。

問3 [A] [B] に当てはまる語句の組合せとして最も適切なものを，次の①～④のうちから一つ選べ。解答番号は 27 。

① A―日本が平和を求める一方，日本と対立している国がそれを乱している
　B―戦争を回避するため，長い時間をかけて交渉した
② A―日本が平和を求める一方，日本と対立している国がそれを乱している
　B―過去に国境の画定をめぐって，緊張関係を繰り返した
③ A―他国と同盟を結んでいるため，戦争をしても安心である
　B―戦争を回避するため，長い時間をかけて交渉した
④ A―他国と同盟を結んでいるため，戦争をしても安心である
　B―過去に国境の画定をめぐって，緊張関係を繰り返した

問 4　レポート中 | X | の部分に入る文の組合せとして最も適切なものを，下の①～④のうちから一つ選べ。
解答番号は 28 。

ア　ヨーロッパでは戦争が始まり，ソ連とドイツが交戦状態に入っていたからではないか。

イ　政府が，国体明徴声明を出していたことと関係しているのではないか。

ウ　戦争は，国家の総力をあげて遂行する必要があることが認識されていたからではないか。

エ　労働者の権利拡大や部落差別からの解放を求める社会運動が，さかんだったからではないか。

①　ア―ウ　　②　ア―エ　　③　イ―ウ　　④　イ―エ

（これで日本史Aの問題は終わりです。）

日　本　史　B

（解答番号 1 ～ 28 ）

1 修学旅行の事前学習として作成された奈良と京都に関する次の**レポート**を読み，後にある**問 1 ～問 4** に答えよ。

レポート

私は平城京と平安京についてまとめました。

平城京は，それまでの都であった藤原京(a)から一変して，天皇の生活空間である内裏などの宮城が北部中央に置かれ，そこから南北に朱雀大路と呼ばれる大きい道が建設されました。平城宮の跡地や長屋王の邸宅の跡地からは多くの木簡(b)が出土しています。木簡は当時の荷札などに活用されており，現在の住所に当たる表記や品物名などが書かれていて，当時の有力者の生活ぶりや，各地域の特産物などを読み取ることができます。

一方，平安京は，奈良での政治を刷新するため(c)に築かれたといわれています。さらに，この都が約 1000 年もの間都として機能したことを背景として，現在の京都府には多くの文化財が存在することがわかりました。修学旅行で訪れる前に，行く予定になっている宇治の平等院(d)について詳しく調べてみようと思います。

問 1 下線部分藤原京(a)に都が遷された時期に最も近い時期のできごとについて述べた文として適切なものを，次の①～④のうちから一つ選べ。解答番号は 1 。

① 氏姓制度に基づいて，豪族が組織化され，ヤマト政権の統治体制が整備された。

② 令や国史の編纂事業などを引き継いだ皇后が，自ら天皇として即位した。

③ 対外戦争の敗戦を背景に，都が琵琶湖の近くに移され，戸籍の作成など中央集権化が進んだ。

④ 摂政・関白を置かない親政が行われ，勅撰和歌集の編纂や格式の編纂が行われた。

問 2　下線部分木簡(b)について，次の**資料**から読み取れることについて述べた**ア・イ**の正誤の組合せとして最も適切なものを，下の①～④のうちから一つ選べ。解答番号は［2］。

資　料

木簡Ⅰ　（平城宮跡出土木簡）
紀伊国安諦郡(あてのこおり)幡陀(はた)郷戸主秦人小麻呂(注1)調塩三斗　天平(注2)

木簡Ⅱ　（長屋王邸宅跡出土木簡）
長屋親王宮鮑大贄(あわびおおにえ)(注3)十編

（注1）　秦人小麻呂とは人名を指している。
（注2）　天平とは当時の元号である。
（注3）　贄(にえ)とは神前や天皇に納められる品位の高い貢納品である。

ア　紀伊国の秦人小麻呂という人物が，都で働く代わりに塩三斗を朝廷に納めたことがわかる。

イ　神前や天皇に貢納されるものが記載されていることから，長屋王が朝廷において高い地位にあると考えられる。

① ア―正　イ―正　　② ア―正　イ―誤
③ ア―誤　イ―正　　④ ア―誤　イ―誤

問 3　下線部分奈良での政治を刷新するため(c)について，その背景にあった**具体的なできごと**とそのできごとに対する**具体的な政策**の組合せとして最も適切なものを，下の①～④のうちから一つ選べ。解答番号は［3］。

具体的なできごと

ア　天皇と太上天皇間での政治的な対立が明らかになり，二所朝廷と呼ばれる政治的混乱が生じた。

イ　宇佐八幡宮の神託を利用して，僧を皇位に就かせようとする事件が発生した。

具体的な政策

ウ　検非違使を設けた。

エ　平安京への寺院の移転を禁じた。

① ア―ウ　② ア―エ　③ イ―ウ　④ イ―エ

問 4　下線部(d)平等院についての次の**説明文**中の　A　　B　に当てはまる語句の組合せとして最も適切なものを，下の①～④のうちから一つ選べ。
解答番号は　4　。

説明文

この寺院は，藤原頼通が建立したものです。
写真の中央の建物は阿弥陀堂であり，この中には　A　で作られた阿弥陀仏が安置されています。この寺院が築かれた時期には，浄土教の広まりに対応するために大量生産が可能な仏像づくりの工夫が進みました。この時期の浄土教の広まりには「　B　」という表現にみられる考え方が背景にあったそうです。

写　真

① A―寄木造　　B―今年始めて末法に入る。
② A―寄木造　　B―善人なをもちて往生をとぐ，いはんや悪人をや。
③ A―一木造　　B―今年始めて末法に入る。
④ A―一木造　　B―善人なをもちて往生をとぐ，いはんや悪人をや。

2 次の**資料**とそれに関する**会話文**を読み，後にある**問1～問4**に答えよ。

資　料

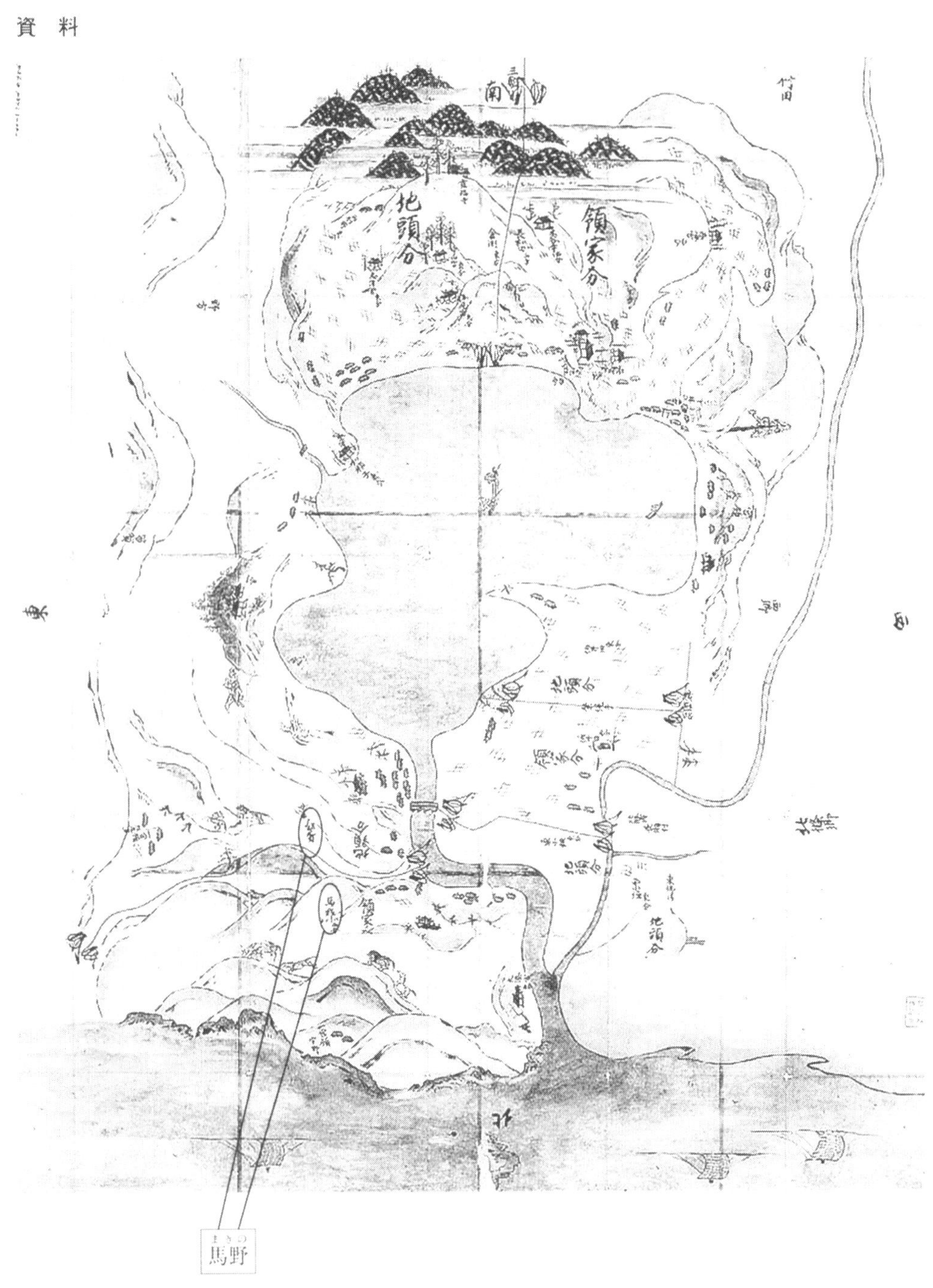

会話文

先　生：**資料**は13世紀半ば(a)に作成された荘園絵図です。この荘園絵図からは，どのようなことが読み取れますか。

生徒X：荘園の北部は［A］に面していることが読み取れます。

生徒Y：中央の池の周辺は土地の起伏なども詳しく描かれていますが，端の方には何も描かれていません。境界線は描かれていませんが，詳しく描かれている部分が荘園の範囲でしょうか。

先　生：そうですね。荘園は田畑以外も含む広がりをもつものであったことがわかりますね。

生徒X：絵図には文字も記されています。地頭分，領家分と書かれているので，この絵図は，荘園領主と地頭の間で争いが生じ，その争いを［B］により解決した際に作成されたものだと思います。

生徒Y：地頭分，領家分という文字は数か所に見られるので，荘園は単純に二つに分けられているのではなく，さまざまな用途の土地が二分されたことがわかります。

先　生：例えば，どのあたりですか。

生徒Y：「馬野」と記された部分や山などです。

生徒X：これらのことをふまえて考えると承久の乱(b)の後に定められた新補率法で，地頭の得分として［C］が明記されたのは，荘園でさまざまなものが生産され，それらが荘園領主や地頭の収入となっていたからなのですね。

先　生：そうですね。

生徒Y：地頭分と領家分の境界線の両端に何か描かれています。

先　生：これは花押と呼ばれる，署名の役割を果たした符号です。この花押は，当時の執権北条長時と連署北条政村の花押です。

生徒Y：執権と連署の花押が見られるということは，［D］のもとで争いが解決されたということですね。

問1　［A］［B］に当てはまる語句の組合せとして適切なものを，次の①～④のうちから一つ選べ。解答番号は［5］。

① A—山　　B—下地中分

② A—山　　B—地頭請所

③ A—海　　B—下地中分

④ A—海　　B—地頭請所

問 2 [C] [D] に当てはまる語句の組合せとして適切なものを，次の①～④のうちから一つ選べ。解答番号は [6] 。

① C―段別五升の兵粮米　　D―朝　廷
② C―段別五升の兵粮米　　D―幕　府
③ C―山野河海の収益の半分　　D―朝　廷
④ C―山野河海の収益の半分　　D―幕　府

問 3 下線部分13世紀半ば(a)の社会や文化について述べた次のア・イの正誤の組合せとして最も適切なものを，下の①～④のうちから一つ選べ。解答番号は [7] 。

ア 農業技術が進歩し，畿内などでは二毛作が行われるようになった。牛馬も農耕に使われるようになり，作業効率があがった。
イ 寄合の文芸ともいわれる連歌が庶民だけではなく公家や武家の間でも流行するようになり，二条良基が『菟玖波集』を編纂した。

① ア―正　イ―正　　② ア―正　イ―誤
③ ア―誤　イ―正　　④ ア―誤　イ―誤

問 4 下線部分承久の乱(b)をおこした**人物**と承久の乱の直後に置かれた**機関**の組合せとして正しいものを，下の①～④のうちから一つ選べ。解答番号は [8] 。

人　物
ア 後鳥羽上皇　　イ 後醍醐天皇
機　関
ウ 六波羅探題　　エ 鎌倉将軍府

① ア―ウ　　② ア―エ　　③ イ―ウ　　④ イ―エ

3 江戸時代の俳人小林一茶についての次の**年表**について，後にある**問１～問４**に答えよ。

年　表

年	小林一茶に関するできごと（年齢）(注)	政治のうごき	
1763	信濃国水内郡柏原村（みのちぐんかしわばらむら）の農民の家に生まれる。（１歳）		
1772	弟が生まれる。（10歳）	田沼意次，老中となる。	X
1777	江戸へ奉公に出る。（15歳）		
1787	この頃までに俳句の活動を始める。（25歳）	松平定信，老中首座となる。	
1801	帰郷中に父が死去する。（39歳）		
1813	亡父の遺産分割をめぐって弟と和解する。（51歳）		Y
1819	句集『おらが春』をまとめる。（57歳）		
1827	柏原村の自宅で死去する。（65歳）		

(注)　年齢は数え年。

問１　**年表**中 X の時期における幕府の政策として最も適切なものを，次の①～④のうちから一つ選べ。解答番号は 9 。

① 株仲間を広く公認し，運上や冥加などの営業税による増収をめざした。

② 関東の農村では治安維持のために関東取締出役を設けて犯罪者の取締りにあたらせた。

③ 金銭貸借を当事者同士で解決させる相対済し令を初めて出した。

④ 江戸・大坂周辺を直轄領として幕府権力の強化を図ろうとしたが失敗した。

問２　**年表**中 Y の時期に柏原村に移り住んだ一茶は北信濃地域の社会や文化のようすを俳句に詠んでいる。このことに関連して，次の**俳句Ａ・Ｂ**についての**説明**の組合せとして最も適切なものを，下の①～④のうちから一つ選べ。解答番号は 10 。

俳　句

Ａ　初雪や　いろはにほへと　習う声

Ｂ　うそ寒や　仏の留守の　善光寺

説　明

ア　庶民の子どもが学ぶ寺子屋が設けられた。

イ　蘭学を学ぶ私塾が設けられた。

ウ　寺院や仏像を破壊する廃仏毀釈がすすめられた。

エ　江戸などの都市に出張して秘仏を公開する出開帳が行われた。

① Ａ―ア　Ｂ―ウ　　② Ａ―ア　Ｂ―エ

③ Ａ―イ　Ｂ―ウ　　④ Ａ―イ　Ｂ―エ

問 3　下線部分江戸へ奉公に出るについて，次の会話文の［A］［B］［C］に当てはまる語句の組合せとして最も適切なものを，下の①～④のうちから一つ選べ。解答番号は［11］。

先生：次の句は，江戸に出稼ぎに出る信濃の百姓について，一茶が詠んだ俳句です。

> 椋鳥(ひくどり)と　人に呼ばるる　寒さかな
> （椋鳥と江戸の人びとに呼ばれる寂しさよ）

生徒：この俳句はどのようなようすを詠んだものですか。

先生：ここにみえる「椋鳥(むくどり)」とは，冬になると信濃から江戸に出稼ぎに来る百姓を揶揄(やゆ)する表現として使われています。

生徒：椋鳥に例えるぐらい信濃から江戸にたくさんの百姓が出稼ぎに出ることが恒例だったのですね。

先生：右のグラフは，江戸時代後期の信濃のある地域における，村から江戸などに出稼ぎに出る者の数の推移を示したものです。信濃の多くの地域で同じ傾向がみられたと言われています。

グラフ

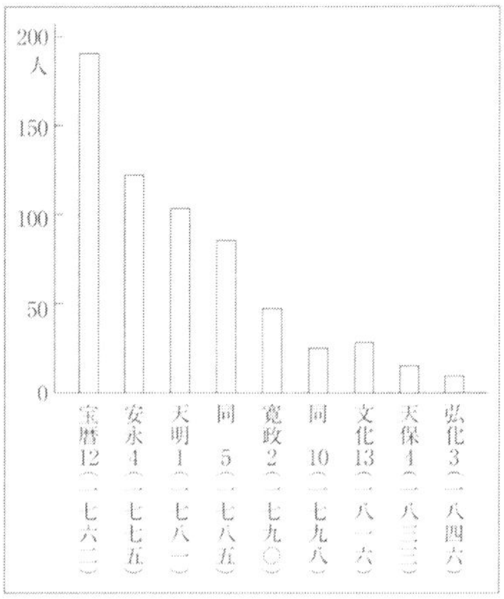

生徒：一茶が信濃に移り住んでいた年表中［Y］の時期までには，出稼ぎのために村から出て行く百姓の数が［A］する傾向がみられたのですね。

先生：このような傾向がみられた理由を考えるにあたっては，一茶が年表中［Y］の時期に地域の情景を詠んだ次の二つの俳句が手がかりとなります。

> 秋風や　つみ残されし　桑の葉に　（積み残された桑の葉に秋風が吹いている）
> たのもしや　棚の蚕も　喰盛　（棚にいる蚕も食べ盛りで頼もしい）

生徒：これは，当時の北信濃で［B］がみられていたということでしょうか。

先生：そのとおりです。では，なぜ［B］が，江戸への出稼ぎ人の数の［A］につながっていくのだと思いますか。

生徒：［C］百姓が増えたからではないでしょうか。

先生：そうですね。18 世紀後半から 19 世紀前半にかけての時期は各地域の社会経済構造が大きく変化する時期でした。一茶の句は，そのような社会変動を考える手がかりになるのです。

① A―増　加　　B―製糸業の発達　　C―土地を失い江戸への出稼ぎが必要となった
② A―増　加　　B―田畑の荒廃　　C―土地を失い江戸への出稼ぎが必要となった
③ A―減　少　　B―製糸業の発達　　C―村内や近隣の村で稼ぐことが可能となった
④ A―減　少　　B―田畑の荒廃　　C―村内や近隣の村で稼ぐことが可能となった

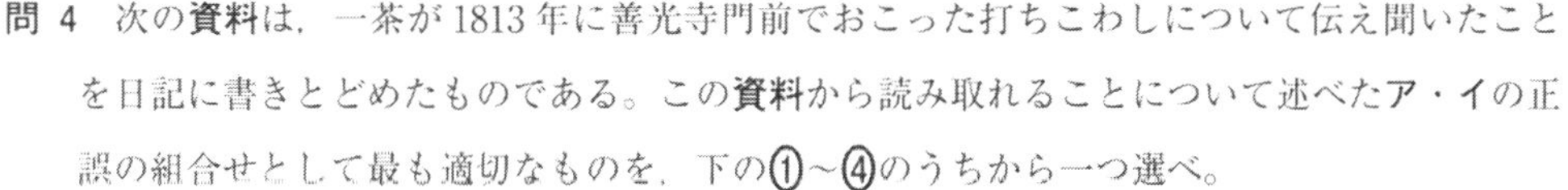

問 4　次の**資料**は，一茶が 1813 年に善光寺門前でおこった打ちこわしについて伝え聞いたことを日記に書きとどめたものである。この**資料**から読み取れることについて述べたア・イの正誤の組合せとして最も適切なものを，下の①～④のうちから一つ選べ。
解答番号は［ 12 ］。

資料(意訳してある)

> (十月)十三日，晴れ。この日の夜，善光寺の門前町において貧しい人びとが夜盗となり，手に槍や刃物などをもって豊かな商人の家を襲った。…(中略)…(家を)散々に打ち破ったら風のように逃げていったので，捕まえることもできずなすがままであったということだ。…(中略)…(その後，実際のようすがわかってきたが)これは財宝を奪ったり，恨みで人を殺害したりすることが目的ではなかった。このようなことがおこるのは社会が混迷しているからである。…(後略)…

ア　暴徒となった人びとが村役人の家を襲った。
イ　このできごとに参加した人びとは略奪や殺人を目的としていた。

① ア―正　イ―正	② ア―正　イ―誤
③ ア―誤　イ―正	④ ア―誤　イ―誤

4 次の**表**について，後にある**問1～問4**に答えよ。

表　歴代秋田県知事(注1)

	在任期間	出身地(注2)	人物・経歴	
初代	1871年12月～1872年6月	佐賀	のちに佐賀の乱に参加したことで刑死した。	
2代	1872年7月～1873年5月	山口	のちに枢密顧問官に就任した。	
3代	1873年5月～1875年5月	山口		X
4代	1875年5月～1883年3月	高知	適塾(a)出身であり，海援隊に参加した。	
5代	1883年3月～1886年2月	山口		
6代	1886年2月～1889年12月	福井	元老院議官から秋田県知事となった。	
7代	1889年12月～1890年3月	長崎		
8代	1890年3月～1892年3月	宮城	長く北海道開拓使で勤務し，のちに貴族院議員となった。	Y
9代	1892年3月～1892年8月	滋賀	品川弥二郎とともに選挙干渉を行った。	
10代	1892年8月～1896年9月	広島	衆議院議員から秋田県知事となり，のちに貴族院議員となった。	
11代	1896年9月～1899年4月	熊本		
12代	1899年4月～1902年2月	福岡		
13代	1902年2月～1903年6月	長崎	内国勧業博覧会(b)に出張中に病死した。	
14代	1903年6月～1904年11月	三重		
15代	1904年11月～1905年12月	東京		
16代	1905年12月～1906年1月	鹿児島		

(『新編　日本の歴代知事』『秋田県知事物語　その人その時代』より作成)

(注1)「権令」「県令」も「県知事」に統一して表記している。

(注2) 現在の都県名に統一して表記している。

問1　下線部分適塾(a)についてのレポートを読み，［A］［B］に当てはまる語句の組合せとして適切なものを，下の①～④のうちから一つ選べ。解答番号は［13］。

レポート

適塾には，「学生の読書研究はただ原書を読むのみで，一枚たりとも翻訳してはならない」という塾則があった。

幕末の日本には外国船が相次いで接近しており，1839年にはモリソン号事件を批判したとして高野長英らが処罰されるという［A］がおこった。その際，塾を主宰した緒方洪庵も「高野がもし訪れたら申し出ること。もし隠すようなことがあれば厳罰に処す」という命令を受けている。さらに福沢諭吉が適塾に入門する際に藩の上層部から「異国の学問修業は不都合である」と言われていたことや，1850年に幕府が「みだりに蘭書を翻訳してはならない」という命令を出したことからも，幕府や藩が［B］ことがうかがえる。そのような中で緒方はこのような塾則を作らざるを得なかったのだろう。

① A―安政の大獄　　B―蘭学の影響を警戒していた
② A―安政の大獄　　B―蘭学を奨励していた
③ A―蛮社の獄　　B―蘭学の影響を警戒していた
④ A―蛮社の獄　　B―蘭学を奨励していた

問 2　下線部分内国勧業博覧会(b)についての**会話文**を読み，［C］［D］に当てはまる語句の組合せとして適切なものを，下の①～④のうちから一つ選べ。

解答番号は［14］。

会話文

先生：内国勧業博覧会の目的は何でしょう。**資料 1** を読んで考えてみましょう。

生徒：［C］ことであると読み取れます。

先生：そうですね。次に**図**を見てください。これは第 13 代知事が参加した博覧会に設置された「台湾館」ですが，なぜこれが作られたのでしょうか。

生徒：この時期には［D］からではないですか。

先生：そのとおりです。よく背景を理解していますね。

資料 1　大久保利通の書簡（意訳してある）

外国からの出品を受け入れることが有益であることは言うまでもないが，この内国博覧会はまず全国の物産を増殖することを目的としているから，…（中略）…もし外国人の出品を許してしまえば当初の目的が変わってしまい，さまざまな不都合が生じてくるだろう。

図　「台湾館」外観

① C―外国からの輸入品を展示する　　D―台湾出兵が行われていた
② C―外国からの輸入品を展示する　　D―台湾が日本の植民地となっていた
③ C―国産物品の生産を拡大する　　D―台湾出兵が行われていた
④ C―国産物品の生産を拡大する　　D―台湾が日本の植民地となっていた

問3　資料2は表の X の時期におきたある事件を風刺した歌の一部である。これについて述べた文として**適切でないもの**を，下の①～④のうちから一つ選べ。解答番号は 15 。

資料2

国事に関する罪犯し　入獄ありし大井氏(注3)が　心底如何(いかん)と問うたれば
荒井章吾(注4)を先手(さきて)とし　小林樟雄(注4)を後手となし　都合人数が四十と五人
爆裂弾丸製造なし　品川汽船に乗込みて　行く内に磯山(注4)が　変心(注5)ゆえに発覚し
長崎監倉につながれて　重罪軽罪処分され
苦役の中にこの度の　憲法発布の式を得て　大赦(たいしゃ)(注6)復権あられしは
まことに満足慶賀の至り

(注3)　大井憲太郎のこと。　(注4)　いずれも大井憲太郎の同志。　(注5)　心変わり。
(注6)　政令によって罪を許されること。

① この歌が示す事件がおこったとき，朝鮮半島では義兵運動がおこっていた。
② この歌が示す事件は，武力による朝鮮の内政改革をめざしたものであった。
③ この歌によると，大井憲太郎は表の Y の時期に大赦され復権した。
④ この歌によると，大井憲太郎は仲間の心変わりによって逮捕され，長崎で服役していた。

問4　表から読み取れることについて述べた次のア・イの正誤の組合せとして最も適切なものを，下の①～④のうちから一つ選べ。解答番号は 16 。

ア　初代から5代までの秋田県知事の出身地には，明治新政府樹立を主導した地域が多くみられる。
イ　初代から5代までの秋田県知事の出身地には，奥羽越列藩同盟に属した地域が多くみられる。

① ア―正　イ―正　　② ア―正　イ―誤
③ ア―誤　イ―正　　④ ア―誤　イ―誤

5 次の表について，後にある問1～問4に答えよ。

表 第一次世界大戦から第二次世界大戦までの日本外交に関する主なできごと（年代の古い順に並べてある）

日本が第一次世界大戦に参戦した。
X
関東軍が満州へ帰還途中の張作霖を奉天郊外で爆殺した。
Y
日本が国際連盟を脱退した。
太平洋戦争がはじまった。
日本がポツダム宣言を受諾した。

問1 下線部分日本が第一次世界大戦に参戦したに関連して，次の**資料1**についての**説明文**中の［A］［B］に当てはまる語句の組合せとして適切なものを，下の①～④のうちから一つ選べ。解答番号は［17］。

資料1

説明文

資料1は1914年9月2日に発行されたドイツの雑誌に掲載された絵である。日英同盟を根拠に日本は［A］の側に立って参戦した。中央に大きく描かれた人物は日本人であることがうかがえる。彼のとがった爪の先にはアジアにおけるドイツの租借地であった［B］がある。この雑誌が発行された後，［B］は日本に占領された。

① A―三国同盟　　B―膠州湾
② A―三国同盟　　B―遼東半島
③ A―三国協商　　B―膠州湾
④ A―三国協商　　B―遼東半島

問２　表の X の時期における農業日雇の賃金の推移を男女別に表したグラフとその会話文を読み，C D に当てはまる語句の組合せとして適切なものを，下の①～④のうちから一つ選べ。解答番号は 18 。

グラフ

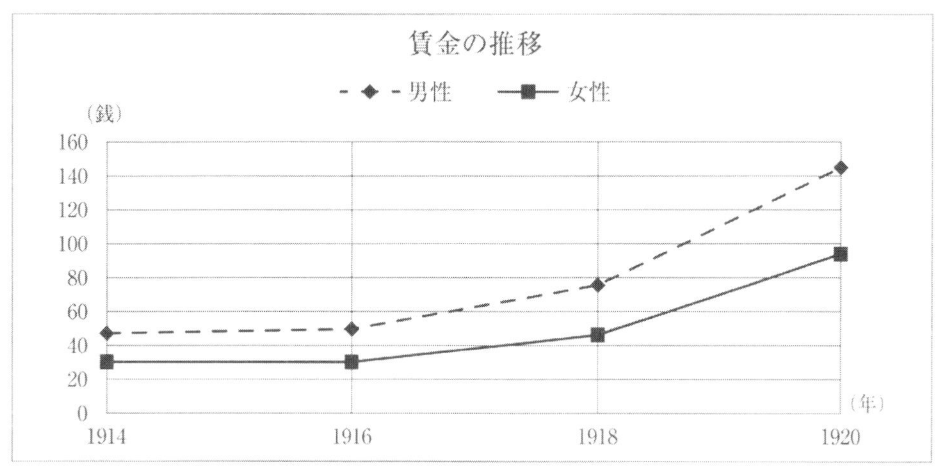

会話文

生徒：グラフから1920年の賃金は，1914年の賃金と比べると C ことが分かります。 先生：このように賃金が推移した背景は何だと考えられますか。 生徒：このグラフの時期には，ヨーロッパを中心に第一次世界大戦が行われていました。このことと何か関係がある気がします。 先生：そのとおりです。第一次世界大戦をきっかけとして， D ことが背景です。

① C―男女ともに２倍を上回っている
　D―欧米やアジアへの輸出超過によって日本経済が好況になった

② C―男女ともに２倍を上回っている
　D―兌換紙幣が発行されてデフレーションが日本で発生した

③ C―男性の賃金と女性の賃金の金額差が少なくなっている
　D―欧米やアジアへの輸出超過によって日本経済が好況になった

④ C―男性の賃金と女性の賃金の金額差が少なくなっている
　D―兌換紙幣が発行されてデフレーションが日本で発生した

問 3　表の Y の時期におけるできごとについて，次の**資料 2・3** について説明した文の組合せとして適切なものを，下の①～④のうちから一つ選べ。解答番号は 19 。

資料 2　『時事漫画』1931 年 8 月 2 日号の一部

> 米価騰貴して百姓餓ゆ(注 1)
> 米が高くなって百姓が喜ぶと思いの外出来　秋までは小農も中農も大部分は米を買って食べている。
> 今日此頃米価が騰貴して喜ぶのは商人ばかり！

(注 1)　飢えている。

資料 3　1932 年に行われた衆議院議員総選挙の時に使用された選挙ビラ(表記については一部書き改めてある)

> 倒せ亡国の醜党
> 一、非募債政策(注 2)は大募債政策に豹変した(民政党)
> 一、国民を救うはずの緊縮政策は国民を苦しめた(民政党政策)
> 一、減税の約束は増税に変わった(民政党)
> 一、インチキ政党を倒せ
> 一、いざこれより救国の巨弾を放たん(政友会)
> 立憲政友会　志太正気団

(注 2)　財源を公債の発行に頼らない政策。

ア　**資料 2** は，米価が上がって百姓が困窮しているようすを表している。
イ　**資料 2** が発行された後に，米騒動がおこった。
ウ　**資料 3** は，原敬内閣が行った政策を批判している。
エ　**資料 3** のビラが使用された選挙は，犬養毅内閣のもとで行われた。

①　アーウ　　②　アーエ　　③　イーウ　　④　イーエ

問 4　表の時期のできごととして適切なものを，次の①～④のうちから一つ選べ。

解答番号は 20 。

① 歌謡曲として「リンゴの唄」が流行した。

② 日本万国博覧会が大阪で開催された。

③ 正岡子規が，写生にもとづく俳句や短歌の革新運動を進めた。

④ 円本と呼ばれる安価な書籍が人気を集めるなど，文学の大衆化が進んだ。

6 第二次世界大戦後のできごとに関する次の**表**について，後にある**問1～問4**に答えよ。

表

内　閣	主なできごと
東久邇宮	降伏文書が調印された。
吉　田(a)	サンフランシスコ平和条約・日米安全保障条約が締結された。
池　田	日本と中国との間で準政府間貿易が開始された。
田　中	第四次中東戦争にともない第一次石油危機(b)が発生した。
海　部	湾岸戦争(c)に際し，日本が多国籍軍に90億ドルを支援した。
	↕ X
小　泉	自衛隊がイラクに派遣された。

問 1 下線部分<u>吉田</u>内閣(a)の時期の**新聞**と，この時期のできごとについて述べた首相の**演説**の組合せとして適切なものを，下の①～④のうちから一つ選べ。解答番号は 21 。

新　聞

ア

警察力増強を指令

マ元帥、政府へ書簡

予備隊七万五千名

政府直属で新設

海上保安隊も八千増員

マッカーサー元帥

イ

東海道新幹線スタート

晴れの超特急ひかり1号

マーチに送られ初列車

演　説

ウ 「わが国の復興再建の機運とみに横溢(おういつ)(注1)し，昨年来には辺隅(へんぐう)の地(注2)に至るまでまれに見るところの光景を呈(てい)したことは，まことに御同慶(ごどうけい)の至り(注3)であります。目を国外に転ずれば，朝鮮動乱は中共軍(注4)の参加とともに一層の紛糾を生じ，これを中心として冷たい戦争の様相を世界至るところに現(うつ)しきっております」

(注1)　特に盛んである。　　(注2)　国の片隅。

(注3)　この上なくよろこばしい。　　(注4)　中華人民共和国の軍隊。

エ 「政府は，今後10年以内に国民所得を2倍以上にすることを目標とし，この長期経済展望のもとに，さしあたり来年度以降3カ年につき，年平均9％の成長を期待しつつ，これを根幹として政府の財政経済政策の総合的な展開を考えているのであります」

① アーウ　　② アーエ　　③ イーウ　　④ イーエ

問2　下線部分第一次石油危機(b)に関係する，次のグラフ1について考察できることについて述べた文とグラフ1中の Y の時期のできごとの組合せとして適切なものを，下の①～④のうちから一つ選べ。解答番号は 22 。

グラフ1　日本の一次エネルギー供給の長期推移

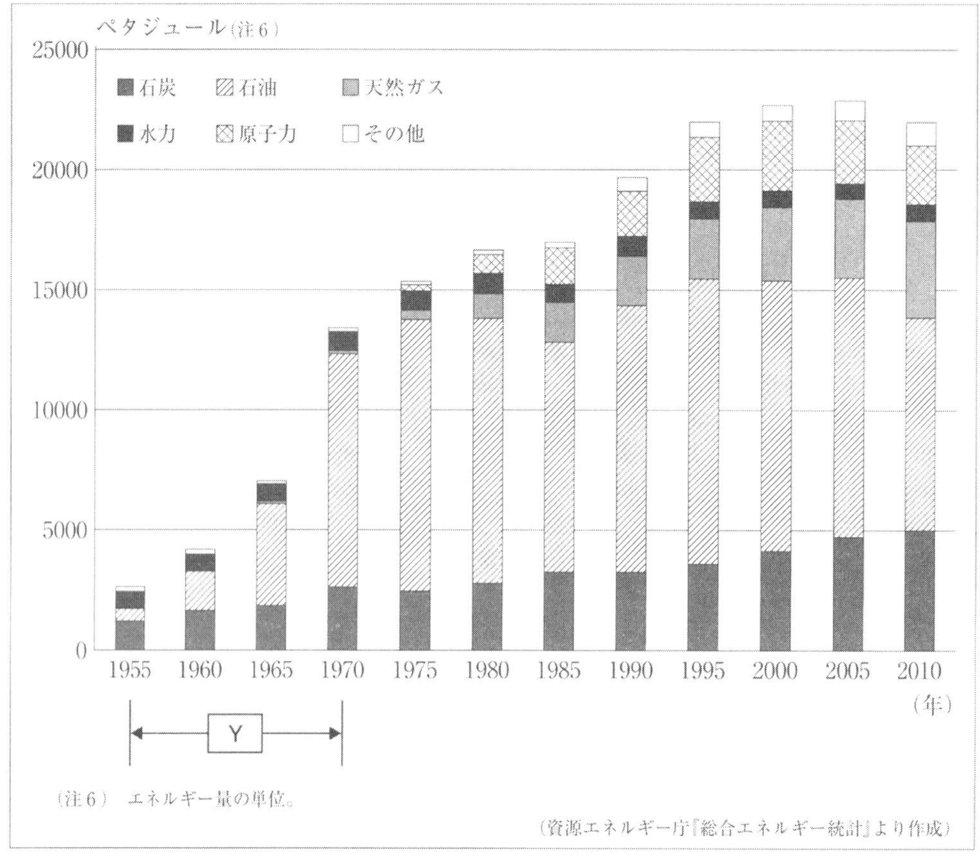

考察できること

ア　高度経済成長の時期において，エネルギー供給の総量に占める石炭の割合がほぼ一定であったのは，省エネなどの技術革新が進んだためである。

イ　第一次石油危機が発生する以前とエネルギー供給の総量が最大になった時期を比べてみると，天然ガスや原子力など，エネルギー源の多様化が進んでいる。

Y の時期のできごと

ウ　先進国の温室効果ガスの削減目標を定めた京都議定書が採択された。

エ　電気洗濯機などの耐久消費財が家庭に普及していった。

①　アーウ　　②　アーエ　　③　イーウ　　④　イーエ

問 3　下線部分湾岸戦争(c)の結果，自衛隊の海外派遣を可能にする**法律**が制定された。この**法律**の名称と，この**法律**に基づき，自衛隊が初めて海外派遣された**地域**の組合せとして適切なものを，下の①～④のうちから一つ選べ。解答番号は 23 。

法　律

ア　テロ対策特別措置法　　　イ　PKO 協力法

地　域

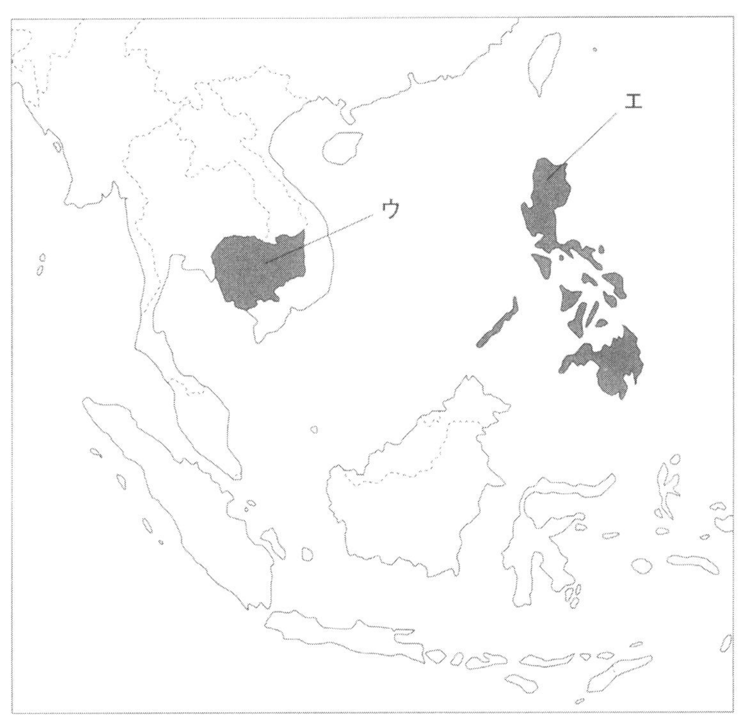

① アーウ　　② アーエ　　③ イーウ　　④ イーエ

問4　グラフ2と**資料**は表中の X の期間に行われた選挙の結果を示したもの，**グラフ3**はその前回の選挙の結果を示したものである。これらのグラフと**資料**について述べた文として適切なものを，下の①～④のうちから一つ選べ。解答番号は 24 。

グラフ2　第40回衆議院議員総選挙議席数

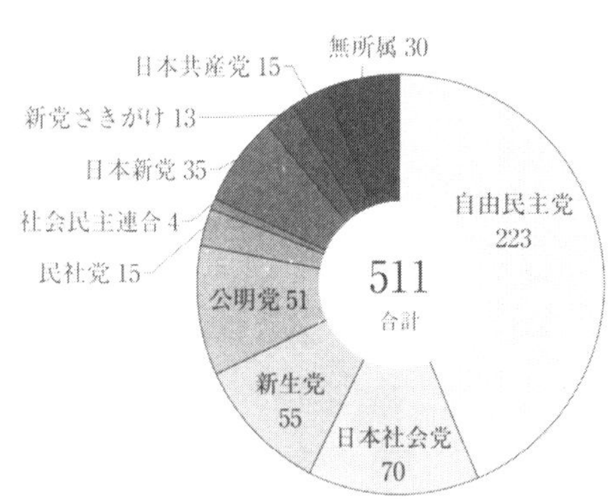

グラフ3　第39回衆議院議員総選挙議席数

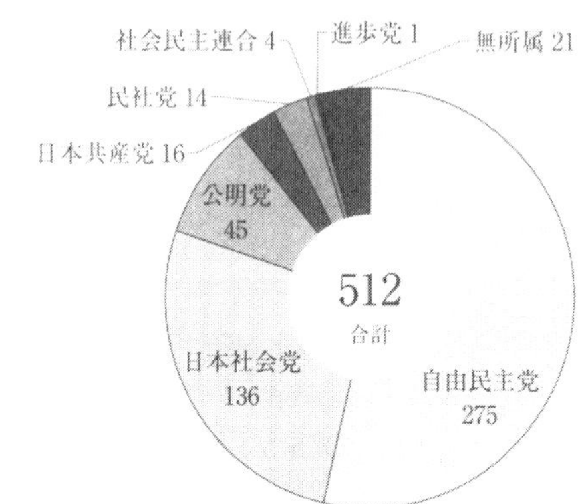

資　料　第40回衆議院議員総選挙の結果組閣された内閣の閣僚とその出身政党等

職名	出身政党等	備考
内閣総理大臣	日本新党	初入閣
副総理 外務大臣	新生党	再入閣
法務大臣	民間出身	初入閣
大蔵大臣	新生党	初入閣
文部大臣	民間出身	初入閣
厚生大臣	民社党	初入閣
農林水産大臣	新生党	初入閣
通商産業大臣	新生党	初入閣
運輸大臣	日本社会党	初入閣
郵政大臣	公明党	初入閣
労働大臣	公明党	初入閣

職名	出身政党等	備考
建設大臣	日本社会党	初入閣
自治大臣 国家公安員会委員長	日本社会党	初入閣
内閣官房長官	新党さきがけ	初入閣
総務庁長官	公明党	初入閣
国土庁長官 沖縄開発庁長官 北海道開発庁長官	日本社会党	初入閣
防衛庁長官	新生党	初入閣
経済企画庁長官	日本社会党	初入閣
科学技術庁長官	社会民主連合	初入閣
環境庁長官	公明党	初入閣
国務大臣	日本社会党	初入閣

① 第40回衆議院議員総選挙の結果，自由民主党は議席を減らしたものの，**資料**の「出身政党等」からも分かるように，政権与党の地位を保持した。

② **資料**において初入閣の閣僚が多いのは，この内閣が，自由民主党を除く複数の党派が連立することで組閣された内閣であるためである。

③ 第39回衆議院議員総選挙の時までは，自由民主党が他の政党に比べて多くの議席数を確保しており，憲法改正の発議が可能な状況であった。

④ **資料**において最も多くの閣僚を輩出している政党は，第39回衆議院議員総選挙では議席を獲得していなかった政党である。

7 ある生徒が作成した次の**レポート**を読み，後にある**問1～問4**に答えよ。

レポート

現在，人や物などが国境をこえて移動するグローバル化が進んでいます。私は，原始・古代以降の人や物などの移動に関する歴史について，さまざまなことを調べました。

1　原始・古代の日本における移動

約6,000年前に気温の上昇が頂点を迎え，海面が上昇すると，日本列島では漁労が発達しました。当時の人びとが高度な海洋航海の技術を身に付けていたことが，［ A ］ことなどからわかります。

8世紀には，日本はほぼ20年に1度の頻度で遣唐使を派遣しました。遣唐使は，新羅との関係が悪化するにつれて，［ B ］ようになりました。

2　中世の日本における陸上輸送

次の**資料1**は，運送業者が関所を通って京都に向かうようすを示したものです。

資料1

領主に送る年貢を運送業者が運んでいる。

3　近世の日本における海上輸送

次の**資料2**は，近世の後期に活躍した，蝦夷地と上方とを結ぶ北前船に関するものです。

資料2

流通の方向	主な積荷
蝦夷地→北陸・瀬戸内・上方	○肥料(鰊(にしん)，干鰯)　○食料(煎海鼠(いりこ)，昆布)
北陸・瀬戸内・上方→蝦夷地	○衣料(木綿，綿)　○食料(米，塩，砂糖，醤油，茶) ○その他(塗物，焼物，金物，紙，蠟(ろう)，油)

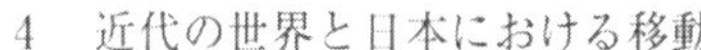

4　近代の世界と日本における移動

19 世紀半ば，太平洋を横断する航路が開設され，世界の新たな交通ルートが形成されました。私は，このことに関係する次の**資料3・4**を集めました。

資料3　ペリーが持参したアメリカ合衆国大統領の国書の内容(意訳してある)

> われわれは，日本国内には石炭や食糧が豊富であることを聞いている。われわれの汽船が太平洋を横断するにあたっては大量の石炭を必要とするが，それをアメリカから持参することは不便である。願わくは，我が国の汽船やその他の船舶が日本に入港して，石炭，食糧及び水の供給を受けることを許されたい。

資料4　上海における石炭の輸入(移入)量の推移　　(単位：トン)

年＼国・地域	イギリス	アメリカ合衆国	オーストラリア	日本	中国	合計
1865	51, 325	11, 217	28, 689	—	—	91, 231
1870	17, 210	5, 705	27, 730	23, 009	5, 759	80, 013
1875	10, 552	3, 450	34, 981	79, 127	15, 683	143, 793
1880	7, 406		16, 651	148, 013	10, 944	183, 314
1885	6, 631	717	29, 532	164, 443	2, 132	257, 833
1890	2, 793	256	11, 680	222, 255	10, 474	247, 458
1895	4, 170	500	26, 634	340, 511	39, 324	413, 532
1900				450, 790	53, 781	594, 181
1905	49, 359	—	14, 867	752, 070	94, 167	915, 499
1910	22, 815	—	2, 650	784, 281	294, 670	1, 126, 189

(注)　・「合計」には，その他の国・地域からの輸入(移入)量を含む。
　　　・「—」は値がないことを示す。また，空欄は不明であることを示す。

私は，**資料3・4**を参考に，日本の石炭が世界的な交通の発達において果たした役割について，日本史Bで学習した内容をもとに，考察しようと考えています。

問1　[A]　[B]　に当てはまる語句の組合せとして最も適切なものを，次の①～④のうちから一つ選べ。解答番号は　[25]　。

① A—丸木舟が各地で発見された　　B—東シナ海を横断する
② A—丸木舟が各地で発見された　　B—朝鮮半島の沿岸を経由する
③ A—「漢委奴国王」と刻まれた金印が出土した　　B—東シナ海を横断する
④ A—「漢委奴国王」と刻まれた金印が出土した　　B—朝鮮半島の沿岸を経由する

問 2 **資料 1** の状況がみられた時期の日本について述べた文として最も適切なものを，次の①～④のうちから一つ選べ。解答番号は 26 。

① 運送業者が，生糸など欧米諸国向けの輸出品を，生産地から横浜に運び利益を得ていた。

② 幕府は，幕府が所在する都市から大名の妻子が脱出することを防ぐために，関所を設置した。

③ 領主は，自らの荘園からの徴税を，守護に請け負わせることがあった。

④ 都(京都)では，藤原氏が子弟の教育のために，寄宿舎にあたる勧学院を設けた。

問 3 **資料 2** を参考にしながら，北前船による流通について述べた文の組合せとして最も適切なものを，下の①～④のうちから一つ選べ。解答番号は 27 。

ア 北前船は，西廻り海運のルートを経由して，蝦夷地と「北陸・瀬戸内・上方」のあいだを移動したと考えられる。

イ 北前船が「北陸・瀬戸内・上方」で仕入れた積荷は，十組問屋の主導によって，全国に流通したと考えられる。

ウ 北前船が「北陸・瀬戸内・上方」で仕入れた積荷の中には，安政の五カ国条約に基づく貿易でロシアから輸入した品々が含まれていたと考えられる。

エ 北前船が蝦夷地で仕入れた積荷の中には，長崎に運ばれ中国(清)に輸出されたものが含まれていたと考えられる。

① アーウ　② アーエ　③ イーウ　④ イーエ

問 4 **資料 3・4** について述べた文として最も適切なものを，次の①～④のうちから一つ選べ。解答番号は 28 。

① **資料 3** から，アメリカ合衆国は，季節風を利用して航行する「汽船」で日本で得た石炭を運搬し，他国に売却して利益を得ようとしていたと考えられる。

② **資料 4** から，オーストラリアからの石炭の輸入量は，1865 年から 1895 年にかけて増加し続けたと考えられる。

③ 日本は，**資料 4** に示された期間に，アメリカ合衆国などの諸外国と条約を結び，**資料 3** で示された要求の内容を初めて受け入れた。

④ **資料 3** から読み取れる内容や**資料 4** から読み取れる傾向をあわせて考えると，日本の石炭に対する需要は，東アジアにおいて徐々に高まったと考えられる。

令和４年度　第２回

解答・解説

【重要度の表記】

Ａ：重要度が高く確実に正答したい設問。しっかり復習する必要のある問題です。

Ｂ：重要度はＡレベルよりすこし下で、やや難易度が高い設問または内容を読み取る設問。高得点を狙う人は復習しましょう！

Ｃ：重要度が低い、または難解な設問。軽く復習する程度でよいでしょう！

令和４年度 第２回 高卒認定試験

【 Ａ解答 】

1	解答番号	正答	配点	2	解答番号	正答	配点	3	解答番号	正答	配点	4	解答番号	正答	配点
問１	1	③	3	問１	9	③	3	問１	17	②	3	問１	25	②	4
問２	2	③	4	問２	10	④	4	問２	18	①	4	問２	26	④	4
問３	3	①	3	問３	11	③	3	問３	19	④	4	問３	27	①	4
問４	4	④	4	問４	12	①	4	問４	20	④	3	問４	28	③	4
問５	5	④	4	問５	13	②	4	問５	21	①	3	-	-		
問６	6	②	3	問６	14	②	4	問６	22	③	3	-	-		
問７	7	①	4	問７	15	①	3	問７	23	②	4	-	-		
問８	8	②	3	問８	16	④	3	問８	24	③	4	-	-		

【 Ａ解説 】

1

問１　空欄Ａには、モリソン号事件における幕府の対応を批判した渡辺崋山と高野長英が処罰された事件である「蛮社の獄」が当てはまります。空欄Ｂには、その２行前から１行前にかけて「幕府が『みだりに蘭書を翻訳してはならない』という命令を出した」とありますので、「蘭学の影響を警戒していた」が当てはまります。蘭学とは、オランダ語を介した西洋の文化や学術についての学びや研究のことです。したがって、正解は③となります。なお、「安政の大獄」は、江戸幕府第 14 代将軍徳川家茂の大老井伊直弼が孝明天皇の許可なく外国と通商条約を結んだことに反対した者を処罰した事件です。後に 15 代将軍となる一橋慶喜らが謹慎処分となり、吉田松陰らが死刑となりました。

解答番号【１】：③　⇒ 重要度Ａ

問２　①について、表２の【生活保護率】を見ると、アイヌが居住する市町村全体のほうはどちらかといえば増加傾向にあることがわかりますので誤りです。②について、表２の【高等学校への進学率】を見ると、全体的に増加傾向にあることがわかりますので誤りです。③について、カード２の「北海道地券発行条例」を見ると、「旧土人が居住している土地は、その種類に関係なく、当分すべてを官有地に編入する」という部分から、アイヌ民族が居住している土地はすべて官有地（＝国有地）に編入されることになったことがわかりますので正しいです。④について、カード１の「北海道開拓使から出された法令」を見ると、「これまでの風習を洗い流し、教化を行い」という部分から、アイヌ民族の風習を改めさせようとしていることがわかりますので誤りです。したがって、正解は③となります。

解答番号【２】：③　⇒ 重要度Ａ

問３　適切でないものを選びます。表１からわかるように「品川弥次郎とともに選挙干渉を行った」のは 1892 年ですが、25 歳以上のすべての男子に選挙権が与えられたのは、第一次加藤高明内閣において普通選挙法が成立した 1925 年のことです。したがって、正解は①となります。

解答番号【3】:①　　⇒**重要度Ｃ**

問４　空欄Ｃについて、資料１にある「この内国博覧会はまず全国の物産を増殖することを目的としている」という部分から、内国勧業博覧会は「国産物品の生産を拡大する」ことを目的としていたことがわかります。空欄Ｄについて、図の「台湾館」に日本の国旗が掲げられていることから、当時の台湾が日本の統治下にあったと考えることができます。したがって、正解は④となります。

解答番号【4】:④　　⇒**重要度Ａ**

問５　「ア」について、1869 年の版籍奉還により、旧藩主は知藩事に任命されて家禄を与えられました。その後、1871 年の廃藩置県により、知藩事は廃止されて東京に住むことが強制され、地方行政は中央政府が派遣した府知事・県令が知藩事に代わって担うことになりました。よって、「ア」は誤りです。「イ」について、「日露戦争の講和条約に反対する運動」とは 1905 年の日比谷焼打ち事件のことを指しますが、表１から初代秋田県知事は 1874 年の佐賀の乱で刑死したことがわかります。よって、「イ」も誤りです。したがって、正解は④となります。

解答番号【5】:④　　⇒**重要度Ｃ**

問６　日露戦争後、第二次日韓協約を締結し、韓国の外交権をはく奪するとともに、韓国の外交を統括する「統監府」を漢城に設置しました。その初代統監は「伊藤博文」です。したがって、正解は②となります。なお、「朝鮮総督府」は 1910 年の韓国併合の際に京城に設置された統治機関で、初代総督には「寺内正毅」が就任しました。

解答番号【6】:②　　⇒**重要度Ｂ**

問７　適切でないものを選びます。資料２は、その１行目にある「国事に関する罪犯し　入獄ありし大井氏が」という部分から、大井憲太郎らがおこした 1886 年の大阪事件に関する歌であることがわかります。①について、義兵運動とは朝鮮における反日武装闘争のことであり、初期の義兵運動は日清戦争後におきました。したがって、正解は①となります。

解答番号【7】:①　　⇒**重要度Ａ**

問８　「ア」について、明治新政府の樹立を主導したのは薩長土肥（薩摩藩・長州藩・土佐藩・肥前藩）と呼ばれる４つの藩で、薩長土肥はそれぞれ現在の鹿児島県、山口県、高知県、佐賀県に相当します。表１の出身地の列を見ると、初代から５代まですべて薩長土肥のいずれかの出身者で占められています。よって、「ア」は正しいです。「イ」について、奥羽越列藩同盟に属したのは東北と越後の諸藩です。よって、「イ」は誤りです。したがって、正解は②となります。

解答番号【8】:②　　⇒**重要度Ｃ**

2

問１　空欄Ａについて、三国協商を結んだのはイギリス・フランス・ロシアの三国で、三国同盟を結んだのはドイツ・イタリア・オーストリアの三国です。空欄Ａの前に「日英同盟を根拠に」とありますので、空欄Ａにはイギリスを含む「三国協商」が当てはまります。空欄Ｂについて、19 世紀後半の中国分割によって、ドイツは山東半島の膠州湾を、ロシアは遼東半島の旅順・大連を、イギリスは山東半島の威海衛と九龍（竜）半島を、フランスは広州湾を租借しました。空欄Ｂの直前に「ドイツの租借地であった」とありますので、空欄Ｂには「膠州湾」が当てはまります。したがって、正解は③となります。

解答番号【9】：③　　⇒重要度Ｂ

問２　日本が国際連盟から脱退する際の日本全権大使は松岡洋右が務めていました。また、資料２の１行目から２行目にかけて、「国際連盟臨時総会での報告書は～事実認識や判断に大きな誤りを犯している」とありますので、日本政府はこの報告書の内容に納得していないことがわかります。したがって、正解は④となります。

解答番号【10】：④　　⇒重要度Ａ

問３　太平洋戦争の終盤には本土空襲が激化したことから学童疎開が行われました。したがって、正解は③となります。なお、「ア」の写真は、日米安全保障条約の改定内容に対する反対運動である 60 年安保闘争の様子を示しています。

解答番号【11】：③　　⇒重要度Ａ

問４　空欄Ｃについて、グラフから 1914 年の賃金は男性が約 50 銭、女性が約 30 銭で、1920 年の賃金は男性が約 140 銭、女性が約 100 銭であることがわかりますので、空欄Ｃには「男女ともに２倍を上回っている」が当てはまります。空欄Ｄについて、グラフが示す期間に男女ともに賃金が上昇した背景には大戦景気があります。第一次世界大戦中、日本はイギリス・フランス・ロシアなどには軍需品、アメリカには生糸、ヨーロッパの列強国が戦争勃発により撤退したアジア諸国には綿織物を輸出することによって、輸出超過となり、景気が大きく好転しました。したがって、正解は①となります。

解答番号【12】：①　　⇒重要度Ｂ

問５　表のＹの時期というのは、張作霖爆殺事件と日本の国際連盟脱退の２つの出来事の間ですから、およそ 1928 年から 1933 年までの時期を指します。「イ」について、資料３には1931年とありますが、米騒動は1918年におきた出来事ですので誤りです。また、「ウ」について、資料４には 1932 年とありますが、原敬内閣は 1918 ～ 1921 年に組閣された内閣ですので誤りです。したがって、正解は②となります。

解答番号【13】：②　　⇒重要度Ｃ

問６　適切でないものを選びます。1945 年４月にソ連は日本に対して日ソ中立条約の不延長（破棄）を通告し、８月には日本に宣戦布告し、対日戦に参加しました。したがって、正解は②となります。

解答番号【14】：②　　⇒重要度Ｂ

問７　「ア」について、寺内正毅は第一次世界大戦中に内閣総理大臣に就任しました。「イ」について、震災手形とは 1923 年の関東大震災によって支払いができなくなった手形のことです。「ウ」について、日本の南部仏印進駐とアメリカによる対日石油禁輸の決定は第二次世界大戦中の 1941 年の出来事です。したがって、正解は①となります。

解答番号【15】：①　　⇒**重要度C**

問８　表の時期というのは、日本の第一次世界大戦参戦と日本のポツダム宣言受諾の２つの出来事の間ですから、およそ 1914 年から 1945 年までの時期を指します。①について、「リンゴの唄」は第二次世界大戦後に大流行した歌謡曲のため誤りです。②について、日本万国博覧会は 1970 年の出来事のため誤りです。③について、正岡子規が活躍したのは明治時代ですから誤りです。④について、円本とは、1923 年の関東大震災によって打撃を受けた出版界が不況を打破するために１冊１円で刊行した全集類のことです。したがって、正解は④となります。

解答番号【16】：④　　⇒**重要度C**

3

問１　「ア」について、日本国憲法は、1946 年に公布ののち、1947 年に施行されました。「イ」について、五大改革指令は、1945 年に幣原喜重郎が組閣した直後にマッカーサーから口頭で伝えられました。「ウ」について、砂川事件は、1950 年代後半におきた米軍基地拡張に対する反対運動です。したがって、正解は②となります。

解答番号【17】：②　　⇒**重要度B**

問２　「ア」の紙面は、「警察力増強」と「予備隊」とありますので、警察予備隊発足の記事であることがわかります。吉田茂内閣が政権を担っていた 1950 年に朝鮮戦争が勃発し、在日米軍が朝鮮に出動したことによって日本に自衛の必要が生じたため、マッカーサーの指示により設置されることになりました。また、「ウ」の演説にある「朝鮮動乱」とは朝鮮戦争のことを指します。したがって、正解は①となります。なお、「イ」の紙面は、1964 年の東海道新幹線開通の記事で、池田勇人内閣の出来事です。「エ」の演説では、「今後 10 年以内に国民所得を２倍以上にすることを目標」とした所得倍増計画が述べられています。この演説は 1960 年に池田勇人首相によって行われたものです。

解答番号【18】：①　　⇒**重要度B**

問３　空欄Ａについて、写真１を見ると、「新党結成大会」および「党名自由民主」という文字が確認できます。自由民主党は保守政党であるため、空欄Ａには「新たな保守政党の誕生」が当てはまります。空欄Ｂについて、説明文の２行目に「この記事が書かれた翌年、日ソ共同宣言が発表され」とあり、この後に日ソ共同宣言の内容が述べられていますから、空欄Ｂには「シベリアなどに連行された日本人の帰国」が当てはまります。したがって、正解は④となります。

解答番号【19】：④　　⇒**重要度A**

問４　「ア」について、高度経済成長期とは、1950 年代半ばから 1973 年頃までの約 20 年間を指します。この時期の石炭の割合がほぼ一定であるのは、石油が廉価で輸入されるようになり、エネルギー源が石炭から石油に移ったからです。よって、「ア」は誤りです。「イ」について、第一次石油危機は 1973 年におこりました。1970 年とエネルギー供給の総量が最大になった 2005 年のグラフを比較してみると、前者は天然ガスとその他の割合はきわめて低いですが、後者はそれらの項目の割合が増加しているだけでなく原子力の項目が加わっていることがわかります。また、「ウ」について、京都議定書の採択は 1997 年ですから、Ｚの時期の出来事ではありません。「エ」について、高度経済成長期に大衆消費社会が到来し、白黒テレビ・電気冷蔵庫・電気洗濯機（「三種の神器」）の家庭普及率は 1960 年代に入ると一気に上昇していきました。したがって、正解は④となります。

解答番号【20】：④　⇒ 重要度Ｂ

問５　表中のＸの時期というのは、日本と中国の準政府間貿易（ＬＴ貿易）開始と湾岸戦争の２つの出来事の間ですから、およそ 1962 年から 1990 年までの時期を指します。①について、四大公害訴訟は、1960 年代後半から 1970 年代前半にかけて行われていました。いずれも判決は原告の全面勝訴となりました。②について、アメリカの水爆実験により日本の漁船が被ばくした第五福竜丸事件は 1954 年の出来事ですから誤りです。③について、二・一ゼネスト計画は吉田茂内閣の打倒を図ったもので、当時はまだ GHQ の占領下にありましたから誤りです。④について、阪神・淡路大震災は 1995 年の村山富市内閣のときの出来事ですから誤りです。したがって、正解は①となります。

解答番号【21】：①　⇒ 重要度Ｃ

問６　湾岸戦争を受けて、1992 年に宮沢喜一内閣のもとで「PKO 協力法」が成立し、PKO（国連平和維持活動）への自衛隊の海外派遣が可能になりました。自衛隊が初めて海外派遣された地域はカンボジアです。したがって、正解は③となります。なお、「テロ対策特別措置法」は、2001 年のアメリカ同時多発テロ事件を受けて制定されました。

解答番号【22】：③　⇒ 重要度Ｃ

問７　第 40 回衆議院議員総選挙により、細川護煕を首相とする非自民・非共産の８党派からなる連立政権が誕生しました。したがって、正解は②となります。なお、①について、自由民主党は「政権与党の地位を保持した」とありますが、資料を見ると、自由民主党を出身政党とする閣僚は一人として含まれていませんので誤りです。③について、「第 39 回衆議院議員総選挙の時までは」とありますが、グラフ２を見ると、第 40 回衆議院議員総選挙時においても、自由民主党がほかの政党よりも多くの議席を獲得していますので誤りです。④について、資料から最も多くの閣僚を輩出している政党は日本社会党であることがわかります。しかし、グラフ３を見ると、日本社会党は第 39 回衆議院議員総選挙で 136 の議席を獲得していますので誤りです。

解答番号【23】：②　⇒ 重要度Ｂ

問８　写真２のアメリカの大統領の吹き出しに「史上初めて、人類の願いである核兵器の削減を実現する条約だ」とあり、また資料として挙げられている「条約」の条文に「中距離核ミサイルを廃棄し、今後この種の兵器システムを持たない」とあることから、この条約は 1987 年に米ソ間で締結された中距離核戦力（INF）全廃条約であることがわかります。したがって、正解は③となります。

解答番号【24】：③　⇒ 重要度Ｃ

4

問１　資料１は２行目の「ロシアに対して宣戦を布告する」という部分から日露戦争の資料であること、また資料２は２行目の「独逸国に対して宣戦を布告する」という部分から第一次世界大戦の資料であること、そして資料３は２行目の「米国と英国に対して宣戦を布告する」という部分から太平洋戦争の資料であることがわかります。「ア」について、小学校用の教科書に関して国定教科書制度が実施されるようになったのは 1903 年からです。よって、「ア」は日露戦争に最も近い出来事だとわかります。「イ」について、1941 年の国民学校令によって小学校は国民学校と改められました。よって、「イ」は太平洋戦争に最も近い出来事だとわかります。したがって、正解は②となります。

解答番号【25】：②　　⇒**重要度Ｂ**

問２　適切でないものを選びます。日露戦争開戦時の首相は桂太郎、第一次世界大戦参戦時の首相は大隈重信、太平洋戦争開戦時の首相は東条英機です。３人の首相のうち、大隈重信は軍務に服した経験はなく、第一次世界大戦参戦当時に軍人ではありませんでした。したがって、正解は④となります。

解答番号【26】：④　　⇒**重要度Ｂ**

問３　空欄Ａについて、その直前に「どの詔書（勅）でも」とありますので、３つの資料に共通する内容の語句をそれぞれの資料から探します。資料１を見ると、５行目から６行目にかけて「平和を永遠に維持しようと考え」とあり、資料２を見ると、７行目に「なおも努めて平和的手段を尽くそう」とあり、資料３を見ると、６行目から７行目にかけて「政府に事態を平和的に収拾させようとし」とあることから、いずれの詔勅でも日本は平和を希求していることが読み取れます。空欄Ｂについて、その前に「資料の後半部分では資料１と資料３が似ているようにみえる」とありますので、２つの資料に共通する内容の語句をそれぞれの資料から探します。資料１の後半部分を見ると、６行目に「臣下にロシアへ提案させ、半年の間少しずつ折衝を重ねさせた」とあり、資料３の後半部分を見ると、６行目から７行目にかけて「政府に事態を平和的に収拾させようとし～長い間がまんしてきた」とあることから、長い時間をかけて戦争回避のための交渉を行っていたことが読み取れます。したがって、正解は①となります。

解答番号【27】：①　　⇒**重要度Ａ**

問４　資料１と資料２では「大日本国皇帝」と記されている一方で、資料３では「大日本帝国天皇」と記されている点については、資料３が出される以前に、国体明徴声明を通して日本は天皇の統治する国家であることが明示されたことと関係があるのではないかと推測することができます。また、資料３では、交戦に際して軍人や役人、官僚のみならず一般民衆までに努力が求められている点については、資料３が出される以前に国家総動員法や国民徴用令が公布されていたことを考慮すると、すでにこの頃には総力戦という概念が浸透していたのはないかと推測することができます。したがって、正解は③となります。

解答番号【28】：③　　⇒**重要度Ａ**

【 Ｂ解答 】

1	解答番号	正答	配点	2	解答番号	正答	配点	3	解答番号	正答	配点	4	解答番号	正答	配点
問１	1	②	3	問１	5	③	4	問１	9	①	3	問１	13	③	3
問２	2	③	4	問２	6	④	4	問２	10	②	3	問２	14	④	4
問３	3	④	4	問３	7	②	3	問３	11	③	4	問３	15	①	4
問４	4	①	3	問４	8	①	3	問４	12	④	4	問４	16	②	3

5	解答番号	正答	配点	6	解答番号	正答	配点	7	解答番号	正答	配点
問１	17	③	3	問１	21	①	4	問１	25	①	4
問２	18	①	4	問２	22	④	3	問２	26	③	4
問３	19	②	4	問３	23	③	3	問３	27	②	4
問４	20	④	3	問４	24	②	4	問４	28	④	4

【 Ｂ解説 】

1

問１　藤原京遷都は、694 年に持統天皇の頃に行われました。持統天皇は、まだ天武天皇の皇后であった頃、天武天皇が着手した飛鳥浄御原令や国史の編纂事業を引き継ぎ、称制ののち天皇として即位しました。したがって、正解は②となります。なお、①について、ヤマト政権が氏姓制度を整備したのは５世紀末から６世紀のことです。③について、ここでいう対外戦争とは 663 年の白村江の戦いのことです。また、都は近江大津宮のこと、戸籍は庚午年籍のことを指します。白村江の戦いと近江大津宮遷都は中大兄皇子の称制の頃に、庚午年籍の作成は中大兄皇子即位後の天智天皇のもとで行われました。④について、10 世紀前半の醍醐天皇の時代に、のちに延喜の治と呼ばれる親政が行われ、古今和歌集の編纂や延喜格式の編纂が進められました。

解答番号【１】：②　⇒**重要度Ｃ**

問２　「ア」について、「都で働く代わりに塩三斗を朝廷に納めた」とありますが、都での労働である歳役の代わりとして納入されたのは庸（布）です。よって、「ア」は誤りです。「イ」について、木簡Ⅱに「長屋親王宮鮑大贄十編」とあり、また「贄」ということばに付された注釈の内容から、長屋王が朝廷において高い地位にあったと推測することができます。よって、「イ」は正しいです。したがって、正解は③となります。

解答番号【２】：③　⇒**重要度Ｂ**

問３　平城京から平安京への遷都の背景のひとつに、宇佐八幡宮神託事件があります。称徳天皇は僧侶の道鏡を寵愛するあまり、宇佐八幡宮の神託を利用して皇位を譲ろうとしましたが、和気清麻呂らの行動によってその企ては阻止されました。こうした仏教僧の政治介入

を念頭に政教分離を意図して、桓武天皇は平安京への寺院の移転を禁じました。したがって、正解は④となります。

解答番号【3】:④　　⇒重要度B

問4　平等院鳳凰堂阿弥陀如来像は、定朝によって「寄木造」を用いて制作されました。また、平等院が建築された頃に浄土教が広まった背景には末法思想がありました。これは釈迦の死後、正法と像法の世を経ると末法の世に入り、仏法が衰えて世が乱れるという思想で、1052年が末法の世の初年と考えられていました。したがって、正解は①となります。なお、「一木造」とは、弘仁・貞観文化の密教芸術における仏像制作で主に用いられた手法のことです。「善人なをもちて往生をとぐ、いはんや悪人をや」とは、悪人正機説を説いた親鸞のことばです。

解答番号【4】:①　　⇒重要度B

2

問1　空欄Aについて、資料を見ると、下側に「北」と記されているので、荘園の北部は「海」に面していることがわかります。空欄Bについて、資料を見ると、上側に線を隔てて左右に「地頭分」と「領家分」という文字が確認できます。荘園領主と地頭との間の紛争解決の一手段として、領主が地頭に一定の土地を与える代わりに、互いの支配権を認めるという取り決めが行われました。これを「下地中分」といいます。したがって、正解は③となります。なお、「地頭請所」とは、領主が地頭に荘園の管理権を与える代わりに、一定額の年貢納入を請け負わせた制度のことです。

解答番号【5】:③　　⇒重要度A

問2　空欄Cについて、その1行前の「新補率法」とは、承久の乱ののちに新たに任命された地頭（新補地頭）の得分（収益）の法定比率のことです。具体的には、新補地頭の得分は、田畠11町につき1町の免田（給田）、段別5升の加徴米、山野河海の収益の半分と定められました。よって、空欄Cには「山野河海の収益の半分」が当てはまります。空欄Dには、その前に言及されている「執権」と「連署」は鎌倉幕府の役職名であることから、「幕府」が当てはまることがわかります。したがって、正解は④となります。

解答番号【6】:④　　⇒重要度A

問3　「ア」について、鎌倉時代には農業技術が向上し、牛や馬を利用した牛馬耕が行われ、人力よりも土を深く掘り起こすことができるようになりました。これによって、二毛作が可能となったとされています。二毛作は鎌倉時代中期に畿内や西日本に普及しました。よって、「ア」は正しいです。「イ」について、二条良基が連歌集である『菟玖波集』を編纂したのは室町時代のことですから誤りです。したがって、正解は②となります。

解答番号【7】:②　　⇒重要度C

問4　朝廷権力の回復と幕府の討幕をはかり、1221年に「後鳥羽上皇」は北条義時追討の院宣を出して武力蜂起をおこしました。これを承久の乱といいます。北条政子の活躍もあり、幕府側の勝利となりました。その後、後鳥羽上皇らの配流、朝廷の監視を担う「六波羅探題」の設置、新補地頭の任命などが行われ、朝廷に対する幕府の優位が確立しました。したがって、正解は①となります。

解答番号【8】：① ⇒**重要度Ｂ**

3

問１ 年表のＸの時期を確認すると、松平定信が老中になる前の田沼時代の政策を選べばよいことがわかります。田沼意次は、幕府財政を立て直すため、株仲間の積極的公認（営業の独占権と引き換えに、営業税として運上や冥加を上納）や専売制の拡大、南鐐二朱銀の鋳造などを政策として行いました。したがって、正解は①となります。なお、②について、関東取締出役の設置は、11 代将軍徳川家斉が実権を握っていた大御所時代の政策です。③について、相対済し令は、８代将軍徳川吉宗が享保の改革で行った政策です。④について、老中水野忠邦は天保の改革のなかで上知令を発し、江戸と大阪の周辺を直轄領としようとしましたが、大名や旗本らの反対によって失敗に終わりました。

解答番号【9】：① ⇒**重要度Ｂ**

問２ Ａの俳句について、「いろはにほへと 習う声」という部分から、いろは歌を用いて仮名を学んでいる様子が想像できます。よって、俳句Ａについての説明の組み合わせとしては「ア」が適切です。Ｂの俳句について、「仏の留守の 善光寺」という部分から、仏様が寺の外に持ち出されていることが推測できます。よって、俳句Ｂについての説明の組み合わせとしては「エ」が適切です。したがって、正解は②となります。

解答番号【10】：② ⇒**重要度Ａ**

問３ 空欄Ａについて、年表中のＹの時期におよそ相当する文化 13 年（1816 年）と天保４年（1833 年）のグラフを比較してみると、出稼ぎに出る百姓の数は「減少」していることがわかります。空欄Ｂと空欄Ｃについて、「秋風や つみ残されし 桑の葉に」「たのもしや 棚の蚕も 喰盛」という２つの俳句から、蚕の餌となる桑の葉が豊富にあり、生糸の原料となる繭をつくる蚕の生育状況も良好であることがうかがえます。さらに、これらの俳句は一茶が信濃の情景を詠んだ歌ですから、この地域で養蚕が盛んになっていたことが推測できます。よって、空欄Ｂには「製糸業の発達」、空欄Ｃには「村内や近隣の村で稼ぐことが可能となった」が当てはまります。したがって、正解は③となります。

解答番号【11】：③ ⇒**重要度Ａ**

問４ 「ア」について、資料の１行目から２行目にかけて、「貧しい人びとが夜盗となり～豊かな商人の家を襲った」とありますので誤りです。「イ」について、資料の４行目から５行目にかけて、「財宝を奪ったり、恨みで人を殺害したりすることが目的ではなかった」とありますので誤りです。したがって、正解は④となります。

解答番号【12】：④ ⇒**重要度Ａ**

4

問１ 空欄Ａには、モリソン号事件における幕府の対応を批判した渡辺崋山と高野長英が処罰された事件である「蛮社の獄」が当てはまります。空欄Ｂには、その２行前から１行前にかけて「幕府が『みだりに蘭書を翻訳してはならない』という命令を出した」とあります

ので、「蘭学の影響を警戒していた」が当てはまります。蘭学とは、オランダ語を介した西洋の文化や学術についての学びや研究のことです。したがって、正解は③となります。なお、「安政の大獄」は、江戸幕府第14代将軍徳川家茂の大老井伊直弼が孝明天皇の許可なく外国と通商条約を結んだことに反対した者を処罰した事件です。後に15代将軍となる一橋慶喜らが謹慎処分となり、吉田松陰らが死刑となりました。

解答番号【13】：③　　⇒重要度A

問2　空欄Cについて、資料1にある「この内国博覧会はまず全国の物産を増殖することを目的としている」という部分から、内国勧業博覧会は「国産物品の生産を拡大する」ことを目的としていたことがわかります。空欄Dについて、図の「台湾館」に日本の国旗が掲げられていることから、当時の台湾が日本の統治下にあったと考えることができます。したがって、正解は④となります。

解答番号【14】：④　　⇒重要度A

問3　適切でないものを選びます。資料2は、その1行目にある「国事に関する罪犯し　入獄ありし大井氏が」という部分から、大井憲太郎らがおこした1886年の大阪事件に関する歌であることがわかります。①について、義兵運動とは朝鮮における反日武装闘争のことであり、初期の義兵運動は日清戦争後におきました。したがって、正解は①となります。

解答番号【15】：①　　⇒重要度A

問4　「ア」について、明治新政府の樹立を主導したのは薩長土肥（薩摩藩・長州藩・土佐藩・肥前藩）と呼ばれる4つの藩で、薩長土肥はそれぞれ現在の鹿児島県、山口県、高知県、佐賀県に相当します。表1の出身地の列を見ると、初代から5代まですべて薩長土肥のいずれかの出身者で占められています。よって、「ア」は正しいです。「イ」について、奥羽越列藩同盟に属したのは東北と越後の諸藩です。よって、「イ」は誤りです。したがって、正解は②となります。

解答番号【16】：②　　⇒重要度C

5

問1　空欄Aについて、三国協商を結んだのはイギリス・フランス・ロシアの三国で、三国同盟を結んだのはドイツ・イタリア・オーストリアの三国です。空欄Aの前に「日英同盟を根拠に」とありますので、空欄Aにはイギリスを含む「三国協商」が当てはまります。空欄Bについて、19世紀後半の中国分割によって、ドイツは山東半島の膠州湾を、ロシアは遼東半島の旅順・大連を、イギリスは山東半島の威海衛と九龍（竜）半島を、フランスは広州湾を租借しました。空欄Bの直前に「ドイツの租借地であった」とありますので、空欄Bには「膠州湾」が当てはまります。したがって、正解は③となります。

解答番号【17】：③　　⇒重要度B

問2　空欄Cについて、グラフから1914年の賃金は男性が約50銭、女性が約30銭で、1920年の賃金は男性が約140銭、女性が約100銭であることがわかりますので、空欄Cには「男女ともに2倍を上回っている」が当てはまります。空欄Dについて、グラフが示す期間に男女ともに賃金が上昇した背景には大戦景気があります。第一次世界大戦中、日本はイギリス・フランス・ロシアなどには軍需品、アメリカには生糸、ヨーロッパの列強国が戦争勃発により撤退したアジア諸国には綿織物を輸出することによって、輸出超過となり、景気が大きく好転しました。したがって、正解は①となります。

解答番号【18】：①　　⇒ 重要度Ｂ

問３　表のＹの時期というのは、張作霖爆殺事件と日本の国際連盟脱退の２つの出来事の間ですから、およそ 1928 年から 1933 年までの時期を指します。「イ」について、資料２には 1931 年とありますが、米騒動は 1918 年におきた出来事ですので誤りです。また、「ウ」について、資料３には 1932 年とありますが、原敬内閣は 1918 ～ 1921 年に組閣された内閣ですので誤りです。したがって、正解は②となります。

解答番号【19】：②　　⇒ 重要度Ｃ

問４　表の時期というのは、日本の第一次世界大戦参戦と日本のポツダム宣言受諾の２つの出来事の間ですから、およそ 1914 年から 1945 年までの時期を指します。①について、「リンゴの唄」は第二次世界大戦後に大流行した歌謡曲のため誤りです。②について、日本万国博覧会は 1970 年の出来事のため誤りです。③について、正岡子規が活躍したのは明治時代ですから誤りです。④について、円本とは、1923 年の関東大震災によって打撃を受けた出版界が不況を打破するために１冊１円で刊行した全集類のことです。したがって、正解は④となります。

解答番号【20】：④　　⇒ 重要度Ｃ

6

問１　「ア」の紙面は、「警察力増強」と「予備隊」とありますので、警察予備隊発足の記事であることがわかります。吉田茂内閣が政権を担っていた 1950 年に朝鮮戦争が勃発し、在日米軍が朝鮮に出動したことによって日本に自衛の必要が生じたため、マッカーサーの指示により設置されることになりました。また、「ウ」の演説にある「朝鮮動乱」とは朝鮮戦争のことを指します。したがって、正解は①となります。なお、「イ」の紙面は、1964 年の東海道新幹線開通の記事で、池田勇人内閣の出来事です。「エ」の演説では、「今後 10 年以内に国民所得を２倍以上にすることを目標」とした所得倍増計画が述べられています。この演説は 1960 年に池田勇人首相によって行われたものです。

解答番号【21】：①　　⇒ 重要度Ｂ

問２　「ア」について、高度経済成長期とは、1950 年代半ばから 1973 年頃までの約 20 年間を指します。この時期の石炭の割合がほぼ一定であるのは、石油が廉価で輸入されるようになり、エネルギー源が石炭から石油に移ったからです。よって、「ア」は誤りです。「イ」について、第一次石油危機は 1973 年におこりました。1970 年とエネルギー供給の総量が最大になった 2005 年のグラフを比較してみると、前者は天然ガスとその他の割合はきわめて低いですが、後者はそれらの項目の割合が増加しているだけでなく原子力の項目が加わっていることがわかります。また、「ウ」について、京都議定書の採択は 1997 年ですから、Ｙの時期の出来事ではありません。「エ」について、高度経済成長期に大衆消費社会が到来し、白黒テレビ・電気冷蔵庫・電気洗濯機（「三種の神器」）の家庭普及率は 1960 年代に入ると一気に上昇していきました。したがって、正解は④となります。

解答番号【22】：④　　　⇒重要度B

問３　湾岸戦争を受けて、1992年に宮沢喜一内閣のもとで「PKO協力法」が成立し、PKO（国連平和維持活動）への自衛隊の海外派遣が可能になりました。自衛隊が初めて海外派遣された地域はカンボジアです。したがって、正解は③となります。なお、「テロ対策特別措置法」は、2001年のアメリカ同時多発テロ事件を受けて制定されました。

解答番号【23】：③　　　⇒重要度C

問４　第40回衆議院議員総選挙により、細川護熙を首相とする非自民・非共産の８党派からなる連立政権が誕生しました。したがって、正解は②となります。なお、①について、自由民主党は「政権与党の地位を保持した」とありますが、資料を見ると、自由民主党を出身政党とする閣僚は一人として含まれていませんので誤りです。③について、「第39回衆議院議員総選挙の時までは」とありますが、グラフ２を見ると、第40回衆議院議員総選挙時においても、自由民主党がほかの政党よりも多くの議席を獲得していますので誤りです。④について、資料から最も多くの閣僚を輩出している政党は日本社会党であることがわかります。しかし、グラフ３を見ると、日本社会党は第39回衆議院議員総選挙で136の議席を獲得していますので誤りです。

解答番号【24】：②　　　⇒重要度B

7

問１　空欄Ａには、その直前に「当時の人びとが高度な海洋航海の技術を身に付けていたことが」とありますので、「丸木舟が各地で発見された」が当てはまります。空欄Ｂについて、その前に「遣唐使は、新羅との関係が悪化するにつれて」とありますので、朝鮮半島の東南部に位置した新羅とは距離をとることが推測できます。よって、空欄Ｂには「東シナ海を横断する」が当てはまります。したがって、正解は①となります。

解答番号【25】：①　　　⇒重要度A

問２　資料１は室町時代に活躍した運送業者である馬借の様子を示したものですので、室町時代に関連するものを選べばよいことがわかります。室町時代に、守護は半済令により荘園・公領の年貢の半分を徴発する権限を得て、また守護請という制度により荘園の年貢徴収や納入を請け負い、守護は土地支配権を拡大していきました。したがって、正解は③となります。なお、①について、欧米諸国に向けて輸出が可能となったのは日本が開国した19世紀半ばのことです。②について、江戸時代には関東の関所において「入鉄砲に出女」（江戸への鉄砲の流入と江戸からの大名妻子の脱出）について厳しい取り締まりが行われていました。④について、藤原氏が大学別曹のひとつとして勧学院を設けたのは平安時代初期のことです。

解答番号【26】：③　　　⇒重要度B

問３　「ア」について、資料２の「流通の方向」を見ると、北陸・瀬戸内海・上方と蝦夷地を行き来していることがわかります。また、西廻り海運は大坂と東北地方日本海沿岸を瀬戸内海経由で結びましたので、この資料２が西廻り海運のルートを用いた北前船の資料であることがわかります。「エ」について、長崎の出島においては、中国（清）との貿易が許されており、この出島を通じて蝦夷地で獲れた昆布が輸出されていました。廻船のなかには大阪と長崎を往復する廻船があり、この廻船が西廻り海運で大阪に輸送された昆布を長崎に運んでいました。したがって、正解は②となります。なお、「イ」について、大阪では二十四組問屋が物資の流通の中心的役割を担っていましたので誤りです。「ウ」について、「北陸・瀬戸内・上方」で仕入れて蝦夷地に運ぶ積荷を、蝦夷地に近いロシアから輸入したと考えるのは不自然ですので誤りです。

解答番号【27】：②　　⇒**重要度Ｃ**

問４　資料３の３行目から４行目にかけて、「我が国の汽船やその他の船舶が日本に入港して、石炭、食糧及び水の供給を受けることを許されたい」という部分から、アメリカが石炭の補給地として開港することを日本に求めていることがわかります。また、資料４を見ると、ほかの国と比べて日本の数値は年々伸びており、上海では日本からの石炭の輸入量が増加し続けていたことがわかります。したがって、正解は④となります。なお、①について、資料３の１行目から２行目にかけて、「われわれの汽船が太平洋を横断するにあたっては大量の石炭を必要とする」とあり、石炭は燃料として用いることがわかりますので誤りです。②について、資料４のオーストラリアの列を見ると、1865 年から 1895 年までの間に減少している年も見られますので誤りです。③について、資料４で示されているのは 1865 年から 1910 年の期間ですが、日本は資料３で提示されたアメリカの要求を 1854 年の日米和親条約において受け入れていますので誤りです。

解答番号【28】：④　　⇒**重要度Ａ**

令和４年度 第１回
高卒認定試験

日本史Ａ・Ｂ

解答時間　50 分

注　意　事　項（抜粋）

＊　試験開始の合図前に，監督者の指示に従って，解答用紙の該当欄に以下の内容をそれぞれ正しく記入し，マークすること。

①**氏名欄**

氏名を記入すること。

②**受験番号**，③**生年月日**，④**受験地欄**

受験番号，**生年月日を記入**し，さらにマーク欄に**受験番号**（数字），**生年月日**（年号・数字），**受験地をマーク**すること。

＊　**受験番号，生年月日，受験地が正しくマークされていない場合は，採点できないことがある。**

＊　解答は，解答用紙の解答欄にマークすること。例えば，[10] と表示のある解答番号に対して②と解答する場合は，次の(例)のように**解答番号** 10 の**解答欄**の②に**マーク**すること。

（例）

解答番号	解　答　欄
10	① ● ③ ④ ⑤ ⑥ ⑦ ⑧ ⑨ ⓪

日　本　史　A

（解答番号 1 ～ 28 ）

1 次のⅠ・Ⅱについて，後にある**問1**～**問8**に答えよ。

Ⅰ

会話文1

生徒X：日本史の授業で出された夏休みの課題レポートで，どのようなことを調べましたか。

生徒Y：私は旅行で群馬県を訪れましたが，駅を降りると，中居屋重兵衛（なかいやじゅうべえ）という人物に関する大きな石碑に目が留まりました。近くにある解説を読むと，彼は横浜開港に際して，生糸を売り込んだ有力な商人だったことがわかりました。私は彼について調べてみることにしました。

生徒X：面白そうですね。どのような人物だったのですか。

生徒Y：彼に関する事柄をまとめた**表1**を見てください。彼は現在の群馬県で生まれ，その後江戸，横浜へ出て財を築きました。また，調べているうちに，彼に関する**資料**が江戸の豪商三井家に残されていることがわかりました。この**資料**は，1859年10月に書かれたものです。

生徒X：中居屋重兵衛のことは全く知りませんでしたが，とても活躍した人物なのですね。

生徒Y：そうですね。彼に関する資料はあまり残されていませんが，**表1**にもある通り重兵衛の書いた日記(a)が残されていて，彼の足跡が断片的にわかります。

生徒X：歴史を叙述する上で，資料は本当に大切なのですね。重兵衛が経営する中居屋が周囲に与えた影響は何かありますか。

生徒Y：先ほど見た**資料**の続きには，東日本各地の生糸商人が中居屋の名義を借りて，外国商館に生糸を売っている記述が見られます。おそらく各地の生糸商人が産地から直接横浜に生糸を運搬してきたのだと思います。別の資料からは，江戸の糸問屋が横浜での貿易開始後，生糸の入荷が減ったことを幕府に訴えていることがわかります。

生徒X：中居屋重兵衛が貿易を行っていた時期には，そうした問題(b)が浮上していたのですね。

表1　中居屋重兵衛に関する事柄

年	できごと
1820	上野国吾妻郡中居村(現在の群馬県嬬恋村三原)に生まれる。
1839	江戸に出る。親類の書店に身を置きながら，商売の方法を学ぶ。
1859	横浜に新店舗が完成する。店の屋号を「中居屋」とする。 「昇平日録」という日記を書き始める。
1861	江戸で死去。

資料(意訳してある)

外国人に売った生糸はどれ程の量であるか。…(中略)…オランダとイギリスの両国で，これまでに買い入れた分は合わせて3万5千斤(注1)であった。その内，イギリス人のバルヘル(注2)は2万5千斤を買い入れた。バルヘルはイギリスの国内でも二番目の大商人で，さまざまな品物を多数買い入れている。残りの1万斤は他のオランダとイギリスの商人らが買い入れた。オランダとイギリスへ売った生糸の内，およそ1万7千斤～1万8千斤は，中居屋重兵衛が売ったものである。

(三井文庫「永書」より作成)

(注1)　1斤はおよそ600グラム。　(注2)　商人の名前。

問1　**表1**の期間におこったできごとについて述べた次の**ア**～**ウ**を，年代の古い順に正しく並べたものを，下の①～④のうちから一つ選べ。解答番号は 1 。

ア　アヘン戦争がおこり，清がイギリスに敗北した。

イ　異国船打払令が出され，外国船を撃退することが命じられた。

ウ　桜田門外の変がおこり，大老の井伊直弼が暗殺された。

①　イ→ア→ウ　②　イ→ウ→ア　③　ウ→ア→イ　④　ウ→イ→ア

問2　**資料**から読み取れる内容及び**資料**が書かれる前提となった歴史的背景や事実として**適切でないもの**を，次の①～④のうちから一つ選べ。解答番号は 2 。

①　**資料**によると，オランダとイギリスに売った生糸の総重量のうち，4割以上は中居屋重兵衛が売ったものであった。

②　日本から外国へ輸出される品物のうち，生糸がその中心となった。

③　外国商人は居留地の外での取り引きが認められていた。

④　幕府が通商条約を結んだ結果，横浜ではイギリスとの貿易が始まっていた。

問3　下線部分日記(a)について，生徒Yはその内容を表2にまとめた。表2から読み取れる内容と，会話文1及び表2の考察の組合せとして最も適切なものを，下の①～④のうちから一つ選べ。解答番号は　3　。

表2　重兵衛の書いた日記の内容(内容は一部省略してある)

日　付	できごと
1月21日	上田藩(現在の長野県にあった藩)の産物を扱う会所の役人と会う。
1月28日	村垣(外国奉行(注3))，岩瀬(外国奉行経験者)，稲葉(奏者番(注4))が来る。
2月17日	会津藩で交易を担当する役人が来る。
2月21日	岩瀬を訪ねる。
2月29日	村垣を訪ね，父と岩瀬の元を訪ねる。紀州藩で産物を扱う役所から手紙が来る。

(注3)　江戸幕府の役職名。外交を担当した。

(注4)　江戸幕府の役職名。諸大名や旗本などが将軍に謁見する時，その取り次ぎを行った。

読み取れる内容

ア　重兵衛は，幕府の要人や各藩の役人と接触している。

イ　重兵衛は，外国の商人や公使とたびたび面会している。

考　察

ウ　重兵衛は，キリスト教の布教活動を熱心に行っていた。

エ　重兵衛は，貿易を進める上での基盤を整備しようとしていた。

①　アーウ　　②　アーエ　　③　イーウ　　④　イーエ

問4　下線部分問題(b)について，この問題に対処するために出された法令とその内容として最も適切なものを，次の①～④のうちから一つ選べ。解答番号は　4　。

①

王政復古の大号令
天皇を中心とする新政府の樹立をめざす。

②

徴兵令
満20歳に達した男性を一定期間兵役に就かせる。

③

上知令
江戸・大坂の大名・旗本の領地を幕府直轄領にしようとする。

④

五品江戸廻送令
呉服などの開港場直送を禁じ，江戸問屋を経由するよう命じる。

Ⅱ

図

会話文2

生徒X：図には激しい戦闘のようすが描かれていますね。

先　生：そうですね。日清戦争で日本軍と清国軍が朝鮮半島(c)で戦った時のようすを描いたものです。

生徒X：図の右下には日本軍兵士以外の人も描かれていますね。甲の人たちは，白いキャンバスに何かを描いているようです。乙の人たちの中には，メモをとっている人もいます。つまり，彼らは［　A　］のようですね。

先　生：その通りです。彼らの成果物は当時のメディアにたびたび掲載されました。戦争で活躍する無名兵士の美談がメディアに取り上げられ，人びとはそれに熱狂しました。国内では戦争協力のため義捐金（ぎえんきん）(注5)を献納する運動も高まりを見せました。つまり，メディアは［　B　］役割を果たしたといえます。

生徒X：この後の戦争とメディアとの関係性も気になりますね。

先　生：日露戦争の前には，さまざまな立場(d)のメディアが登場しました。日露戦争後(e)にもメディアが人びとに与えた影響は大きいものでした。今はインターネットなどの通信技術が発達したことで世界各地の戦争や戦闘のようすをリアルタイムで知ることができますね。

(注5)　寄付されたお金のこと。

問５　［　A　］［　B　］に当てはまる語句の組合せとして最も適切なものを，次の①～④のうちから一つ選べ。解答番号は［　5　］。

① A―画家や新聞記者　　B―国民としての一体感をもたせる
② A―画家や新聞記者　　B―資本主義の発達を促す
③ A―タイピストや写真家　　B―国民としての一体感をもたせる
④ A―タイピストや写真家　　B―資本主義の発達を促す

問６　下線部分(c)朝鮮半島について，日清戦争よりも前に朝鮮半島でおこったできごとについて述べた次のア・イの正誤の組合せとして最も適切なものを，下の①～④のうちから一つ選べ。解答番号は［　6　］。

ア　朝鮮総督府のもとで，土地の所有権の確認などを行う土地調査事業が実施された。
イ　朝鮮半島で農民が武装蜂起する甲午農民戦争が勃発した。

① ア―正　イ―正　　② ア―正　イ―誤
③ ア―誤　イ―正　　④ ア―誤　イ―誤

問７　下線部分(d)さまざまな立場について，生徒Ｘが抱いた**疑問**とその**疑問に答えるための資料**の組合せとして最も適切なものを，下の①～④のうちから一つ選べ。解答番号は［　7　］。

疑　問
ア　日露戦争を行うことに断固として反対の立場を示した人もいたのではないか。
イ　日露戦争の開戦を積極的に支持した人もいたのではないか。

疑問に答えるための資料(意訳してある)
ウ「日本が文明化していくためには，女性の教育が第一と考え，これを教え導くことこそが私の役目だと自覚していた。ただ懸命に，私は東西南北を駆け回り，自分自身の名誉や地位などというものは少しも顧みなかった」(岸田俊子の考え)。
エ「私は日露非開戦論者である許りではない。戦争絶対的廃止論者である。戦争は人を殺すことである。そうして人を殺すことは大悪罪である」(内村鑑三の考え)。

① ア―ウ　　② ア―エ　　③ イ―ウ　　④ イ―エ

令和４年度第１回試験

問 8　下線部分(e)日露戦争後について，日露戦争が終結した年のできごとを示した資料として最も適切なものを，次の①～④のうちから一つ選べ。解答番号は［ 8 ］。

①

韓国併合に関する風刺画

②

ある海難事故に関する風刺画

③

大逆罪の判決
▽幸徳秋水等二十四名は死刑
▽有期懲役は僅に二名のみ
▲傍聴人の群集
▲森厳なる法廷

ある事件に関する新聞記事

④

ある講和条約に関する騒動を描いた絵

2 次のⅠ・Ⅱについて，後にある**問1**～**問8**に答えよ。

Ⅰ

資料1　1914年　外務大臣加藤高明の提言(意訳してある)

> 日本は，今，日英同盟協約(a)の義務によって参戦しなくてはならない立場ではない。条文の規定が日本の参戦を命令するような事態は，今のところ発生していない。ただ，一つはイギリスからの依頼に基づく同盟に対して誠意を示す，もう一つは大日本帝国がこの機会に［　A　］の根拠地を東洋から一掃して，［　B　］というこの2点から参戦を断行するのが今の時機にふさわしい良策だと信じている。

資料2　1925年　内閣総理大臣加藤高明の演説(意訳してある)

> 政府は，この時代精神の潮流から考えると，すべての国民に国家の義務を負担させ，国運発展のための政治上の重要な責任を引き受けさせることが，現在最も急がなければならないことであると認めたのです。このような趣旨(b)により，普通選挙制を骨子とする衆議院議員選挙法改正案を提出いたしました。

問1　［　A　］［　B　］に当てはまる語句の組合せとして適切なものを，次の①～④のうちから一つ選べ。解答番号は［　9　］。

① A―ドイツ　　B―国際的な立場を高める
② A―ドイツ　　B―国内の不平士族の不満を抑える
③ A―アメリカ合衆国　　B―国際的な立場を高める
④ A―アメリカ合衆国　　B―国内の不平士族の不満を抑える

問2　下線部分日英同盟協約(a)に関連して，次の文章の［　C　］［　D　］に当てはまる語句の組合せとして適切なものを，下の①～④のうちから一つ選べ。解答番号は［　10　］。

> 1921年にアメリカ合衆国大統領ハーディングのよびかけで，海軍の軍縮と太平洋および極東問題を審議するための会議が［　C　］で開催された。この会議において［　D　］が結ばれて，日英同盟協約の終了が同意された。

① C―パ　リ　　D―国際紛争を解決する手段としての戦争を放棄する不戦条約
② C―パ　リ　　D―太平洋の安全保障を取り決めた四カ国条約
③ C―ワシントン　　D―国際紛争を解決する手段としての戦争を放棄する不戦条約
④ C―ワシントン　　D―太平洋の安全保障を取り決めた四カ国条約

問 3　下線部分このような趣旨(b)について述べた文として最も適切なものを，次の①～④のうちから一つ選べ。解答番号は 11 。

① 国民は大同団結して，天皇を奉じてすみやかに国家改造の基盤を完成させるべきである。

② 政府は，特定の政党の意向に左右されずに政治を行うべきである。

③ 純然たる社会主義と民主主義によって，貧富の差をなくすべきである。

④ 国民に政治的な責任を負わせることによって，国家をより発展させるべきである。

問 4　**資料 1** の提言がなされてから**資料 2** の演説が行われるまでの時期のできごとについて述べた次のア～ウを，年代の古い順に正しく並べたものを，下の①～④のうちから一つ選べ。解答番号は 12 。

ア　朝鮮半島において，独立を求める大衆運動である三・一独立運動が展開された。
イ　関東大震災後の混乱のなかで，朝鮮人や中国人に対する殺傷事件がおきた。
ウ　日本政府が，袁世凱政府に対して二十一カ条の要求を突き付けた。

① ア→イ→ウ　② ア→ウ→イ　③ ウ→ア→イ　④ ウ→イ→ア

Ⅱ

資料3　1938年　近衛文麿首相の声明(意訳してある)

> 日本政府は，［　E　］を攻略した後も国民政府が反省する機会を与えようとして今日まできている。しかし，国民政府は日本政府の真意を理解せず，軽率に抗戦をし，国内的には中国民衆の苦しみを，国外においては東アジア全体の平和を考慮していない。よって，日本政府は今後，国民政府を対手(あいて)とせず，日本と真に提携するに足る新しい中国政権の成立と発展を期待し，これと両国国交を調整して新しい中国の建設に協力することにする。

資料4　**資料3**で示された戦争についての説明文

> 第1次近衛文麿内閣は，日中両軍が盧溝橋で衝突した事件に対して，当初は不拡大の方針を声明したが，その後に中国への派兵を認めたために戦線が拡大し，事実上の戦争状態となった。日本軍が国民政府の首都［　E　］を占領しても，蔣介石は徹底抗戦を国民によびかけて抵抗を続け，<u>戦争は長期化</u>(c)して日中両国が総力を挙げて戦う全面戦争に発展していった。
>
> その後，日本が東南アジアに進出するとともに，日独伊三国同盟に調印したため，日本とアメリカ合衆国・イギリス陣営との対立が深刻になった。日本政府はアメリカとの交渉を続けたが，アメリカ国務長官ハルからの提案内容を受け入れることはできず，<u>御前会議で開戦が決定された</u>(d)。

問5　［　E　］に当てはまる**地名**と，地図上での**場所**の組合せとして適切なものを，下の①～④のうちから一つ選べ。解答番号は［　13　］。

地　名

ア　重　慶

イ　南　京

場　所

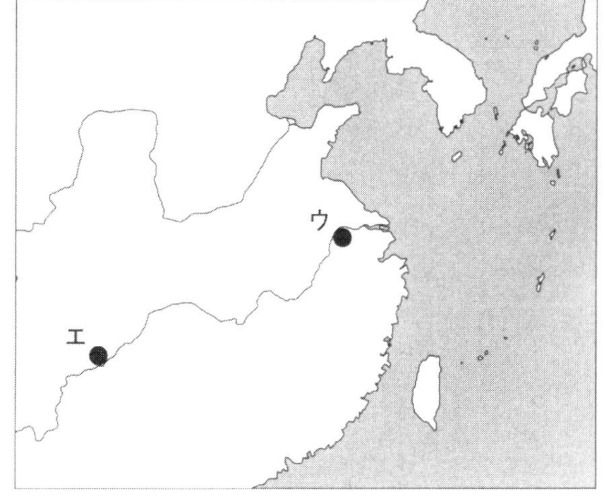

①　アーウ　　②　アーエ　　③　イーウ　　④　イーエ

問 6　下線部(c)戦争は長期化に関連し，**資料 3** で示された戦争の開戦から太平洋戦争の終戦までの時期に撮影された写真として最も適切なものを，次の①～④のうちから一つ選べ。解答番号は [14] 。

①

津田梅子ら留学生たち

②

竹槍訓練をする女性たち

③

衆議院議員選挙での投票

④

新婦人協会の設立

問 7 下線部分(d)御前会議で開戦が決定されたよりも前に日本政府が行ったこととして**適切でないもの**を，次の①～④のうちから一つ選べ。解答番号は 15 。

① 日満議定書を取りかわして満州国を承認した。

② ポツダム宣言を黙殺することを発表した。

③ 軍部大臣現役武官制を復活させた。

④ 国体明徴声明によって天皇機関説を否定した。

問 8 **資料3**の声明が出された時期の日本と中国の関係について述べた次の**ア・イ**の正誤の組合せとして適切なものを，下の①～④のうちから一つ選べ。解答番号は 16 。

ア 中国では，国民党と共産党が提携し，抗日民族統一戦線を結成して日本に抵抗していた。

イ 近衛首相は，蔣介石の政権とは異なる新しい政権が出現することを期待し，その政権と和平交渉をもとうとしていた。

① ア—正 イ—正　　② ア—正 イ—誤

③ ア—誤 イ—正　　④ ア—誤 イ—誤

3 次のⅠ・Ⅱを読み，後にある**問1**～**問8**に答えよ。

Ⅰ 次の**資料1**は，1956年に発表された『経済白書』の抜粋である。

資料1

戦後日本経済の回復の速やかさには誠に万人の意表外にでるものがあった。…(中略)…しかし敗戦によって落ち込んだ谷が深かった(a)という事実そのものが，その谷からはい上がるスピードを速やからしめたという事情も忘れることはできない。経済の浮揚力には事欠かなかった。経済政策としては，ただ浮き揚がる過程で国際収支の悪化や［A］のを避けることに努めれば良かった。いまや経済の回復による浮揚力はほぼ使い尽くされた。…(中略)…もはや「戦後」ではない(b)。我々はいまや異なった事態に当面しようとしている。回復を通じての成長は終わった。今後の成長は近代化によって支えられる。そして近代化の進歩も速やかにしてかつ安定的な経済の成長によって初めて可能となるのである。…(中略)…

(c)世界の二つの体制の間の対立も，原子兵器の競争から平和的競存に移った。平和的競存とは，経済成長率の闘いであり，生産性向上のせり合いである。戦後10年我々が主として生産量の回復に努めていた間に，先進国の復興の目標は生産性の向上にあった。…(中略)…

我々は日々に進みゆく世界の技術とそれが変えてゆく世界の環境に一日も早く自らを適応せしめねばならない。もしそれを怠るならば，先進工業国との間に質的な技術水準においてますます大きな差がつけられるばかりではなく，長期計画によって自国の工業化を進展している後進国との間の工業生産の量的な開きも次第に狭められるであろう。…(後略)…

問1 ［A］に当てはまる**語句**と，**資料1**が発表されるまでに［A］のを避けるという目的で日本政府が行った**政策**の組合せとして最も適切なものを，下の①～④のうちから一つ選べ。解答番号は［17］。

語　句

ア　インフレの壁に突き当たる

イ　アメリカ合衆国との貿易摩擦が激化する

政　策

ウ　赤字を許さない予算の編成

エ　農産物の輸入自由化

①　ア―ウ　　②　ア―エ　　③　イ―ウ　　④　イ―エ

問２　下線部分(a)敗戦によって落ち込んだ谷が深かったと考えられる時期のできごとについて述べた文として最も適切なものを，次の①～④のうちから一つ選べ。解答番号は 18 。

① 国民学校のもとで国家主義的な教育が推進された。

② 昭和恐慌がおこり，貧しい家庭では娘の身売りが行われることもあった。

③ 戦争協力者・職業軍人・国家主義者などが公職から追放された。

④ 国家による思想弾圧が行われ，社会主義者が相次いで転向した。

問３　下線部分(b)もはや「戦後」ではないに関する次の**会話文１**を読み， B ・ C に当てはまる語句の組合せとして最も適切なものを，下の①～④のうちから一つ選べ。解答番号は 19 。

会話文１

先　生：**資料１**に書かれている「もはや『戦後』ではない」という言葉はとても有名ですが，どのような趣旨で用いられているのか，わかりますか。

生徒Ｘ：**資料１**の内容から判断すると，「 B 時代はもう終わったのだ」という意味ですね。そして，日本も世界も変化していく中で，これから日本は C に取り組むべきだ，ということが主張されていますね。

先　生：そのとおりです。

① B―軍事力を背景に植民地を拡大する　　C―技術の革新

② B―軍事力を背景に植民地を拡大する　　C―戦力の放棄

③ B―敗戦からの復興を通して経済成長する　　C―技術の革新

④ B―敗戦からの復興を通して経済成長する　　C―戦力の放棄

問４　下線部分(c)世界の二つの体制の間の対立が日本に与えた影響について述べた次のア～ウを，年代の古い順に正しく並べたものを，下の①～④のうちから一つ選べ。
解答番号は 20 。

ア　ベトナム戦争に対して反対運動が始まった。

イ　MSA 協定が締結され，自衛隊が発足した。

ウ　GHQ の指令によりレッドパージが行われた。

① ア→イ→ウ　　② ア→ウ→イ　　③ ウ→ア→イ　　④ ウ→イ→ア

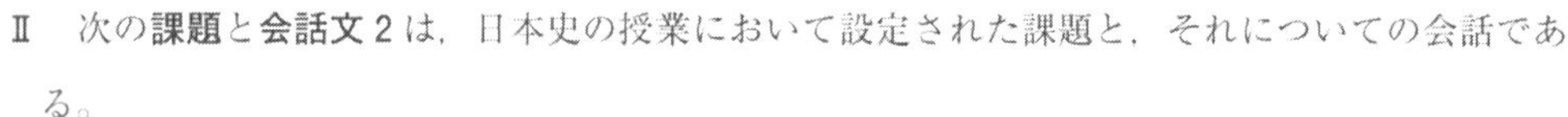

Ⅱ　次の**課題**と**会話文２**は，日本史の授業において設定された課題と，それについての会話である。

課　題

日本が独立国として主権を回復してから現在までの日本の歴史を，どこかで区切るとしたら，どの時期で区切るのが適切だと考えるか，理由をつけて答えなさい。

会話文２

生徒Ｘ：私は1970年前後で区切るのが適切だと考えます。戦後社会のさまざまな矛盾が噴出する中で，1960年代末には公害問題，学園紛争などがおこる一方，消費の在り方の変化(d)など，今の生活に近づいた時期でもありました。

生徒Ｙ：私は1980年前後で区切るのが適切だと考えます。日本の経済政策の変化(e)を考えた時に，当時の世界的な変化の中で，日本も現在の社会につながる政策へと舵を切った時期だと思うからです。

生徒Ｚ：私は1990年前後で区切るのが適切だと考えます。［　D　］ことで，平成不況と呼ばれる長い不況が始まって低成長の時代になったことは大きな変化ですし，冷戦の時代が終わったことが，従来の日本の保守と革新の対立構造に与えた影響も大きいと思います。これらのことが，現在の経済や政治につながっていると思います。

先　生：なるほど。どの考え方も歴史的事実にきちんと基づいていて，一理あると思います。自分と異なる意見について，根拠を補足してみましょう。

生徒Ｚ：私は，1970年前後で区切る，という意見に対して補足をします。その頃は高度経済成長で生活が豊かになったことや，カラーテレビが普及したことにより，漫画やアニメがさらに流行するなど，文化が［　E　］時期ですよね。教育熱が高まって大学への進学率が上がるなど，高等教育についても同様の傾向がみられる時期だと言えると思います。

生徒Ｙ：私は，1990年前後で区切る，という意見に対して補足をします。ソ連の解体などを背景として［　F　］時期ですよね。

先　生：そのとおりですね。正解はひとつではありませんが，皆さんの意見から，主権回復後の日本の歴史を多面的，多角的にみることができましたね。

問５ [D] に当てはまる語句として最も適切なものを，次の①～④のうちから一つ選べ。解答番号は [21] 。

① 変動相場制に移行した
② 管理通貨制度に移行した
③ 寄生地主制が解体された
④ バブル経済が崩壊した

問６ [E] [F] に当てはまる語句の組合せとして最も適切なものを，次の①～④のうちから一つ選べ。解答番号は [22] 。

① E―大衆に広まった　　F―経済のグローバル化が進展した
② E―大衆に広まった　　F―ブロック経済圏が各地に成立した
③ E―国家による統制を受けた　　F―経済のグローバル化が進展した
④ E―国家による統制を受けた　　F―ブロック経済圏が各地に成立した

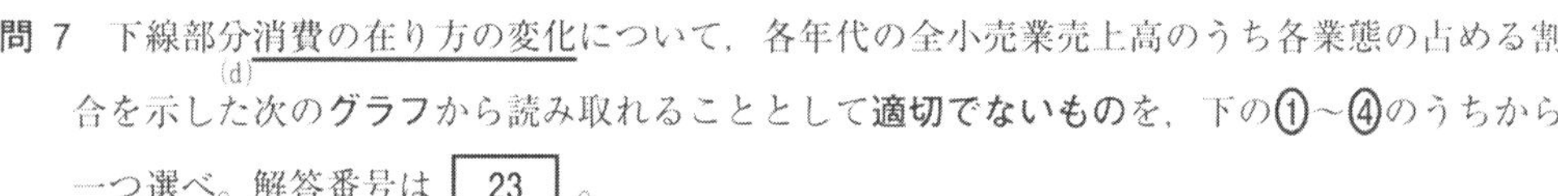

問 7　下線部分消費の在り方の変化(d)について，各年代の全小売業売上高のうち各業態の占める割合を示した次の**グラフ**から読み取れることとして**適切でないもの**を，下の①～④のうちから一つ選べ。解答番号は［ 23 ］。

グラフ

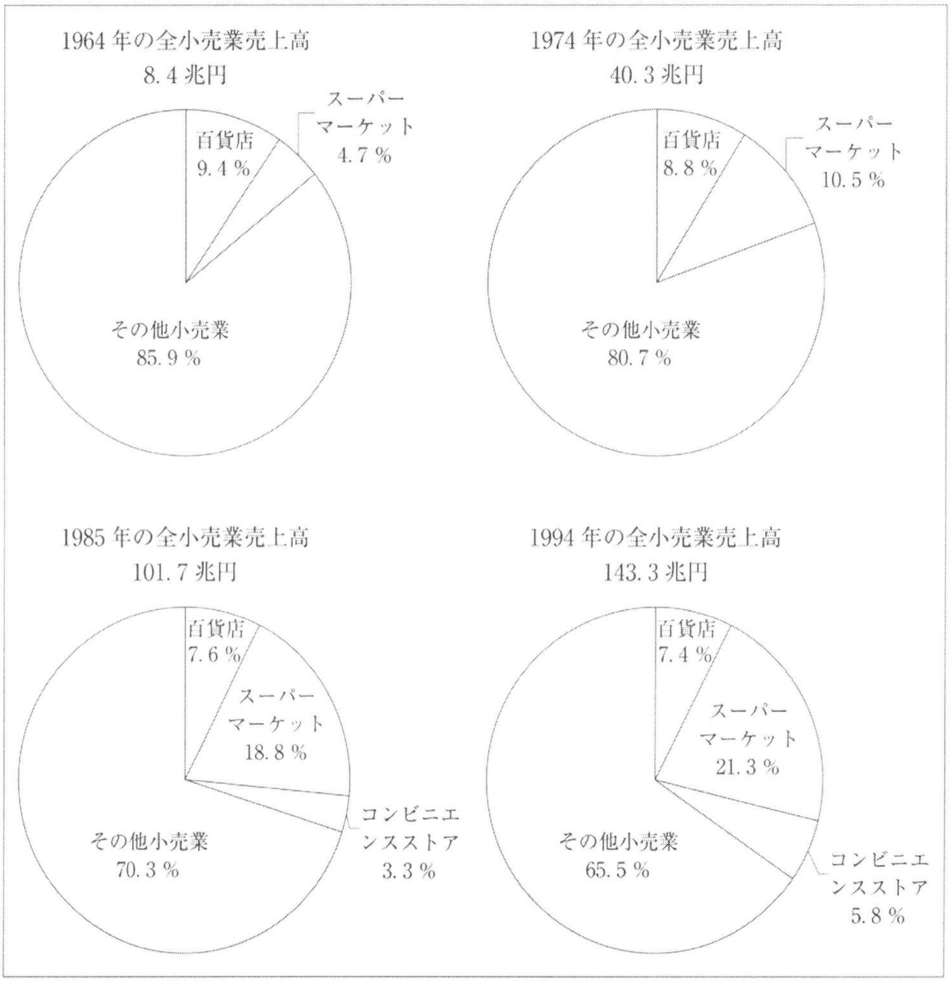

1964 年の全小売業売上高
8.4 兆円
百貨店 9.4 %
スーパーマーケット 4.7 %
その他小売業 85.9 %

1974 年の全小売業売上高
40.3 兆円
百貨店 8.8 %
スーパーマーケット 10.5 %
その他小売業 80.7 %

1985 年の全小売業売上高
101.7 兆円
百貨店 7.6 %
スーパーマーケット 18.8 %
コンビニエンスストア 3.3 %
その他小売業 70.3 %

1994 年の全小売業売上高
143.3 兆円
百貨店 7.4 %
スーパーマーケット 21.3 %
コンビニエンスストア 5.8 %
その他小売業 65.5 %

（平野隆「日本における小売業態の変遷と消費社会の変容」より作成）

① 1964 年と 1974 年を比較すると，スーパーマーケットの売上高は 3 倍以上になっている。

② 1994 年の百貨店での売上高は，1964 年に比べて減少している。

③ 1985 年にはスーパーマーケットの売上高は 10 兆円を超えている。

④ 1994 年にはコンビニエンスストアの売上高は 10 兆円に達していない。

問 8 下線部分日本の経済政策の変化(e)について，次の**資料 2** は，1981 年から始まった第 2 次臨時行政調査会の基本答申(1982 年)で重視すべき点をまとめたものの抜粋である。**資料 2** の内容に基づいて行われた日本の政策として最も適切なものを，下の①～④のうちから一つ選べ。解答番号は 24 。

資料 2

・民間に対する指導・規制・保護に力点を置いた行政から，民間活力を基本とし，その方向付け・調整・補完に力点を置く行政への移行

・海外の商品・サービス・人材に対する市場開放，より積極的な対外政策への転換　等

・政府直営事業のうち，民間部門の発達により自立的，企業的に行うことが適切となった事業についての民営化

(内閣府 HP「行政改革に関する懇談会(第 1 回)『資料 3 これまでの行政改革の経緯と理念』」(2012 年))

① 財閥解体により株式が公開され，経済の民主化が進んだ。

② 電電公社，専売公社，国鉄が NTT，JT，JR として民間企業になった。

③ 高齢者の医療費を国や自治体が負担する制度が設けられた。

④ 日本は IMF 8 条国に移行し，経済協力開発機構(OECD)に加盟した。

4 ある生徒が作成した次の**レポート**を読み，後にある**問1**～**問4**に答えよ。

レポート

私たちは，日々生活する上でさまざまな場面で電力を消費しています。私は，日本における発電エネルギーごとの電力量の推移について興味をもち，次の**表**を作成しました。

表 発電エネルギーごとの電力量の推移(単位：100万kWh)

	年	合 計	水 力	火 力	原子力
	1920	5,113	3,166	649	—
	1925	9,093	6,742	993	—
	1930	15,773	13,431	2,342	—
	1935	24,698	18,903	5,795	—
↑	1940	34,566	24,233	10,333	—
X	1945	21,900	20,752	1,149	—
↓	1950	46,266	37,784	8,482	—
	1955	65,240	48,502	16,739	—
	1960	115,497	58,481	57,017	—
	1965	190,250	75,201	115,024	25
↑	1970	359,539	80,090	274,868	4,581
Y	1975	475,794	85,906	364,763	25,125
↓	1980	577,521	92,092	402,838	82,591
	1985	671,952	87,948	424,426	159,578
	1990	857,272	95,835	559,164	202,272
	1995	989,880	91,216	604,206	291,254
	2000	1,091,500	96,817	669,177	322,050

(注) ・「合計」には，その他の発電エネルギーによる電力量を含む。

・「—」は値がないことを示す。

私は，**表**中 X ， Y の時期における発電量の推移に着目して，次の**課題1**，**課題2**を設定しました。

課題1 X の時期に，「火力」の発電量が減少しその後増加しているのはなぜなのだろうか。

課題2 Y の時期に，それぞれの発電量が変化している背景として，どのようなことが挙げられるだろうか。

これらの課題について，日本史Aで学習した内容をもとに考察しようと考えています。これらの課題について考察した後は，次の**課題3**について追究しようと考えています。

課題3　電力の使用が一般的になるまでの時期における人びとの生活は，どのようなものだったのだろうか。

問1　表から読み取れることについて述べた次の**ア**・**イ**の正誤の組合せとして最も適切なものを，下の①～④のうちから一つ選べ。解答番号は［25］。

ア　1920年から1955年にかけて，発電量の「合計」に占める「水力」の発電量の割合は，表中のいずれの年も5割を上回っている。

イ　1980年と2000年における，発電量の「合計」に占める「原子力」の発電量の割合を比べると，1980年の割合は2000年の割合より大きい。

①　アー正　イー正
②　アー正　イー誤
③　アー誤　イー正
④　アー誤　イー誤

問2　**課題1**について考察した次の文章の［A］［B］に当てはまる語句の組合せとして最も適切なものを，下の①～④のうちから一つ選べ。解答番号は［26］。

> 私は日本史の授業で「［X］の時期のうち後半に，［A］」ことを学習しました。この知識をもとにして考えると，当時の日本において［B］が果たしていた役割の一つに，火力発電に用いるエネルギー源としての役割があったといえます。

①　A—日本で，重要な産業に資材や資金が優先的に割り当てられた　B—石　炭
②　A—日本で，重要な産業に資材や資金が優先的に割り当てられた　B—石　油
③　A—アメリカ合衆国などの国ぐにが，日本に対する経済封鎖を強めた　B—石　炭
④　A—アメリカ合衆国などの国ぐにが，日本に対する経済封鎖を強めた　B—石　油

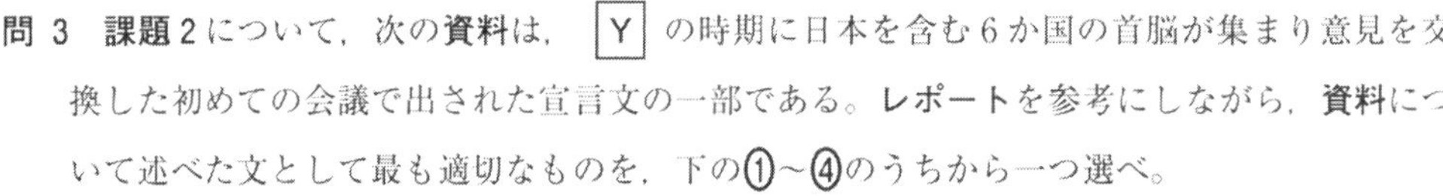

問 3　**課題 2** について，次の**資料**は，Y の時期に日本を含む 6 か国の首脳が集まり意見を交換した初めての会議で出された宣言文の一部である。**レポート**を参考にしながら，**資料**について述べた文として最も適切なものを，下の①～④のうちから一つ選べ。
解答番号は 27 。

資　料

フランス，ドイツ連邦共和国，イタリア，日本国，グレートブリテン及び北部アイルランド連合王国及びアメリカ合衆国の元首及び首相は，…(中略)…，次のとおり宣言することに合意した。

…(中略)…

13　世界経済の成長は，エネルギー源の増大する供給可能性に明らかに結びついている。われわれは，われわれの経済の成長のために必要なエネルギー源を確保する決意である。われわれの共通の利益は，節約と代替エネルギー源の開発を通じ，われわれの輸入エネルギーに対する依存度を軽減するために，引続き協力することを必要としている。これらの諸政策及び産油国と消費国との間の双方の長期的利益に応えるための国際協力を通じて，われわれは，世界エネルギー市場におけるより均衡のとれた条件を調和のとれた着実な発展を確保するために努力を惜しまない。

① **資料**に示された 6 か国には，国際連合の安全保障理事会において常任理事国を務めたことがある国ぐにがすべて含まれている。

② 日本が「いざなぎ景気」とよばれる経済成長を記録したのは，**資料**の宣言文が出されたのちに「代替エネルギー源の開発」のための取り組みが推進された結果であると考えられる。

③ 「輸入エネルギーに対する依存度を軽減」するための取り組みとして，**資料**の宣言文が出された直後の日本では，原子力を利用した発電に依存しない環境づくりが目指された。

④ **資料**の宣言文が出される前に，「産油国」が位置する地域で戦争が始まり，その地域で産出される原油の輸出量の制限や原油価格の引上げが決められた。

問 4　下線部分電力の使用が一般的になるまでの時期におけるできごとについて述べた次のア～ウを，年代の古い順に正しく並べたものを，下の①～④のうちから一つ選べ。
解答番号は 28 。

ア　横浜に設けられた外国人居留地で，西洋式のガス灯が使用されるようになった。
イ　灯火用の燃料を得るための捕鯨（ほげい）船の寄港地として，アメリカ合衆国が日本に開国を求めた。
ウ　大阪紡績会社が，電灯を備えた工場で昼夜二交替制の操業を行い利益を上げた。

①　ア→イ→ウ　　②　ア→ウ→イ　　③　イ→ア→ウ　　④　イ→ウ→ア

（これで日本史Aの問題は終わりです。）

日　本　史　B

（解答番号 1 ～ 28 ）

1 次の**資料1**を読み，後にある**問1～問4**に答えよ。

資料1　三善清行意見封事十二箇条の一部(意訳してある)

> 備中国の風土記(a)には，20,000人の兵士(b)を得ることができたことを喜んだ斉明天皇が，この郷を二万郷(にまごう)と名付け，後に邇磨郷(にまのさと)とよばれるようになったと書かれている。
>
> 天平神護年中に吉備真備(c)がこの郷の人口を調べたところ，課丁(注1)はわずかに1,900余人であった。貞観の初めに藤原保則が調べたときには課丁は70余人であった。私が赴任して調べたときには課丁は9人だった。延喜11年には課丁は1人もいなかった。
>
> 斉明天皇の時代からわずか250年あまりでこうしたことが全国でおき，天下が疲弊している(d)と考えられる。
>
> (注1)　調庸等を負担する成年男子。

問1　下線部分風土記(a)について述べた次のア・イの正誤の組合せとして最も適切なものを，下の①～④のうちから一つ選べ。解答番号は 1 。

ア　8世紀初頭に，諸国が地理・産物・地名の由来や古い伝承の編纂を政府から命じられ，作成したものである。

イ　現在は一部の国のものしか残っていないが，10世紀には地方について調べる資料として用いられていた。

① ア―正　イ―正　　② ア―正　イ―誤
③ ア―誤　イ―正　　④ ア―誤　イ―誤

問2　下線部分20,000人の兵士(b)らが戦ったと考えられる戦いについて述べた文として正しいものを，次の①～④のうちから一つ選べ。解答番号は 2 。

① 筑紫国造磐井が新羅と結んで朝廷に対しておこした反乱を鎮圧するための戦いであった。
② 陸奥で勢力をひろげ国司と対立していた安倍氏を討つための戦いであった。
③ 唐・新羅連合軍に敗北した百済の復興を支援するための戦いであった。
④ 対馬・壱岐から博多を攻撃してきた刀伊を退けるための戦いであった。

問 3　下線部分吉備真備(c)が活躍したころの仏教について述べた文として最も適切なものを，次の①～④のうちから一つ選べ。解答番号は 3 。

① 百済から仏教が伝わり，氏寺がつくられるなど，氏の繁栄を願うことを目的とする信仰として受け入れられていった。

② 仏教の力で国を護るという思想から，仏教は国家の保護のもとにおかれ，国家によって造寺造仏が進められた。

③ 遣唐使とともに唐にわたった空海らによって密教が伝えられ，現世利益に期待した貴族らの間で流行し，盛んに加持祈禱が行われた。

④ 坐禅によって悟りを開くための厳しい修行を特徴とする曹洞宗がもたらされ，地方の武士や庶民の間に広まっていった。

問 4　下線部分(d)天下が疲弊しているに関連して，次の**資料 2** から**読み取れること**と，そのような状況が生じた**理由**の組合せとして最も適切なものを，**表**を参考にしながら，下の①～④のうちから一つ選べ。解答番号は **4** 。

資料 2　908(延喜 8)年の周防国玖珂(くが)郡玖珂郷戸籍

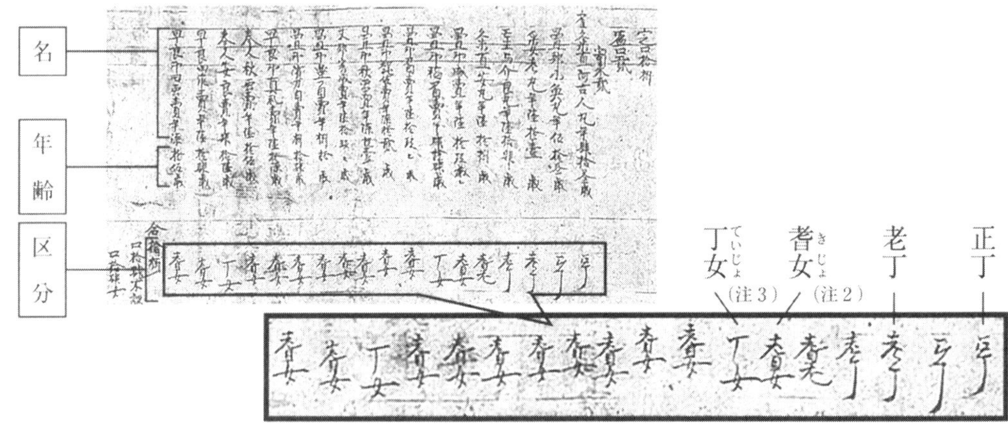

(注 2)　65 歳以上の女性。

(注 3)　21 歳から 60 歳までの女性。

表　養老令における公民の税負担

区分	正丁(21～60 歳の男性)	老丁(61～65 歳の男性)	中男(少丁)(17～20 歳の男性)
租	田地にかかる税，田 1 段につき稲 2 束 2 把，男女とも負担		
調	諸国の産物の一種を一定量	正丁の 2 分の 1	正丁の 4 分の 1
庸	都の労役 10 日間に代えて布 2 丈 6 尺	正丁の 2 分の 1	
雑徭	地方での労役 60 日以下	正丁の 2 分の 1	正丁の 4 分の 1

読み取れること

ア　**資料 2** の戸籍に記載されている戸には，老人よりも若者が多い。

イ　**資料 2** の戸籍に記載されている戸には，男性よりも女性が多い。

理　由

ウ　当時の人びとは，年齢を低く偽ることによって，老丁に多く課される負担を逃れようと考えたから。

エ　当時の人びとは，男性が女性だと偽ることによって，男性のみに課される負担を逃れようと考えたから。

①　ア―ウ　　②　ア―エ　　③　イ―ウ　　④　イ―エ

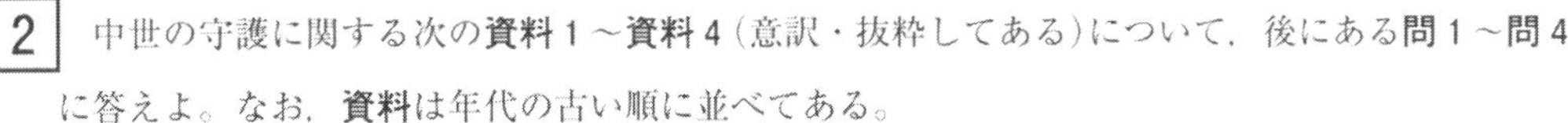

2 中世の守護に関する次の**資料1**～**資料4**(意訳・抜粋してある)について，後にある**問1**～**問4**に答えよ。なお，**資料**は年代の古い順に並べてある。

資料1　御成敗式目

一，諸国の守護の職権について
　右大将家(注1)の時に定められた職権は，京都大番役の動員，謀叛(むほん)人・殺害人の逮捕(ほかに，夜討ち・強盗・山賊・海賊の逮捕を含む)である。しかし最近，代官を郡や郷に派遣して公事を荘園や国衙領に負担させ，国司でもないのに国務に干渉し，地頭でもないのに土地からの収益を得ている。このようなことはまことに不当な行為である。

(注1)　源頼朝。

資料2　建武以来追加

守護に任命された者が行っている不法行為について　貞和二年(注2)十二月十三日
一，大犯三箇条および刈田狼藉を行った者の逮捕と使節遵行の実施という職務以外に，守護が荘園支配に干渉したり，地元の武士に対して迷惑となる行為をすることは不法な行いである。

(注2)　1346年。

資料3　大乗院寺社雑事記

(文明九年(注3)十二月十日)…(前略)…天下の事についてはまったく良い状況ではない。…(中略)…将軍の命令に従っていた播磨・備前・美作・備中・備後・伊勢・伊賀・淡路・四国なども全く命令に従わなくなった。それらの国の守護は将軍の命令をありがたく受け入れると申し，その命令を本国に伝達するが，守護代以下在国の者たちはなかなか命令に従わない。…(後略)…

(注3)　1477年。

資料4　今川仮名目録追加(1553年制定)

守護使不入というのは，室町幕府の将軍が天下を支配し，諸国に守護を任命していた時代のことである。守護使不入の地であったとしても，守護である今川家の命令に背いてはいけない。現在はすべてについて，守護の今川家が自分の力量で領国に法度を命じて，平和を維持しているので，今川氏が干渉できないようなことがらはそもそもありえない。

令和4年度第1回試験

問 1　**資料**1・2から読み取れる守護の権限の変化について説明した次の文章の A ・ B に当てはまる**語句**と，そのような変化が生じた**背景**の組合せとして最も適切なものを，下の①〜④のうちから一つ選べ。解答番号は 5 。

> **資料**1は鎌倉時代に定められた守護の職権を示すものである。ここでは，守護の権限がいわゆる大犯三箇条とよばれる A に関わるものに限定されていることがわかる。
>
> 一方，**資料**2は南北朝時代の守護の職権について定めた法令である。ここでは，大犯三箇条に加えて，守護の職権に B に関わる権限が追加されていることがわかる。

語　句

ア　A―軍事・警察　　B―裁　判

イ　A―裁　判　　B―軍事・警察

背　景

ウ　戦乱に勝利するため，より多くの地方武士を動員することが守護に対して求められるようになった。

エ　荘園の現地支配や年貢納入を請け負うことが守護に対して求められるようになった。

①　ア―ウ　　②　ア―エ　　③　イ―ウ　　④　イ―エ

問 2　**資料**2と**資料**3の間の時期における守護について説明した文として最も適切なものを，次の①〜④のうちから一つ選べ。解答番号は 6 。

①　楽市・楽座令を出して商業の活発化をはかった。

②　領国内の土地や家屋などから段銭や棟別銭の徴収を行った。

③　寄親・寄子制とよばれる方法で地域の国人たちを組織化した。

④　指出検地を実施して地域の国人たちの収入額を貫高によって把握した。

問 3　**資料** 3・4について説明した次の文章の［　C　］［　D　］に当てはまる語句の組合せとして最も適切なものを，下の①～④のうちから一つ選べ。
解答番号は［　7　］。

> 室町幕府の力が衰えても守護職の任命は行われたが，守護のあり方はそれまでと大きく変わることとなった。**資料** 3からは，15世紀後半になると［　C　］ようすがうかがえる。
> さらに時代が下った**資料** 4は，駿河守護であった戦国大名の今川義元が定めた分国法の一部である。**資料** 4からは，［　D　］によって領国支配を行っているという今川氏の認識をうかがうことができる。

① C―守護が幕府の命令を無視して現地の支配を行っている
　D―幕府から守護に任命されていること
② C―守護が幕府の命令を無視して現地の支配を行っている
　D―自身の実力
③ C―守護の家来や国人たちが幕府の命令に従わなくなっている
　D―幕府から守護に任命されていること
④ C―守護の家来や国人たちが幕府の命令に従わなくなっている
　D―自身の実力

問 4　守護と文化との関わりについて説明した次のア・イと，それぞれ最も近い**資料**の時期の組合せとして正しいものを，下の①～④のうちから一つ選べ。解答番号は［　8　］。

ア　近江守護の佐々木道誉は，華美で人目をひく身なりからバサラと呼ばれた。
イ　周防守護の大内氏の保護のもと，雪舟が山口で水墨画の創作活動を行った。

① ア―**資料** 1の時期　イ―**資料** 3の時期　　② ア―**資料** 1の時期　イ―**資料** 4の時期
③ ア―**資料** 2の時期　イ―**資料** 3の時期　　④ ア―**資料** 2の時期　イ―**資料** 4の時期

3 ある生徒が作成した地名の由来についての次の**レポート**を読み，後にある**問1～問4**に答えよ。

レポート

題名　東京都八王子市内における地名の由来について
内容　八王子市内の「元八王子」「千人町」という地名の由来について

① 「元八王子」の由来について

現在「元八王子」と名前が付けられている地域は，もともと城下町であったことがわかりました。小田原に本拠地を構えた北条氏の防衛拠点として八王子城が造られ，地域の行政拠点としても栄えました。ところが，豊臣秀吉に攻められ，八王子城は落城してしまいました。その後，城下町の商人や百姓らが新たに集住した地域の大きな街道(a)沿いに宿場町(b)が形成されて，現在の八王子市の中心となりました。そのため，城下町として栄えた地域は「元八王子」と呼ばれるようになりました。

② 「千人町」の由来について

現在の「千人町」は，江戸時代の「千人同心」という武士に与えられた地域であることがわかりました。彼らは，戦国時代の甲斐国で武田家に仕えていた人びとだとされています。徳川家康(c)が江戸に移る際に，現在の八王子に彼らの拠点が移され「千人町」が形成されました。彼らは大坂の役などに従軍する一方，日光参勤や蝦夷地警備(d)などにも従事したことがわかっています。

問1 下線部分街道(a)が整備された背景や結果に関する，江戸時代のようすを説明した次のア・イの正誤の組合せとして最も適切なものを，下の①～④のうちから一つ選べ。
解答番号は **9** 。

ア　参勤交代の制度が整えられ毎年諸大名が国元と江戸を行き来するようになり，五街道を中心に各地域の交通網が発達した。

イ　貨幣経済の発達により酒屋や土倉などの金融業者の活動が促されるとともに，交通網が発達して遠隔地との取引が活発になった。

① アー正　イー正　　② アー正　イー誤
③ アー誤　イー正　　④ アー誤　イー誤

問2 下線部分宿場町(b)に関して述べた文として**適切でないもの**を，次の①～④のうちから一つ選べ。解答番号は **10** 。

① 庶民の間で巡礼など寺社参詣がさかんになると，人の往来が多くなり各地が賑わった。
② 各宿場には人馬の手配と貨物の継ぎ送りのための施設として，問屋場が設置された。
③ 中央と地方を結ぶ交通制度が整備され，駅家などの役人の施設が設置された。
④ 各地に名所が生まれ，錦絵の題材にも取り上げられるようになった。

問 3　下線部分(c)徳川家康が行ったことがらの**内容**とその**目的**の組合せとして最も適切なものを，下の①～④のうちから一つ選べ。解答番号は 11 。

内　容

ア　将軍職を在任 2 年で退き大御所になった。

イ　自らの娘を天皇家に嫁がせた。

目　的

ウ　将軍職が徳川家の世襲であることを天下に示すため。

エ　外戚の地位を手に入れることで朝廷に対する影響力を示すため。

①　ア―ウ　　②　ア―エ　　③　イ―ウ　　④　イ―エ

問 4　下線部分(d)日光参勤や蝦夷地警備についてまとめた次の**説明文**の　A　・　B　に当てはまる語句の組合せとして最も適切なものを，下の①～④のうちから一つ選べ。解答番号は 12 。

説明文

日光参勤と蝦夷地警備　～千人同心の役割について～

千人同心は，江戸時代の長きにわたり日光を警備する役割を担いました。　A　がある日光は，江戸幕府にとって重要な場所であったからです。

18 世紀末期になると，　B　してくるようになったことから，蝦夷地を警備する必要性が生じ，千人同心の中からも蝦夷地に移住する者がいました。

①　A―幕府の財源となる金山　　B―イギリスが東アジアで利権を広げようと交渉

②　A―幕府の財源となる金山　　B―ロシアが南下政策をとって日本に接近

③　A―徳川家康を祀る東照宮　　B―イギリスが東アジアで利権を広げようと交渉

④　A―徳川家康を祀る東照宮　　B―ロシアが南下政策をとって日本に接近

令和４年度第１回試験

4 次のⅠ・Ⅱについて，後にある**問１**～**問４**に答えよ。

Ⅰ

会話文１

生徒X：日本史の授業で出された夏休みの課題レポートで，どのようなことを調べましたか。

生徒Y：私は旅行で群馬県を訪れましたが，駅を降りると，中居屋重兵衛（なかいやじゅうべえ）という人物に関する大きな石碑に目が留まりました。近くにある解説を読むと，彼は横浜開港に際して，生糸を売り込んだ有力な商人だったことがわかりました。私は彼について調べてみることにしました。

生徒X：面白そうですね。どのような人物だったのですか。

生徒Y：彼は現在の群馬県で生まれ，その後江戸，横浜へ出て財を築きました。また，調べているうちに，彼に関する**資料**が江戸の豪商三井家に残されていることがわかりました。この**資料**は，1859 年 10 月に書かれたものです。

生徒X：中居屋重兵衛のことは全く知りませんでしたが，とても活躍した人物なのですね。

生徒Y：そうですね。彼に関する資料はあまり残されていませんが，重兵衛の書いた<u>日記</u>(a)が残されていて，彼の足跡が断片的にわかります。

生徒X：歴史を叙述する上で，資料は本当に大切なのですね。重兵衛が経営する中居屋が周囲に与えた影響は何かありますか。

生徒Y：先ほど見た**資料**の続きには，東日本各地の生糸商人が中居屋の名義を借りて，外国商館に生糸を売っている記述が見られます。おそらく各地の生糸商人が産地から直接横浜に生糸を運搬してきたのだと思います。別の資料からは，江戸の糸問屋が横浜での貿易開始後，生糸の入荷が減ったことを幕府に訴えていることがわかります。

生徒X：中居屋重兵衛が貿易を行っていた時期には，そうした問題が浮上していたのですね。

資料(意訳してある)

外国人に売った生糸はどれ程の量であるか。…(中略)…オランダとイギリスの両国で，これまでに買い入れた分は合わせて３万５千斤（きん）(注１)であった。その内，イギリス人のバルヘル(注２)は２万５千斤を買い入れた。バルヘルはイギリスの国内でも二番目の大商人で，さまざまな品物を多数買い入れている。残りの１万斤は他のオランダとイギリスの商人らが買い入れた。オランダとイギリスへ売った生糸の内，およそ１万７千斤～１万８千斤は，中居屋重兵衛が売ったものである。

(三井文庫「永書」より作成)

(注１)　１斤はおよそ 600 グラム。　(注２)　商人の名前。

問１ **資料**から読み取れる内容及び**資料**が書かれる前提となった歴史的背景や事実として**適切でないもの**を，次の①～④のうちから一つ選べ。解答番号は 13 。

① **資料**によると，オランダとイギリスに売った生糸の総重量のうち，４割以上は中居屋重兵衛が売ったものであった。

② 日本から外国へ輸出される品物のうち，生糸がその中心となった。

③ 外国商人は居留地の外での取り引きが認められていた。

④ 幕府が通商条約を結んだ結果，横浜ではイギリスとの貿易が始まっていた。

問２ 下線部分日記(a)について，生徒Ｙはその内容を**表**にまとめた。**表**から**読み取れる内容**と，**会話文１**及び**表**の**考察**の組合せとして最も適切なものを，下の①～④のうちから一つ選べ。解答番号は 14 。

表 重兵衛の書いた日記の内容(内容は一部省略してある)

日　付	できごと
1月21日	上田藩(現在の長野県にあった藩)の産物を扱う会所の役人と会う。
1月28日	村垣(外国奉行(注３))，岩瀬(外国奉行経験者)，稲葉(奏者番(注４))が来る。
2月17日	会津藩で交易を担当する役人が来る。
2月21日	岩瀬を訪ねる。
2月29日	村垣を訪ね，父と岩瀬の元を訪ねる。紀州藩で産物を扱う役所から手紙が来る。

(注３) 江戸幕府の役職名。外交を担当した。

(注４) 江戸幕府の役職名。諸大名や旗本などが将軍に謁見する時，その取り次ぎを行った。

読み取れる内容

ア 重兵衛は，幕府の要人や各藩の役人と接触している。

イ 重兵衛は，外国の商人や公使とたびたび面会している。

考　察

ウ 重兵衛は，キリスト教の布教活動を熱心に行っていた。

エ 重兵衛は，貿易を進める上での基盤を整備しようとしていた。

① アーウ　② アーエ　③ イーウ　④ イーエ

Ⅱ

図

会話文 2

生徒X：図には激しい戦闘のようすが描かれていますね。

先　生：そうですね。日清戦争で日本軍と清国軍が朝鮮半島で戦った時のようすを描いたものです。

生徒X：図の右下には日本軍兵士以外の人も描かれていますね。甲の人たちは，白いキャンバスに何かを描いているようです。乙の人たちの中には，メモをとっている人もいます。つまり，彼らは［　A　］のようですね。

先　生：その通りです。彼らの成果物は当時のメディアにたびたび掲載されました。戦争で活躍する無名兵士の美談がメディアに取り上げられ，人びとはそれに熱狂しました。国内では戦争協力のため義捐金(ぎえんきん)(注５)を献納する運動も高まりを見せました。つまり，メディアは［　B　］役割を果たしたといえます。

生徒X：この後の戦争とメディアとの関係性も気になりますね。

先　生：日露戦争の前には，(b)さまざまな立場のメディアが登場しました。日露戦争後にもメディアが人びとに与えた影響は大きいものでした。今はインターネットなどの通信技術が発達したことで世界各地の戦争や戦闘のようすをリアルタイムで知ることができますね。

（注５）　寄付されたお金のこと。

問 3 [A] [B] に当てはまる語句の組合せとして最も適切なものを，次の①～④のうちから一つ選べ。解答番号は [15] 。

① A—画家や新聞記者　　B—国民としての一体感をもたせる
② A—画家や新聞記者　　B—資本主義の発達を促す
③ A—タイピストや写真家　　B—国民としての一体感をもたせる
④ A—タイピストや写真家　　B—資本主義の発達を促す

問 4 下線部(b)さまざまな立場について，生徒Xが抱いた**疑問**とその**疑問に答えるための資料**の組合せとして最も適切なものを，下の①～④のうちから一つ選べ。解答番号は [16] 。

疑　問

ア　日露戦争を行うことに断固として反対の立場を示した人もいたのではないか。

イ　日露戦争の開戦を積極的に支持した人もいたのではないか。

疑問に答えるための資料(意訳してある)

ウ 「日本が文明化していくためには，女性の教育が第一と考え，これを教え導くことこそが私の役目だと自覚していた。ただ懸命に，私は東西南北を駆け回り，自分自身の名(めい)誉(よ)や地位などというものは少しも顧みなかった」(岸田俊子の考え)。

エ 「私は日露非開戦論者である許りではない。戦争絶対的廃止論者である。戦争は人を殺すことである。そうして人を殺すことは大悪罪である」(内村鑑三の考え)。

① アーウ　　② アーエ　　③ イーウ　　④ イーエ

5 次のⅠ・Ⅱについて，後にある問1～問4に答えよ。

Ⅰ

資料1 1914年 外務大臣加藤高明の提言(意訳してある)

> 日本は，今，日英同盟協約の義務によって参戦しなくてはならない立場ではない。条文の規定が日本の参戦を命令するような事態は，今のところ発生していない。ただ，一つはイギリスからの依頼に基づく同盟に対して誠意を示す，もう一つは大日本帝国がこの機会に［ A ］の根拠地を東洋から一掃して，［ B ］というこの2点から参戦を断行するのが今の時機にふさわしい良策だと信じている。

資料2 1925年 内閣総理大臣加藤高明の演説(意訳してある)

> 政府は，この時代精神の潮流から考えると，すべての国民に国家の義務を負担させ，国運発展のための政治上の重要な責任を引き受けさせることが，現在最も急がなければならないことであると認めたのです。<u>このような趣旨</u>(a)により，普通選挙制を骨子とする衆議院議員選挙法改正案を提出いたしました。

問1 ［ A ］［ B ］に当てはまる語句の組合せとして適切なものを，次の①～④のうちから一つ選べ。解答番号は［ 17 ］。

① A—ドイツ　　　　　B—国際的な立場を高める
② A—ドイツ　　　　　B—国内の不平士族の不満を抑える
③ A—アメリカ合衆国　B—国際的な立場を高める
④ A—アメリカ合衆国　B—国内の不平士族の不満を抑える

問2 下線部分<u>このような趣旨</u>(a)について述べた文として最も適切なものを，次の①～④のうちから一つ選べ。解答番号は［ 18 ］。

① 国民は大同団結して，天皇を奉じてすみやかに国家改造の基盤を完成させるべきである。
② 政府は，特定の政党の意向に左右されずに政治を行うべきである。
③ 純然たる社会主義と民主主義によって，貧富の差をなくすべきである。
④ 国民に政治的な責任を負わせることによって，国家をより発展させるべきである。

Ⅱ

資料3　1938年　近衛文麿首相の声明(意訳してある)

> 日本政府は，［ C ］を攻略した後も国民政府が反省する機会を与えようとして今日まできている。しかし，国民政府は日本政府の真意を理解せず，軽率に抗戦をし，国内的には中国民衆の苦しみを，国外においては東アジア全体の平和を考慮していない。よって，日本政府は今後，国民政府を対手(あいて)とせず，日本と真に提携するに足る新しい中国政権の成立と発展を期待し，これと両国国交を調整して新しい中国の建設に協力することにする。

資料4　**資料3**で示された戦争についての説明文

> 第1次近衛文麿内閣は，日中両軍が盧溝橋で衝突した事件に対して，当初は不拡大の方針を声明したが，その後に中国への派兵を認めたために戦線が拡大し，事実上の戦争状態となった。日本軍が国民政府の首都［ C ］を占領しても，蔣介石は徹底抗戦を国民によびかけて抵抗を続け，戦争は長期化して日中両国が総力を挙げて戦う全面戦争に発展していった。
>
> その後，日本が東南アジアに進出するとともに，日独伊三国同盟に調印したため，日本とアメリカ合衆国・イギリス陣営との対立が深刻になった。日本政府はアメリカとの交渉を続けたが，アメリカ国務長官ハルからの提案内容を受け入れることはできず，(b)御前会議で開戦が決定された。

問3　［ C ］に当てはまる**地名**と，地図上での**場所**の組合せとして適切なものを，下の①～④のうちから一つ選べ。解答番号は［ 19 ］。

地　名

ア　重　慶

イ　南　京

場　所

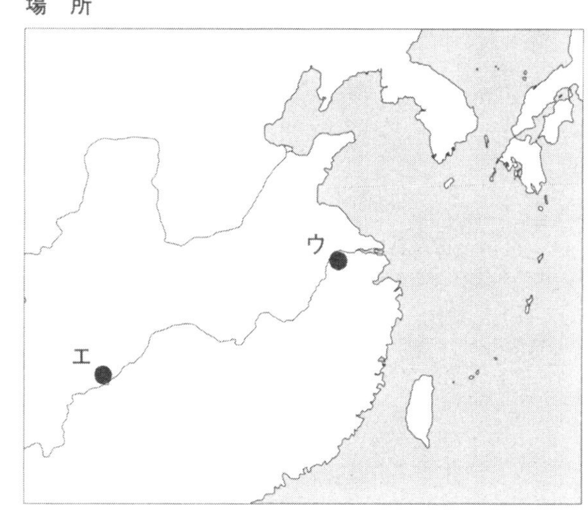

①　アーウ　　②　アーエ　　③　イーウ　　④　イーエ

問 4　下線部分(b)御前会議で開戦が決定されたよりも前に日本政府が行ったこととして**適切でない**ものを，次の①～④のうちから一つ選べ。解答番号は 20 。

① 日満議定書を取りかわして満州国を承認した。

② ポツダム宣言を黙殺することを発表した。

③ 軍部大臣現役武官制を復活させた。

④ 国体明徴声明によって天皇機関説を否定した。

6 次のⅠ・Ⅱを読み，後にある**問１**～**問４**に答えよ。

Ⅰ 次の**資料**は，1956 年に発表された『経済白書』の抜粋である。

資 料

戦後日本経済の回復の速やかさには誠に万人の意表外にでるものがあった。…(中略)…しかし敗戦によって落ち込んだ谷が深かったという事実そのものが，その谷からはい上がるスピードを速やからしめたという事情も忘れることはできない。経済の浮揚力には事欠かなかった。経済政策としては，ただ浮き揚がる過程で国際収支の悪化や［ A ］のを避けることに努めれば良かった。いまや経済の回復による浮揚力はほぼ使い尽くされた。…(中略)…(a)もはや「戦後」ではない。我々はいまや異なった事態に当面しようとしている。回復を通じての成長は終わった。今後の成長は近代化によって支えられる。そして近代化の進歩も速やかにしてかつ安定的な経済の成長によって初めて可能となるのである。…(中略)…

我々は日々に進みゆく世界の技術とそれが変えてゆく世界の環境に一日も早く自らを適応せしめねばならない。もしそれを怠るならば，先進工業国との間に質的な技術水準においてますます大きな差がつけられるばかりではなく，長期計画によって自国の工業化を進展している後進国との間の工業生産の量的な開きも次第に狭められるであろう。…(後略)…

問１ ［ A ］に当てはまる**語句**と，**資料**が発表されるまでに［ A ］のを避けるという目的で日本政府が行った**政策**の組合せとして最も適切なものを，下の①～④のうちから一つ選べ。解答番号は［ 21 ］。

語 句

ア インフレの壁に突き当たる

イ アメリカ合衆国との貿易摩擦が激化する

政 策

ウ 赤字を許さない予算の編成

エ 農産物の輸入自由化

① ア―ウ　② ア―エ　③ イ―ウ　④ イ―エ

問２　下線部分もはや「戦後」ではない(a)に関する次の**会話文１**を読み，［　B　］［　C　］に当てはまる語句の組合せとして最も適切なものを，下の①～④のうちから一つ選べ。解答番号は［22］。

会話文１

先　生：**資料**に書かれている「もはや『戦後』ではない」という言葉はとても有名ですが，どのような趣旨で用いられているのか，わかりますか。
生徒X：**資料**の内容から判断すると，「［　B　］時代はもう終わったのだ」という意味ですね。そして，日本も世界も変化していく中で，これから日本は［　C　］に取り組むべきだ，ということが主張されていますね。
先　生：そのとおりです。

① B―軍事力を背景に植民地を拡大する　　C―技術の革新
② B―軍事力を背景に植民地を拡大する　　C―戦力の放棄
③ B―敗戦からの復興を通して経済成長する　　C―技術の革新
④ B―敗戦からの復興を通して経済成長する　　C―戦力の放棄

令和４年度第１回試験

Ⅱ　次の**課題**と**会話文2**は，日本史の授業において設定された課題と，それについての会話である。

課　題

日本が独立国として主権を回復してから現在までの日本の歴史を，どこかで区切るとしたら，どの時期で区切るのが適切だと考えるか，理由をつけて答えなさい。

会話文2

生徒X：私は1970年前後で区切るのが適切だと考えます。戦後社会のさまざまな矛盾が噴出する中で，1960年代末には公害問題，学園紛争などがおこる一方，消費の在り方の変化(b)など，今の生活に近づいた時期でもありました。

生徒Y：私は1990年前後で区切るのが適切だと考えます。［　D　］ことで，平成不況と呼ばれる長い不況が始まって低成長の時代になったことは大きな変化ですし，冷戦の時代が終わったことが，従来の日本の保守と革新の対立構造に与えた影響も大きいと思います。これらのことが，現在の経済や政治につながっていると思います。

先　生：なるほど。正解はひとつではありませんが，どちらの考え方も歴史的事実にきちんと基づいていて，一理あると思います。

問3　［　D　］に当てはまる語句として最も適切なものを，次の①～④のうちから一つ選べ。解答番号は［23］。

① 変動相場制に移行した
② 管理通貨制度に移行した
③ 寄生地主制が解体された
④ バブル経済が崩壊した

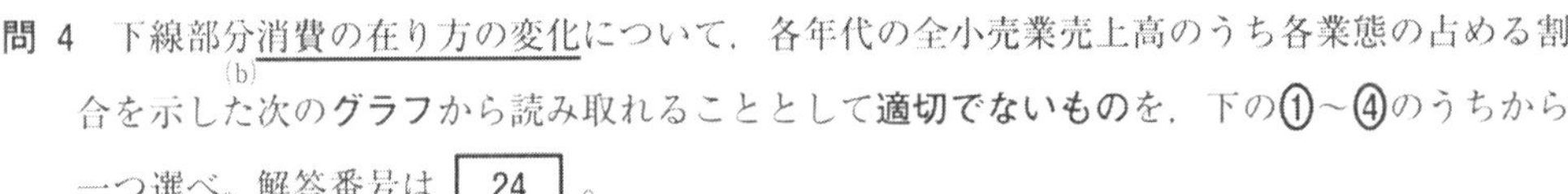

問 4 下線部分消費の在り方の変化(b)について，各年代の全小売業売上高のうち各業態の占める割合を示した次の**グラフ**から読み取れることとして**適切でないもの**を，下の①～④のうちから一つ選べ。解答番号は 24 。

グラフ

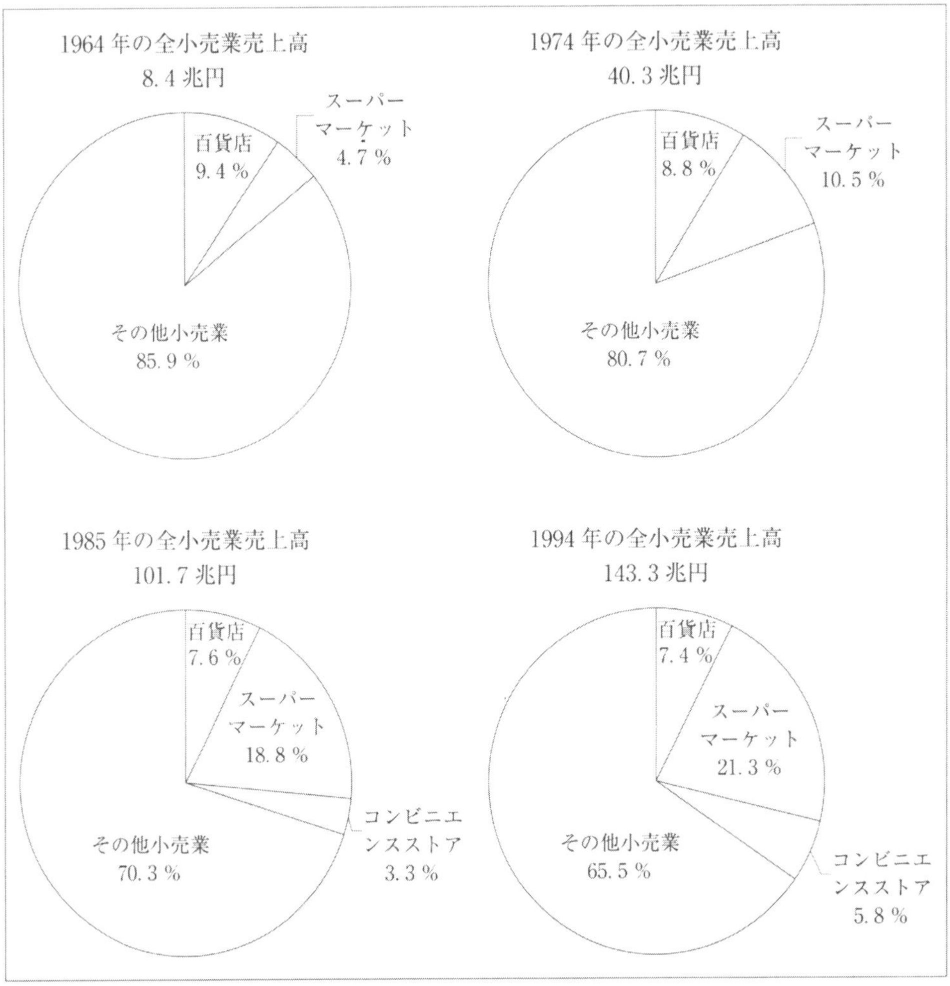

1964 年の全小売業売上高 8.4 兆円
- 百貨店 9.4 %
- スーパーマーケット 4.7 %
- その他小売業 85.9 %

1974 年の全小売業売上高 40.3 兆円
- 百貨店 8.8 %
- スーパーマーケット 10.5 %
- その他小売業 80.7 %

1985 年の全小売業売上高 101.7 兆円
- 百貨店 7.6 %
- スーパーマーケット 18.8 %
- コンビニエンスストア 3.3 %
- その他小売業 70.3 %

1994 年の全小売業売上高 143.3 兆円
- 百貨店 7.4 %
- スーパーマーケット 21.3 %
- コンビニエンスストア 5.8 %
- その他小売業 65.5 %

（平野隆「日本における小売業態の変遷と消費社会の変容」より作成）

① 1964 年と 1974 年を比較すると，スーパーマーケットの売上高は 3 倍以上になっている。

② 1994 年の百貨店での売上高は，1964 年に比べて減少している。

③ 1985 年にはスーパーマーケットの売上高は 10 兆円を超えている。

④ 1994 年にはコンビニエンスストアの売上高は 10 兆円に達していない。

令和4年度第1回試験

7 次の**資料**を読み，後にある**問1～問4**に答えよ。

資　料　日本における「金」にかかわるできごとと説明

時期	できごと・説明
8世紀半ば	陸奥国司百済王敬福（くだらのこにきしきょうふく）が，金900両を朝廷に献上した。 敬福は朝鮮半島で発達していた採掘技術をもつ渡来人を率いたとされる。この金は，建造中であった東大寺盧舎那（るしゃな）仏の塗金用に献上された。
12世紀前半	藤原清衡が，平泉に中尊寺金色堂を建立した。 清衡の子基衡は，左大臣藤原頼長への年貢として金や馬を送っていた。日宋貿易の輸出品としても金は主要品であった。　X
13世紀後半	元のフビライ・ハンに仕えたマルコ・ポーロが，日本を「黄金の国」と著した。
14世紀末	足利義満が北山殿(後の鹿苑寺金閣)を建てた。
16世紀後半	南蛮貿易が始まり，蒔絵の技法を凝らした品々がヨーロッパへ輸出され始めた。 特に蒔絵を施された漆器は，ヨーロッパの王族や貴族たちに愛好され，「ジャパン」と呼ばれることもあった。
	豊臣秀吉が　A　をつくらせた。
17世紀初頭	佐渡金山が開山された。 佐渡金山からの金の産出量は，江戸時代を通じて徐々に減っていったが，明治時代に入ると西洋からの技術が導入されたことを背景に，次第に産出量が増加した。
18世紀後半	志賀島で「漢委奴国王」と刻まれた金印が発見された。
19世紀末	日清戦争で得た賠償金を準備金として，　B　がつくられた。
20世紀前半	<u>金輸出の禁止や解禁が行われた。</u>
20世紀半ば	金によって価値が保証されたアメリカドルを基軸通貨として，各国の通貨の交換比率を固定する国際通貨制度が採用された。

問 1 [A] [B] に当てはまる語句の組合せとして最も適切なものを，次の①～④のうちから一つ選べ。解答番号は [25] 。

① A―元禄小判　　B―円・銭・厘を単位とする新しい硬貨

② A―元禄小判　　B―金と交換できる紙幣

③ A―天正大判　　B―円・銭・厘を単位とする新しい硬貨

④ A―天正大判　　B―金と交換できる紙幣

問 2 **資料**中の [X] の部分で説明されている，日本で産出された金の動きを模式的に示した図として最も適切なものを，下の①～④のうちから一つ選べ。解答番号は [26] 。

○・・・金の産出地を含む地域　　□・・・政治の中心地を含む地域

①

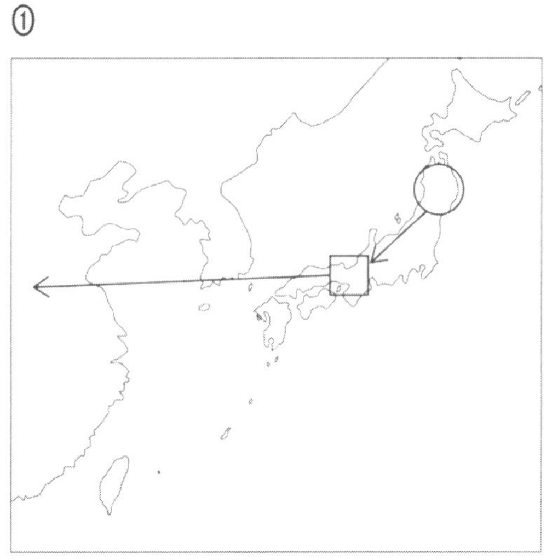

②

③

④

問 3　下線部分金輸出の禁止や解禁が行われた時期に関して，20 世紀前半の日本の経済状況を示した次の**グラフ**から**読み取れること**と，当時の経済について**説明した文**の組合せとして最も適切なものを，下の①～④のうちから一つ選べ。解答番号は 27 。

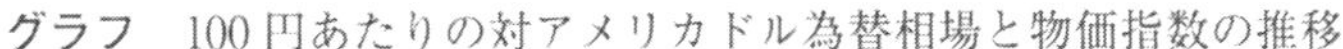

グラフ　100 円あたりの対アメリカドル為替相場と物価指数の推移

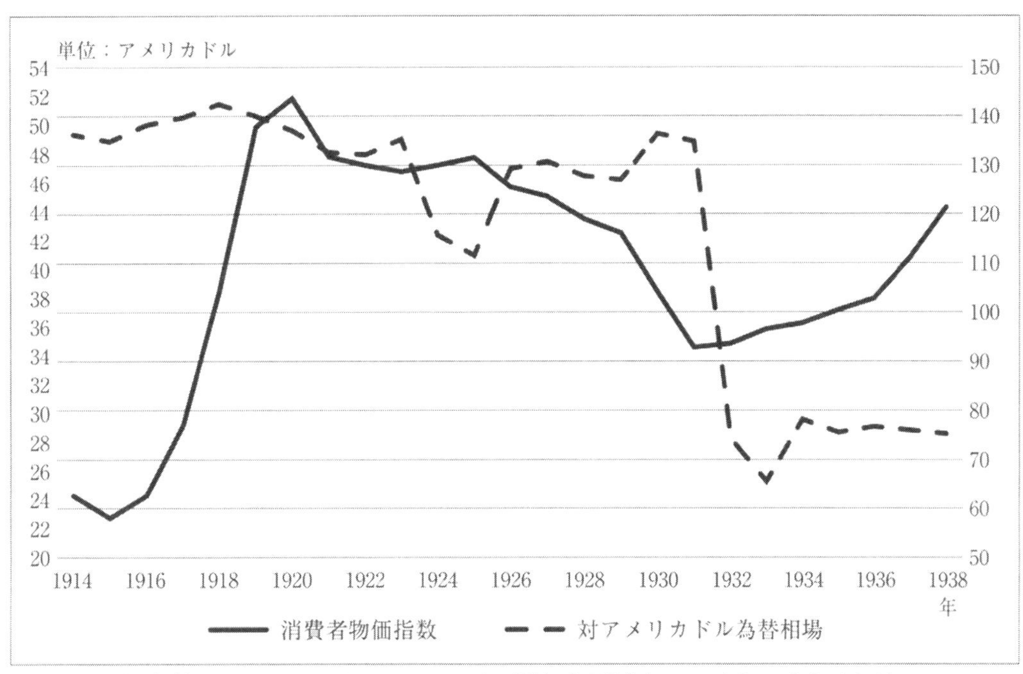

※左の縦軸が 100 円あたりの対アメリカドル，右の縦軸は物価指数(1934-36 年を 100 とする)を示している。

(谷沢弘毅『近現代日本経済史　下巻』より作成)

読み取れること

ア　第一次世界大戦中に，物価が著しく上昇した。

イ　満州事変が始まった直後に，円高が進行した。

説明した文

ウ　金輸出が解禁されたことにより，円の価値が不安定になった。

エ　金本位制から離脱したことにより，紙幣発行量の制限が緩んだ。

① ア―ウ　　② ア―エ　　③ イ―ウ　　④ イ―エ

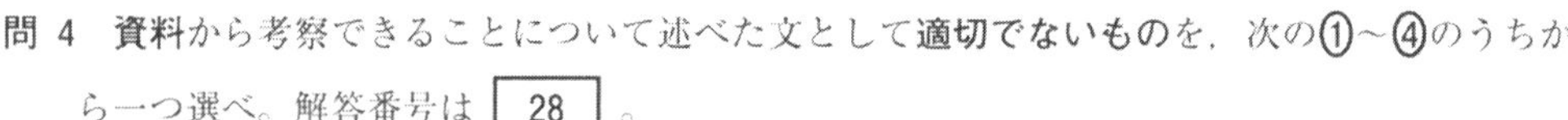

問 4　**資料**から考察できることについて述べた文として**適切でないもの**を，次の①～④のうちから一つ選べ。解答番号は 28 。

① アメリカ合衆国が西側諸国の為替相場を支えていた時期があった。

② 貿易品や書物から，海外の人びとは日本に対するイメージの一つとして金を想起した。

③ 金は財力を示すものであり，政治的な権力や権威を示すことはなかった。

④ 貿易において，金は直接取引されるだけでなく，各国の通貨を結び付ける役割をもった。

令和4年度第1回試験

令和４年度　第１回

解答・解説

【重要度の表記】

Ａ：重要度が高く確実に正答したい設問。しっかり復習する必要のある問題です。

Ｂ：重要度はＡレベルよりすこし下で、やや難易度が高い設問または内容を読み取る設問。高得点を狙う人は復習しましょう！

Ｃ：重要度が低い、または難解な設問。軽く復習する程度でよいでしょう！

令和４年度 第１回　高卒認定試験

【　Ａ解答　】

1	解答番号	正答	配点	2	解答番号	正答	配点	3	解答番号	正答	配点	4	解答番号	正答	配点
問１	1	①	3	問１	9	①	3	問１	17	①	3	問１	25	②	4
問２	2	③	4	問２	10	④	3	問２	18	③	3	問２	26	①	4
問３	3	②	3	問３	11	④	4	問３	19	③	4	問３	27	④	4
問４	4	④	4	問４	12	③	4	問４	20	④	4	問４	28	③	4
問５	5	①	3	問５	13	③	3	問５	21	④	3	-	-		
問６	6	③	3	問６	14	②	4	問６	22	①	4	-	-		
問７	7	②	4	問７	15	②	4	問７	23	②	4	-	-		
問８	8	④	4	問８	16	①	3	問８	24	②	3	-	-		

【　Ａ解説　】

1

問１　「ア」について、アヘン戦争は 1840 年におきた清とイギリスの戦争です。清がイギリスに敗北したことで日本は欧米諸国の強さを痛感し、異国船打払令を緩和することになりました。「イ」について、「異国船打払令」は 1825 年に出されました。「ウ」について、桜田門外の変は、1860 年に大老井伊直弼が暗殺された事件です。井伊直弼は無勅許で日米修好通商条約を締結し、さらには条約締結反対派を安政の大獄で弾圧を加えたため、こうした強権的な政治に反発した浪士が桜田門外の変をおこしました。したがって、正解は①となります。

解答番号【１】：①　　　⇒ **重要度Ｂ**

問２　適切でないものを選びます。会話文１の３行目から４行目にかけて「彼は横浜開港に際して、生糸を売り込んだ有力な商人」とありますから、資料の歴史的背景には 1858 年に調印された日米修好通商条約や翌年の横浜開港があったことが推測できます。条約調印後、横浜にも居留地が設けられましたが、居留地においてのみ交易が認められていました。したがって、正解は③となります。なお、①について、資料の１行目から２行目にかけて、オランダとイギリスの両国が買い入れた生糸は「合わせて３万５千斤」とあります。これが総重量ですから、その４割の数を計算すると、35,000 × 0.4 ＝ 14,000 となります。資料の５行目から６行目にかけて、オランダとイギリスに売った生糸のうち、中居屋重兵衛が売ったのは「１万７千斤～１万８千斤」とありますので、中居屋重兵衛が売った生糸が４割以上を占めていたことがわかります。

解答番号【２】：③　　　⇒ **重要度Ｂ**

問３　表２から、中居屋重兵衛が幕府の要人（外国奉行・奏者番）や諸藩（上田藩・会津藩・紀州藩）の役人と接触していることが読み取れます。また、産物を扱う役所や役人、外交もしくは交易を担当する役人と頻繁に接触していることから、貿易を推進しようと奔走していたのではないかと推察することができます。したがって、正解は②となります。

解答番号【3】：②　　⇒**重要度A**

問４　下線部分の「問題」とは、その前の生徒Ｙさんの発言から、産地から横浜への生糸の直送や輸出によって、江戸で生糸の品不足が生じたことだとわかります。こうした問題に対処するために、幕府は「五品江戸廻送令」を出し、重要品目である５品（生糸・雑穀・水油・蝋・呉服）は開港場への直送を禁じて江戸の問屋を経由してから輸出するよう命じました。したがって、正解は④となります。

解答番号【4】：④　　⇒**重要度B**

問５　空欄Ａについて、その２行前や１行前に「白いキャンバスに何かを描いている」「メモをとっている」とあることから、空欄Ａには「画家や新聞記者」が当てはまることがわかります。空欄Ｂについて、空欄Ｂを含むひとまとまりの先生の発言内容から、日清戦争に際してメディアの影響によって国民の意識が一致団結していったことが読み取れます。したがって、正解は①となります。

解答番号【5】：①　　⇒**重要度A**

問６　日清戦争は 1894 年におきた出来事です。「ア」について、1910 年の韓国併合の際に朝鮮総督府が京城に設置されました。よって、「ア」は誤りです。「イ」について、1894 年の甲午農民戦争をきっかけとして日清戦争がおこりました。よって、「イ」は正しいです。したがって、正解は③となります。

解答番号【6】：③　　⇒**重要度A**

問７　まず、「ウ」について、この資料の話題は女性の教育であるため、戦争とメディアの関係を主題とする設問内容と合致しません。よって、「疑問に答えるための資料」は「エ」が正しいということになります。次に、「エ」について、「戦争絶対的廃止論者である」と述べられています。「エ」は戦争に強く反対する立場の人の資料ですから、これに対応する「疑問」を選ぶことになります。したがって、正解は②となります。

解答番号【7】：②　　⇒**重要度A**

問８　日本は日露戦争に勝利し、1905 年にロシアとポーツマス条約を結びましたが、国民は賠償金のない講和条約に不満を抱き、日比谷焼打ち事件をおこしました。したがって、正解は④となります。なお、①について、韓国併合は 1910 年の出来事です。②について、これは 1886 年のノルマントン号事件の資料です。③について、これは 1910 年の大逆事件の資料です。

解答番号【8】：④　　⇒**重要度B**

2

問１　資料１は、キャプションに「1914 年」とあり、また１行目に「参戦」とあることから、第一次世界大戦に関する資料であることがわかります。第一次世界大戦は、三国同盟を結んだ国（ドイツ・イタリア・オーストリア）と三国協商を結んだ国（イギリス・フランス・ロシア）との戦争で、日本は日英同盟協約を結んでいることなどを理由に、三国協商側として参戦しました。よって、空欄Ａには敵対国のひとつである「ドイツ」が当てはまります。空欄Ｂについて、不平士族の反乱は1870年代に西日本各地でおきましたが、1877年の西南戦争を最後に士族の武力反乱はおきていないことから、「国内の不平士族の不満を抑える」という語句が誤りであると推測できます。したがって、正解は①となります。

解答番号【9】：①　⇒重要度Ａ

問２　文章中の「1921年にアメリカ合衆国大統領ハーディングのよびかけで」という部分から、この文章がワシントン会議について述べられたものであることがわかります。この会議では、同年に四カ国条約が結ばれ、翌年には九カ国条約とワシントン海軍軍縮条約が結ばれました。四カ国条約は太平洋上の安全保障に関する条約ですが、この条約の成立にともない日英同盟協約は廃棄されることになりました。したがって、正解は④となります。

解答番号【10】：④　⇒重要度Ｂ

問３　下線部分の「このような趣旨」とは、「すべての国民に国家の義務を負担させ、国運発展のために政治上の重要な責任を引き受けさせることが、現在最も急がなければならない」という前文の内容を指します。したがって、正解は④となります。

解答番号【11】：④　⇒重要度Ａ

問４　「ア」について、三・一独立運動は、第一次世界大戦の講和条約であるベルサイユ条約調印と同年の1919年に朝鮮でおきた抗日・独立運動です。「イ」について、関東大震災は、第一次世界大戦後の1923年に発生した関東地震による災害です。「ウ」について、二十一カ条の要求は、第一次世界大戦中の1915年に、第二次大隈内閣が中国における利権拡大をねらいとして袁世凱政府に突き付けた要求です。したがって、正解は③となります。

解答番号【12】：③　⇒重要度Ｃ

問５　日中戦争中、日本は中国国民政府の首都である南京（地図上の「ウ」）を占領しましたが、中国国民政府は首都を奥地の重慶（地図上の「エ」）に移転し、抗戦を続けました。したがって、正解は③となります。

解答番号【13】：③　⇒重要度Ｃ

問６　日中戦争の開戦（1937年）から太平洋戦争の終戦（1945年）までの時期に撮影されたと考えられる写真を選びます。日中戦争は1937年の盧溝橋事件を契機として勃発しましたが、日中戦争の決着がつかぬうちに、太平洋戦争が始まりましたので、1937年から1945年まで常に戦時下にあったことがわかります。したがって、正解は②となります。

解答番号【14】：②　⇒重要度Ａ

問７　適切でないものを選びます。下線部分の「開戦」とは太平洋戦争の開戦を指します。御前会議で太平洋戦争の開戦が決定されたのは 1941 年のことです。太平洋戦争の終戦間際の 1945 年７月に連合国側から日本の戦後処理事項を内容に含むポツダム宣言が発せられましたが、「黙殺」ののち８月 14 日の御前会議でポツダム宣言の受諾が決定されました。したがって、正解は②となります。

解答番号【15】：②　　⇒ **重要度Ｂ**

問８　「ア」について、日中戦争の発端となる盧溝橋事件がおきて間もない頃、1936 年の西安事件を契機として、中国では国民党と共産党が協力関係を結び、抗日民族統一戦線が結成されます（第２次国共合作）。よって、「ア」は正しいです。「イ」について、近衛首相は反蒋介石派の一人である汪兆銘を擁立して親日の新政府を樹立させ、汪兆銘政権を通じて和平交渉を行おうと画策していました。よって、「イ」は正しいです。したがって、正解は①となります。

解答番号【16】：①　　⇒ **重要度Ｃ**

3

問１　資料１は 1956 年に発表されたものですので、それまでに日本政府が行った政策とその目的を考えます。まず、「ア」について、インフレとは、物価が継続的に上っていく状態を指します。次に、「ウ」について、経済安定九原則を実施するにあたって、ドッジは具体的施策として赤字を許さない予算（超均衡予算）の編成や単一為替レートの設定などを日本政府に提示しました。こうした財政政策には、傾斜生産方式のもとで進行していた復金インフレを抑えようとする意図がありました。したがって、正解は①となります。なお、「イ」について、日米の貿易摩擦が問題となるのは 1960 年代以降のことです。「エ」について、農作物の輸入自由化が実際に実施されたのは 1990 年代に入ってからのことです。

解答番号【17】：①　　⇒ **重要度Ｃ**

問２　下線部分に「敗戦によって」とありますので、敗戦後の出来事を選びます。戦後、GHQ の指令によって、職業軍人や国家主義者などは公職から罷免および排除されました。したがって、正解は③となります。①について、戦時中の 1941 年の国民学校令により、小学校は国民学校と改められ、皇国民錬成を目的とする教育が行われました。②について、昭和恐慌は、1929 年にアメリカで発生した世界恐慌と 1930 年に実施された金輸出解禁の影響によっておこりました。④について、1930 年代以降、国家主義の高揚を背景として、滝川事件をはじめとして思想や学問の弾圧が行われ、社会主義者の転向が相次ぎました。

解答番号【18】：③　　⇒ **重要度Ｂ**

問３　空欄Ｂについて、会話文１を読むと、資料１を基にして「もはや『戦後』ではない」ということばの意味を問われていることがわかります。資料１の下線部分ｂの前後を見ると、「経済の回復による浮揚力はほぼ使い尽くされた」「回復を通じての成長は終わった」とありますので、空欄Ｂには「敗戦からの復興を通して経済成長する」が当てはまることがわかります。また、空欄Ｃについて、下線部分ｂの１行後に「今後の成長は近代化によって支えられる」とありますので、空欄Ｃには「戦力の放棄」ではなく「技術の革新」が当てはまることがわかります。したがって、正解は③となります。

解答番号【19】：③　　⇒**重要度Ｂ**

問４　「ア」について、ベトナム戦争は、1961年にベトナム共和国（南ベトナム）と南ベトナム解放民族戦線（北ベトナム）の内戦を起因とする戦争です。南ベトナムをアメリカが、北ベトナムをソ連が支持したことから、冷戦状態が実際の軍事行動として現れたのがベトナム戦争です。「イ」について、1954年にMSA協定が締結され、日本はアメリカから経済・軍事援助を受ける代わりに、自国の防衛力を強化する義務を負うことになります。これによって、自衛隊が発足しました。冷戦下において、アメリカは日本を西側諸国の一戦力として活用しようとしました。「ウ」について、レッドパージとは、GHQの指令による共産主義者を公職から追放する動きで、1950年の朝鮮戦争前後に行われました。資本主義を掲げるアメリカと共産主義を掲げるソ連との間の冷戦状態をその背景とし、共産主義を嫌うアメリカは、日本で共産主義者が台頭することを恐れ、レッドパージを行いました。したがって、正解は④となります。

解答番号【20】：④　　⇒**重要度Ｃ**

問５　空欄Ｄの直後を読むと、空欄Ｄには平成不況が始まるきっかけとなった出来事が当てはまることがわかります。平成不況はバブル経済が崩壊したことによっておこりました。バブル経済とは、実際の経済成長以上の速さで株式や不動産などの資産価値が上昇する様子を指します。この異常な高騰を食い止めるため、日銀は投資を制限する引き締め政策を実施し、政府は土地に税金をかけて余分な土地所有を抑制しようとしました。しかし、その結果として株価や地価の暴落を招いてしまい、バブルは崩壊しました。これにより、企業の倒産、個人の貧困化、金融機関の経営悪化が見られ、国民の消費意欲が減退し、物価が下落し、平成不況が発生しました。したがって、正解は④となります。

解答番号【21】：④　　⇒**重要度Ａ**

問６　空欄Ｅについて、その前に「カラーテレビが普及したことにより、漫画やアニメがさらに流行するなど」とありますので、ここから大衆化が進んだことが読み取れます。よって、空欄Ｅには「大衆に広まった」が当てはまります。空欄Ｆについて、1989年の東欧革命、「ベルリンの壁」の崩壊、冷戦の終結、1991年のソ連解体を経て、旧社会主義経済圏の国々が世界経済に参加することになり、この時期に経済のグローバル化が進展しました。したがって、正解は①となります。なお、ブロック経済とは、植民地を多く有する国が自国と植民地を経済圏（ブロック）として排他的経済圏を形成し、ブロック内では互恵的な貿易を盛んに行い、他国との貿易を控えることで、経済の安定を図るシステムのことです。世界恐慌からの脱出を図って、1930年代にイギリスやフランスで実施されました。

解答番号【22】：①　　⇒**重要度Ａ**

問７　適切でないものを選びます。②について、1994年と1964年の百貨店での売上高を計算すると、1994年の売上高は143.3兆円×7.4％（0.074）＝約10.6兆円で、1964年の売上高は8.4兆円×9.4％（0.094）＝約0.8兆円です。よって、1994年の百貨店での売上高は、1964年と比較すると、減少ではなく増加しています。したがって、正解は②となります。

解答番号【23】：②　　⇒**重要度Ａ**

問８　資料２を見ると、３点目の記述の内容は政府直営事業を一部民営化するというものです。これに基づいて進められたのが国営企業の民営化で、具体的には電電公社、専売公社、国鉄がそれぞれNTT、JT、JRとして民間企業になりました。したがって、正解は②となります。

解答番号【24】：②　　⇒**重要度C**

4

問１　「ア」について、表の「合計」と「水力」の列を1920年から1955年まで追ってみると、いずれの年においても、「水力」による発電量が発電量の「合計」のうちの半分以上を占めていることがわかります。よって、「ア」は正しいです。「イ」について、1980年と2000年の発電量の「合計」に占める「原子力」の発電量の割合を計算すると、1980年の割合は82,591÷577,521×100＝約14％で、2000年の割合は322,050÷1,091,500×100＝約30％です。よって、1980年の割合は2000年の割合よりも小さいため、「イ」は誤りです。したがって、正解は②となります。

解答番号【25】：②　　⇒**重要度A**

問２　表のXの時期は1940年から1950年までですから、その後半は日本がまだGHQの占領下にあった時期に相当します。空欄Aについて、戦後の日本経済復興のため、政府は資材と資金を石炭・鉄鋼などの重要基礎産業に重点的に割り当てる傾斜生産方式を採用しました。また、空欄Bについて、火力発電では石炭も石油も燃料として用いていますが、傾斜生産方式では石炭を重要産業のひとつとしていたことから、空欄Bには「石炭」が当てはまることがわかります。したがって、正解は①となります。なお、「アメリカ合衆国などの国ぐにが、日本に対する経済封鎖を強めた」のは、1930年代末から1940年代はじめのことで、南進する日本に対する米・英・中・蘭の経済封鎖網をABCD包囲陣といいます。

解答番号【26】：①　　⇒**重要度B**

問３　設問文に「日本を含む６か国の首脳が集まり意見を交換した初めての会議で出された宣言文」とありますから、本問の資料が1975年の第１回先進国首脳会議（サミット）で出された宣言文であることがわかります。この首脳会議は、1973年の第４次中東戦争が引き金となって生じた第１次石油危機とそれによる世界不況を背景に開催されました。したがって、正解は④となります。

解答番号【27】：④　　⇒**重要度C**

問４　「ア」について、ガス灯は文明開化の象徴のひとつで、横浜の外国人居留地でガス灯が使用されるようになったのは明治初期の1872年のことです。「イ」について、「アメリカ合衆国が日本に開国を求めた」とありますから、開国前の鎖国中の出来事だとわかります。「ウ」について、大阪紡績会社は、1880年代に渋沢栄一らが設立した、蒸気機関を動力に用いた日本初の機械紡績会社です。したがって、正解は③となります。

解答番号【28】：③　　⇒**重要度B**

【 Ｂ解答 】

1	解答番号	正答	配点	2	解答番号	正答	配点	3	解答番号	正答	配点	4	解答番号	正答	配点
問１	1	①	4	問１	5	①	3	問１	9	②	4	問１	13	③	4
問２	2	③	3	問２	6	②	3	問２	10	③	3	問２	14	②	3
問３	3	②	3	問３	7	④	4	問３	11	①	3	問３	15	①	3
問４	4	④	4	問４	8	③	4	問４	12	④	4	問４	16	②	4

5	解答番号	正答	配点	6	解答番号	正答	配点	7	解答番号	正答	配点
問１	17	①	3	問１	21	①	3	問１	25	④	4
問２	18	④	4	問２	22	③	4	問２	26	①	4
問３	19	③	3	問３	23	④	3	問３	27	②	4
問４	20	②	4	問４	24	②	4	問４	28	③	4

【 Ｂ解説 】

1

問１ 『風土記』とは、８世紀初頭に政府が国ごとに産物や地理、伝承、地名の由来などをまとめるよう命じて作成されたものです。出雲国のものが完本として、常陸国・播磨国・豊後国・肥前国のものは一部が現存しています。『風土記』は国別に編纂された地誌であることから、地方行政の一資料として用いられていたといわれています。よって、「ア」と「イ」はいずれも正しいです。したがって、正解は①となります。

解答番号【１】：① ⇒**重要度Ｂ**

問２ 下線部分ｂからその後にかけて「20,000 人の兵士を得ることができたことを喜んだ斉明天皇が」とあります。661 年に百済は唐と新羅の連合軍に滅ぼされますが、斉明天皇は百済復興を願う遺臣の救援要請を受けて出兵を決意します。中大兄皇子とともに九州まで遠征するものの、その地で没しました。663 年の白村江の戦いでは唐と新羅の連合軍に大敗を喫しました。したがって、正解は③となります。①について、これは 527 年の磐井の乱の説明です。ヤマト政権に不満をもつ筑紫国造磐井が新羅と手を結び反乱をおこしました。②について、これは 11 世紀半ばの前九年の役の説明です。朝廷の命を受けた源頼義・義家父子が清原氏の加勢を得て、陸奥の豪族阿部氏がおこした反乱を平定しました。この前九年の役は源氏が東国で権力を確立するきっかけになりました。④について、これは 1019 年の刀伊の入寇についての説明です。刀伊（女真族）が対馬・壱岐を経て博多を襲撃しましたが、これを藤原隆家らが撃退しました。

解答番号【２】：③ ⇒**重要度Ｂ**

問３　下線部分Ｃの直前に「天平神護年中」ということばがあります。ここから、奈良時代の天平文化における仏教について述べたものを選べばよいことがわかります。吉備真備の活躍した天平年間は聖武天皇の頃で、聖武天皇は仏教の力で国を護るという鎮護国家思想に基づき、国分寺建立の詔や大仏建立の詔を発して造寺造仏を進めました。したがって、正解は②となります。なお、①は古墳時代後期（飛鳥時代）の仏教、③は平安時代前期の仏教、④は鎌倉時代の仏教についての内容です。

解答番号【3】：②　⇒ **重要度C**

問４　表の区分から、資料２の戸籍に見られる「正丁」は「21 ～ 60 歳の男性」、「老丁」は「61 ～ 65 歳の男性」であることがわかります。また、資料２の注２と注３から、「耆女」は「65 歳以上の女性」、「丁女」は「21 歳から 60 歳までの女性」であることがわかります。「ア」について、資料２の区分を見ると、18 人分の記載のうち、若者である正丁と丁女は計４人しかいません。よって、「ア」は誤りです。「イ」について、資料２の区分を見ると、男性である正丁・老丁は４人、女性である丁女・耆女は 13 人いることがわかります（なお、右から５番目にある「耆老」は老丁・耆女以上の老人です。性別については不明です）。よって「イ」は正しいです。「ウ」について、表から老丁よりも正丁のほうが負担が多く課されることがわかりますので誤りです。「エ」について、表から女性の税負担は租のみであることがわかります。このことから、税負担を逃れるために男性が女性であると性別を偽ったと考えられます。よって、「エ」は正しいです。したがって、正解は④となります。

解答番号【4】：④　⇒ **重要度A**

2

問１　空欄Ａについて、資料１の２行目に「職権は、京都大番役の動員、謀反人・殺害人の逮捕」とありますから、空欄Ａには「軍事・警察」が当てはまることがわかります。空欄Ｂについて、資料２の２行目の「大犯三箇条および刈田狼藉を行った者の逮捕と使節遵行の実施」という部分から、新たな権限として使節遵行が加わっていることがわかります。使節遵行とは、使節を通じて所領争いに関する幕府の裁定・判決を強制執行する権限を指します。よって、空欄Ｂには「裁判」が当てはまります。また、「ウ」について、南北朝時代の動乱のなかで地方武士が力を持ち始め、室町幕府は地方武士を統括する役割を担っていた守護の権限を増大させることによって地方武士を統制しようとしました。「ウ」は、国の治安維持や武士の統制を行った守護の説明として正しいです。「エ」について、これは守護ではなく、公領や荘園を管理し年貢や土地の管理を行った地頭の説明です。したがって、正解は①となります。

解答番号【5】：①　⇒ **重要度B**

問２　資料２と資料３の間の時期というのは、資料２には「貞和二年」（1346 年）、資料３には「文明九年」（1477 年）とあることから、1346 年から 1477 年までの時期だとわかります。また、1477 年は応仁の乱が終わった年で、以後が戦国時代ですので、資料２と資料３の間の時期は室町時代と考えればよいことがわかります。①について、楽市・楽座令を出したのは織田信長ですので、これは安土桃山時代の内容です。②について、室町時代には段銭・棟別銭の徴収は守護が担っていました。③について、寄親・寄子制は戦国大名らが実施した制度ですので、これは戦国時代の内容です。④について、指出検地は戦国大名らが用いた検地法のひとつのですので、これは戦国時代の内容です。したがって、正解は②となります。

解答番号【6】: ②　　⇒ 重要度C

問３　空欄Cについて、資料３を見ると、その３行目以降に「それらの国の守護は将軍の命令をありがたく受け入れると申し、その命令を本国に伝達するが、守護代以下在国の者たちはなかなか命令に従わない」とあります。よって、空欄Cには「守護の家来や国人たちが幕府の命令に従わなくなっている」が当てはまります。また、空欄Dについて、資料４を見ると、その３行目以降に「守護の今川家が自分の力量で領国に法度を命じて、平和を維持しているので」とあります。よって、空欄Dには「自身の実力」が当てはまります。したがって、正解は④となります。

解答番号【7】: ④　　⇒ 重要度A

問４　「ア」について、バサラとは、南北朝期から室町期に流行した華美な風俗、またはそうした豪華さや贅沢さをもてはなす風潮・流行を指します。資料１は「御成敗式目」ですから鎌倉時代の資料です。資料２は「建武以来追加」ですから室町時代の資料です。よって、「ア」は「資料２の時期」と近いです。「イ」について、雪舟は室町時代に活躍した画僧で、『四季山水図巻』などの水墨画が代表作として知られています。資料３は、問２の解説より、室町時代と戦国時代の狭間の時期の資料です。資料４は、「今川仮名目録追加」ということばの後に「(1553 年制定)」とあり、また問３に与えられている文章内にも「戦国大名の今川義元が定めた分国法の一部である」とありますから、戦国時代の資料であることがわかります。よって、「イ」は「資料３の時期」と近いです。したがって、正解は③となります。

解答番号【8】: ③　　⇒ 重要度C

3

問１　「ア」について、参勤交代は、江戸幕府第３代将軍徳川家光のときの武家諸法度（寛永令）によって制度化された大名統制策です。大名を１年交代で江戸と国元に交互に住まわせ、妻子は強制的に江戸に住まわせました。参勤交代の制度化によって五街道と呼ばれる東海道・中山道・甲州道中・日光道中・奥州道中が整備されるだけでなく、ほかにも脇街道と呼ばれる主要街道も整備され、各地をつなぐ交通網が形成されました。よって、「ア」は正しいです。「イ」について、酒屋や土倉は鎌倉時代および室町時代の金融業者です。よって、「イ」は誤りです。したがって、正解は②となります。

解答番号【9】: ②　　⇒ 重要度B

問２　適切でないものを選びます。奈良時代において、駅路と呼ばれる中央政府と地方の国府を結ぶ道が整備され、道中には 30 里（約 16km）ごとに駅制の運営を担う施設である駅家が置かれました。したがって、正解は③となります。

解答番号【10】: ③　　⇒ 重要度A

問３　徳川家康は将軍職が徳川家の世襲であることを天下に明らかにするため、早くに将軍職を子の秀忠に譲った一方で、大御所として実権を握り続けました。したがって、正解は①

となります。なお、娘を天皇家に嫁がせて外戚として朝廷に対する影響力を示したというのは、平安時代に藤原氏が行った外戚政策の内容と目的に当たります。

解答番号【11】：①　⇒重要度B

問４　空欄Ａの直後に「日光」とあることから、空欄Ａには日光に存在する施設が入ることがわかります。よって、空欄Ａには「徳川家康を祀る東照宮」が当てはまります。また、空欄Ｂについて、その前後に「18 世紀末期になると」「蝦夷地を警備する必要性が生じ」とありますから、空欄Ｂには「ロシアが南下政策をとって日本に接近」が当てはまることがわかります。たとえば、1792 年にロシア使節ラクスマンが北海道の根室に来航し、通商を求めてきました。したがって、正解は④となります。

解答番号【12】：④　⇒重要度B

4

問１　適切でないものを選びます。会話文１の３行目から４行目にかけて「彼は横浜開港に際して、生糸を売り込んだ有力な商人」とありますから、資料の歴史的背景には 1858 年に調印された日米修好通商条約や翌年の横浜開港があったことが推測できます。条約調印後、横浜にも居留地が設けられましたが、居留地においてのみ交易が認められていました。したがって、正解は③となります。なお、①について、資料の１行目から２行目にかけて、オランダとイギリスの両国が買い入れた生糸は「合わせて３万５千斤」とあります。これが総重量ですから、その４割の数を計算すると、35,000 × 0.4 ＝ 14,000 となります。資料の５行目から６行目にかけて、オランダとイギリスに売った生糸のうち、中居屋重兵衛が売ったのは「１万７千斤〜１万８千斤」とありますので、中居屋重兵衛が売った生糸が４割以上を占めていたことがわかります。

解答番号【13】：③　⇒重要度B

問２　表から、中居屋重兵衛が幕府の要人（外国奉行・奏者番）や諸藩（上田藩・会津藩・紀州藩）の役人と接触していることが読み取れます。また、産物を扱う役所や役人、外交もしくは交易を担当する役人と頻繁に接触していることから、貿易を推進しようと奔走していたのではないかと推察することができます。したがって、正解は②となります。

解答番号【14】：②　⇒重要度B

問３　空欄Ａについて、その２行前や１行前に「白いキャンバスに何かを描いている」「メモをとっている」とあることから、空欄Ａには「画家や新聞記者」が当てはまることがわかります。空欄Ｂについて、空欄Ｂを含むひとまとまりの先生の発言内容から、日清戦争に際してメディアの影響によって国民の意識が一致団結していったことが読み取れます。したがって、正解は①となります。

解答番号【15】：①　⇒重要度A

問４　まず、「ウ」について、この資料の話題は女性の教育であるため、戦争とメディアの関係を主題とする設問内容と合致しません。よって、「疑問に答えるための資料」は「エ」が正しいということになります。次に、「エ」について、「戦争絶対的廃止論者である」と述べられています。「エ」は戦争に強く反対する立場の人の資料ですから、これに対応する「疑問」を選ぶことになります。したがって、正解は②となります。

解答番号【16】：②　⇒**重要度Ａ**

5

問１　資料１は、キャプションに「1914 年」とあり、また１行目に「参戦」とあることから、第一次世界大戦に関する資料であることがわかります。第一次世界大戦は、三国同盟を結んだ国（ドイツ・イタリア・オーストリア）と三国協商を結んだ国（イギリス・フランス・ロシア）との戦争で、日本は日英同盟協約を結んでいることなどを理由に、三国協商側として参戦しました。よって、空欄Ａには敵対国のひとつである「ドイツ」が当てはまります。空欄Ｂについて、不平士族の反乱は 1870 年代に西日本各地でおきましたが、1877 年の西南戦争を最後に士族の武力反乱はおきていないことから、「国内の不平士族の不満を抑える」という語句が誤りであると推測できます。したがって、正解は①となります。

解答番号【17】：①　⇒**重要度Ａ**

問２　下線部分の「このような趣旨」とは、「すべての国民に国家の義務を負担させ、国運発展のために政治上の重要な責任を引き受けさせることが、現在最も急がなければならない」という前文の内容を指します。したがって、正解は④となります。

解答番号【18】：④　⇒**重要度Ａ**

問３　日中戦争中、日本は中国国民政府の首都である南京（地図上の「ウ」）を占領しましたが、中国国民政府は首都を奥地の重慶（地図上の「エ」）に移転し、抗戦を続けました。したがって、正解は③となります。

解答番号【19】：③　⇒**重要度Ｃ**

問４　適切でないものを選びます。下線部分の「開戦」とは太平洋戦争の開戦を指します。御前会議で太平洋戦争の開戦が決定されたのは 1941 年のことです。太平洋戦争の終戦間際の 1945 年７月に連合国側から日本の戦後処理事項を内容に含むポツダム宣言が発せられましたが、「黙殺」ののち８月 14 日の御前会議でポツダム宣言の受諾が決定されました。したがって、正解は②となります。

解答番号【20】：②　⇒**重要度Ｂ**

6

問１　資料は 1956 年に発表されたものですので、それまでに日本政府が行った政策とその目的を考えます。まず、「ア」について、インフレとは、物価が継続的に上っていく状態を指します。次に、「ウ」について、経済安定九原則を実施するにあたって、ドッジは具体的施策として赤字を許さない予算（超均衡予算）の編成や単一為替レートの設定などを日本政府に提示しました。こうした財政政策には、傾斜生産方式のもとで進行していた復金インフレを抑えようとする意図がありました。したがって、正解は①となります。なお、「イ」について、日米の貿易摩擦が問題となるのは 1960 年代以降のことです。「エ」について、農作物の輸入自由化が実際に実施されたのは 1990 年代に入ってからのことです。

解答番号【21】：①　⇒**重要度Ｃ**

問２　空欄Ｂについて、会話文１を読むと、資料を基にして「もはや『戦後』ではない」ということばの意味を問われていることがわかります。資料の下線部分ａの前後を見ると、「経済の回復による浮揚力はほぼ使い尽くされた」「回復を通じての成長は終わった」とありますので、空欄Ｂには「敗戦からの復興を通して経済成長する」が当てはまることがわかります。また、空欄Ｃについて、下線部分ａの１行後に「今後の成長は近代化によって支えられる」とありますので、空欄Ｃには「戦力の放棄」ではなく「技術の革新」が当てはまることがわかります。したがって、正解は③となります。

解答番号【22】：③　　⇒重要度Ｂ

問３　空欄Ｄの直後を読むと、空欄Ｄには平成不況が始まるきっかけとなった出来事が当てはまることがわかります。平成不況はバブル経済が崩壊したことによっておこりました。バブル経済とは、実際の経済成長以上の速さで株式や不動産などの資産価値が上昇する様子を指します。この異常な高騰を食い止めるため、日銀は投資を制限する引き締め政策を実施し、政府は土地に税金をかけて余分な土地所有を抑制しようとしました。しかし、その結果として株価や地価の暴落を招いてしまい、バブルは崩壊しました。これにより、企業の倒産、個人の貧困化、金融機関の経営悪化が見られ、国民の消費意欲が減退し、物価が下落し、平成不況が発生しました。したがって、正解は④となります。

解答番号【23】：④　　⇒重要度Ａ

問４　適切でないものを選びます。②について、1994年と1964年の百貨店での売上高を計算すると、1994年の売上高は143.3兆円×7.4％（0.074）＝約10.6兆円で、1964年の売上高は8.4兆円×9.4％（0.094）＝約0.8兆円です。よって、1994年の百貨店での売上高は、1964年と比較すると、減少ではなく増加しています。したがって、正解は②となります。

解答番号【24】：②　　⇒重要度Ａ

7

問１　空欄Ａには、豊臣秀吉がつくらせた大判金貨である「天正大判」が当てはまります。もうひとつの選択肢の元禄小判は、荻原重秀の建議によって鋳造されました。また、空欄Ｂについて、日本においては日清戦争後の貨幣法によって金本位制が確立しました。金本位制とは通貨の価値基準を金とする制度です。金本位制のもとでは、中央銀行から発行される紙幣は兌換紙幣とされ、この兌換紙幣は中央銀行が保有する金と交換することができました。よって、空欄Ｂには「金と交換できる紙幣」が当てはまります。もうひとつの選択肢の円・銭・厘を単位とする新しい硬貨は、1871年の新貨条例によってつくられました。したがって、正解は④となります。

解答番号【25】：④　　⇒重要度Ｂ

問２　資料中のＸの部分の文章をとくに地名に注意して読んでいきます。１行目に「藤原清衡が、平泉に中尊寺金色堂を建立した」とあります。藤原清衡をはじめとする奥州藤原氏が支配をしていたのは東北地方で、中尊寺金色堂のある平泉は現在の岩手県にあります。また、２行目から３行目にかけて「左大臣藤原頼長への年貢として金や馬を送っていた」とあります。藤原頼長がいたのは当時の政治の中心地であった京都です。朝廷の要職である左大臣ということばからも頼長が京都にいたことがわかります。さらに、３行目には「日宋貿易の輸出品としても金は主要品であった」とあります。宋は現在の中国にあった国です。よって、金は平泉（東北地方）→京都→宋（中国）という流れで動いていたことがわかります。したがって、正解は①となります。

解答番号【26】：①　　⇒**重要度Ｂ**

問３　「ア」について、第一次世界大戦中の1914年から1918年までの消費者物価数を示すグラフを見ると、この時期に消費者物価指数が急上昇していることがわかります。よって、「ア」は正しいです。「イ」について、対アメリカドル為替相場を示すグラフは、上がると円高に、下がると円安に推移していることを表します（左の縦軸は100円あたり何ドルに相当するかを示しています）。満州事変が始まった1931年から1932年のグラフを見ると、急降下していますから、円安が進行していることがわかります。よって、「イ」は誤りです。以上のことから、「読みとれること」については「ア」が正しいわけですから、「ウ」と「エ」のうち第一次世界大戦の時期の経済について述べているものを選ぶことになります。当時の経済を述べたものは「エ」です。第一次世界大戦中の1917年に欧米諸国に続いて日本も金の輸出を禁止し、金本位制から離脱しました。金本位制から離脱すると、紙幣を金の保有量に制限されることなく発行できることになります。したがって、正解は②となります。

解答番号【27】：②　　⇒**重要度Ｂ**

問４　適切でないものを選びます。①について、資料の「20世紀半ば」の項にある「アメリカドルを基軸通貨として、各国の通貨の交換比率を固定する」という部分から、西側諸国の為替相場を支えていた時期があったと考えることができます。②について、資料の「13世紀後半」の項にあるように日本が「黄金の国」と称されたり、「16世紀後半」の項にあるように、蒔絵（金や銀の粉を表面に付着させる技法）が施された漆器が「ジャパン」と称されたりしたことから、海外の人々が日本のイメージとして金を想起したと推測することができます。③について、「政治的な権力や権威を示すことはなかった」とありますが、資料の各時代の説明を見ると、金が東大寺盧舎那仏や中尊寺金色堂、鹿苑寺金閣、「漢委奴国王」の金印など、権力や権威の象徴として金で装飾された建築物や物品がつくられていたことがわかります。④について、資料の「20世紀半ば」の項にある国際通貨制度についての記述から、各国の通貨を結び付ける役割を金が担ったと考えることができます。したがって、正解は③となります。

解答番号【28】：③　　⇒**重要度Ａ**

令和３年度 第２回
高卒認定試験

日本史Ａ・Ｂ

解答時間　50 分

注　意　事　項（抜粋）

＊　試験開始の合図前に，監督者の指示に従って，解答用紙の該当欄に以下の内容をそれぞれ正しく記入し，マークすること。

①**氏名欄**

氏名を記入すること。

②**受験番号**，③**生年月日**，④**受験地欄**

受験番号，生年月日を記入し，さらにマーク欄に**受験番号**（数字），**生年月日**（年号・数字），**受験地をマーク**すること。

＊　**受験番号，生年月日，受験地が正しくマークされていない場合は，採点できないことがある。**

＊　解答は，解答用紙の解答欄にマークすること。例えば，［10］と表示のある解答番号に対して②と解答する場合は，次の（例）のように**解答番号 10 の解答欄の**②に**マーク**すること。

（例）

解答番号	解答欄
10	① ● ③ ④ ⑤ ⑥ ⑦ ⑧ ⑨ ⓪

日　本　史　A

（解答番号 1 ～ 28）

1 次の**会話文**と**資料1・2**を読み，後にある**問1～問4**に答えよ。

会話文

先生：次の**資料1**は，鉄道路線の名所や歴史が歌詞に歌われ大ヒットした『鉄道唱歌』です。第一集の東海道編だけで66番まであります。

資料1

1番　汽笛一声（きてきいっせい）新橋を
はや我汽車（きしゃ）は離れたり
愛宕（あたご）の山（注1）に入りのこる
月を旅路の友として

10番　汽車より逗子（ずし）（注2）をながめつつ
はや横須賀に着きにけり
見よやドックに集まりし
わが軍艦の壮大を

（『地理教育　鉄道唱歌　第一集　東海道編』）

（注1）　東京都港区にある丘。
（注2）　神奈川県の地名。横須賀へ敷設（ふせつ）された路線に駅ができた。

生徒：日本で初めての鉄道は，1872年に**1番**の歌詞に歌われる新橋駅と　**A**　駅との間で結ばれ，その後全国に路線が広がっていったのですよね。**1番**の歌詞からは旅が始まるワクワクした気持ちが表現されているように思います。当時の人びとが旅をするために，鉄道の路線が広がっていったのですか。

先生：鉄道開業当初，鉄道の敷設は，　**B**　が中心となって政府の事業として行われました。つまり，国家の政策と路線が広がった理由には関連があるということですね。(a)『鉄道唱歌』が発行された時期は，三国干渉後の「臥薪嘗胆（がしんしょうたん）」という言葉に表されるように，朝鮮半島と満州の支配権をめぐる大きな戦争に備えて国力を強化していく時期なのです。

生徒：**10番**の歌詞は，そのような時代背景をよく表していますね。

先生：当時，東海道線の一部として扱われていた，(b)横須賀への線路が敷設された経緯は，**資料2**を読むと分かりますよ。

資料2（意訳してある）

横須賀または観音崎（注3）へ停車場を設置する件

相模国の横須賀は第一海軍区（注4）の海軍港であり，造船所や武器庫・倉庫の他，病院や兵隊の宿舎や練習艦があり，それを鎮守府が管轄している，…（中略）…しかし，東京から横須賀・観音崎へはただ海運があるのみで，険しい丘が多く馬車も通れない，強風や高波のために運輸が途絶えてしまう。…（中略）…よって，鉄道の敷設は陸海軍の軍略上きわめて大事な問題であり，陸軍と海軍の両軍の勝敗に関係するため，至急に鉄道の設置について閣議で審議していただきたい。

明治十九(1886)年六月二十二日

海軍大臣 西郷従道

陸軍大臣 大山巌

内閣総理大臣　伊藤博文殿

（『日本鉄道史』より作成）

（注3） 神奈川県の地名。東京湾の入り口にある重要な場所で砲台が置かれた。

（注4） 海軍の区画。全国を第一海軍区から第四海軍区に分け，それぞれに軍港を設置し鎮守府を置いた。

問1 [A] [B] に当てはまる語の組合せとして正しいものを，次の①～④のうちから一つ選べ。解答番号は [1] 。

① A—神　戸　B—逓信省

② A—神　戸　B—工部省

③ A—横　浜　B—逓信省

④ A—横　浜　B—工部省

問2 下線部分『鉄道唱歌』が発行された時期を，次の**年表**の①～④のうちから一つ選べ。[(a)]
解答番号は [2] 。

年　表

1872年　鉄道開通

1894年　日清戦争勃発

1904年　日露戦争勃発

1914年　第一次世界大戦勃発

1937年　日中戦争勃発

問 3　下線部(b)横須賀への線路が敷設された経緯について，**資料2**から読み取れることとして最も適切なものを，次の①～④のうちから一つ選べ。解答番号は 3 。

① 鉄道敷設を急ぐ伊藤博文が，横須賀に軍港をもつ海軍に依頼した。

② 鉄道を敷設することによって，横須賀に鎮守府を置くことを可能とする。

③ 鉄道の敷設は，陸海軍の物資輸送に関わる重要な問題である。

④ 鉄道敷設を急ぐ海軍は，陸軍には相談をせずに依頼した。

問 4　**資料3**と**レポート**を読み， C D に当てはまる語の組合せとして正しいものを，下の①～④のうちから一つ選べ。解答番号は 4 。

資料3

みわたすかぎり青々と
若葉波うつ桑畑
山のおくまで養蚕の
ひらけしさまの忙しさ

（『地理教育　鉄道唱歌　第四集　信越・北陸編』）

レポート

鉄道唱歌は，東海道線について歌った**資料1**だけでなく，日本全国の路線のものがあることが分かり調べてみました。その結果，**資料3**から，国家の政策と路線が広がった理由に関連があるものを見つけることができました。**資料3**は群馬県を走る路線を歌にしたもので，歌詞からは C の生産が盛んであったことが分かります。さらに調べた結果，生産された C は重要な D であるため，鉄道で横浜港に運ばれたことが分かりました。

① C―生　糸　　D―海外輸出品
② C―生　糸　　D―生活必需品
③ C―綿　糸　　D―海外輸出品
④ C―綿　糸　　D―生活必需品

2 隈板内閣と呼ばれた第１次大隈重信内閣について書かれた，次の**資料１・２**を読み，後にある**問１〜問４**に答えよ。

資料１ 勝海舟の日記(意訳してある)

しかし今度の内閣も，もはやそろそろ評判が悪くなって来たが，あれでは内輪もめをして，到底長く続かないよ。だいたい，重要人物である大隈重信と板垣退助の性質がまるで違っていて，板垣はお人よしだし，大隈は抜け目のない人だから，とても仲良くしていられるものか。遅かれ早かれ喧嘩するにきまっているよ。大隈でも板垣でも，民間にいたころには，人のやっているのを冷たく批判して，自分はうまくやれると思っていただろうが，さて引き渡されてみると，そうはうまくはいかないよ。

(『氷川清話』より作成)

資料２ 大隈重信の自叙伝(意訳してある)

この総選挙は実に無事に行われて，その結果はもちろん［ A ］が大多数。そこでこれならば大丈夫行ける，必ず［ B ］政治は達成できると考えたのであって，国民の希望もまたそこにあった。

しかし閣僚の一部に，まだ十分に意志の疎通ができていない者がいて，それに乗じて藩閥政治家たちからの中傷を受け，あの尾崎行雄の共和演説が導火線となり，意外にも［ A ］の内部で争いがおこった。それは，板垣は尾崎に代わり桂太郎もしくは西郷従道にしようとし，私が犬養毅にしようとしたので反対し，藩閥政治家たちと協力して，これをやめさせようということになった。そのため内閣の内外は険悪な空気となり，相次いで来る中傷と仲違いさせようとする動きに耐えられず，ついに崩壊した。

(『大隈重信自叙伝』より作成)

問 1 [A] [B] に当てはまる語句の組合せとして正しいものを，次の①～④のうちから一つ選べ。解答番号は [5] 。

① A—立憲民政党　B—藩閥政治家たちによる
② A—立憲民政党　B—憲法にもとづく
③ A—憲政党　B—藩閥政治家たちによる
④ A—憲政党　B—憲法にもとづく

問 2 下線部分大隈重信と板垣退助に関連して，国会開設の勅諭をうけて2人はそれぞれ政党を結成した。大隈が結成した立憲改進党の**主張**と，大隈と板垣の**共通点**の組合せとして正しいものを，下の①～④のうちから一つ選べ。解答番号は [6] 。

主　張

ア　イギリス流の議院内閣制を主張するなど穏健的な自由主義

イ　フランス流の急進的な自由主義

共通点

ウ　条約改正交渉について批判され，襲撃を受けた。

エ　新政府の参議であったが，政変によって政府を去った。

① ア—ウ　② ア—エ　③ イ—ウ　④ イ—エ

問 3 **資料1・2**から読み取ることができる勝と大隈の考えについて述べた文として，**誤っているもの**を，次の①～④のうちから一つ選べ。解答番号は [7] 。

① 勝は，大隈と板垣の対立から第1次大隈内閣が長続きしないと考えている。
② 勝は，政権の運営は，大隈と板垣が批判してきたほど簡単ではないと考えている。
③ 大隈は，桂太郎か西郷従道を尾崎の後任にしたかった。
④ 大隈は，共和演説事件が第1次大隈内閣崩壊のきっかけの一つだと考えている。

問 4　次の絵について，その説明文の　C　　D　に当てはまる語句の組合せとして最も適切なものを，下の①～④のうちから一つ選べ。解答番号は　8　。

絵

説明文

この絵は，明治29年に出版された雑誌に掲載されたものです。第2次伊藤博文内閣が誕生すると，板垣退助は内務大臣となります。自由民権運動のリーダー的存在から立場を変えて，　C　内務省の大臣となったことを，下のコマで　D　的に表現しています。

① C―言論思想を取り締まる　　D―肯　定
② C―言論思想を取り締まる　　D―批　判
③ C―皇室事務を管理する　　D―肯　定
④ C―皇室事務を管理する　　D―批　判

3 次の**表**と**会話文**を読み，後にある**問1～問4**に答えよ。

表 全国中等学校優勝野球大会　歴代優勝・準優勝校

大会	年	優勝校	準優勝校	全国大会代表校数	地方予選大会参加校数
第1回	1915	京都二中(京都)	秋田中(秋田)	10	73
第2回	1916	慶応普通部(東京)	市岡中(大阪)	12	115
第3回	1917	愛知一中(愛知)	関西学院中(兵庫)	12	118
第4回	1918	中止		14	137
第5回	1919	神戸一中(兵庫)	長野師範(長野)	14	134
第6回	1920	関西学院中(兵庫)	慶応普通部(東京)	15	157
第11回	1925	高松商(香川)	早稲田実(東京)	21	302
第12回	1926	静岡中(静岡)	大連商(満州)	22	337
第14回	1928	松本商(長野)	平安中(京都)	22	410
第16回	1930	広島商(広島)	諏訪蚕糸(長野)	22	541
第17回	1931	中京商(愛知)	嘉義農林(台湾)	22	634

※第7～10回，13回，15回は表記していない。

会話文

生徒：この夏休みに「夏のスポーツ」というテーマで高校野球について調べてみました。今「夏の甲子園」と呼ばれている選手権大会は「全国中等学校優勝野球大会」として大正時代に始まっていることが分かりました。

先生：大正時代には大学野球とともに学生のスポーツとして定着したんですね。

生徒：そのようです。野球人気で観客が増加したため，鉄道会社(a)によって新たに球場が作られ，それが現在の阪神甲子園球場であることが分かりました。1927年からは試合の実況中継が行われるなど，メディアの発達(b)も野球人気を支えたようです。

先生：1918年は，地方の予選は行われたけれど，全国大会は行われなかったということですか。

生徒：そのようです。この年の8月に富山県の漁村の主婦たちの行動をきっかけに広がった暴動(c)が理由で中止になったようです。

問 1　下線部分鉄道会社(a)に関連して，表中に示された時期のできごとについて説明した文の正誤の組合せとして適切なものを，下の①～④のうちから一つ選べ。解答番号は [9] 。

ア　鉄道国有法が制定され，国内の 90 % が国有鉄道となった。

イ　鉄道会社によって経営されるターミナルデパートが誕生した。

① ア―正　イ―正　　② ア―正　イ―誤
③ ア―誤　イ―正　　④ ア―誤　イ―誤

問 2　下線部分メディアの発達(b)について説明した次の文の [A] [B] に当てはまる語の組合せとして適切なものを，下の①～④のうちから一つ選べ。解答番号は [10] 。

> 1920 年代に入ると，新聞だけではなく [A] がマスメディアとして登場した。また，新聞に連載された [B] のような著作を通した社会運動も展開されていった。

① A―テレビ放送　B―職工事情　　② A―テレビ放送　B―貧乏物語
③ A―ラジオ放送　B―職工事情　　④ A―ラジオ放送　B―貧乏物語

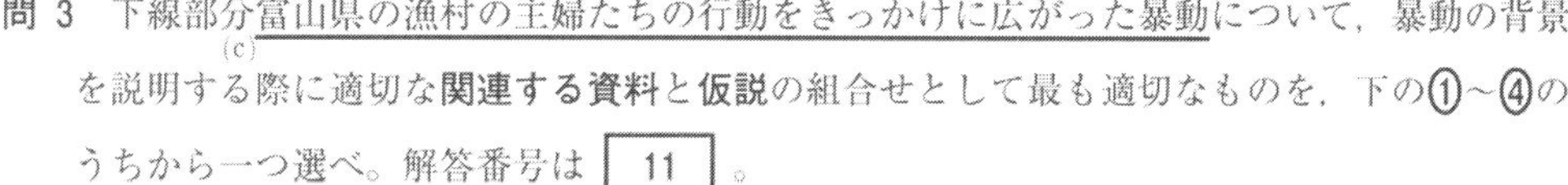

問 3　下線部(c)富山県の漁村の主婦たちの行動をきっかけに広がった暴動について，暴動の背景を説明する際に適切な**関連する資料**と**仮説**の組合せとして最も適切なものを，下の①～④のうちから一つ選べ。解答番号は 11 。

関連する資料

ア

	米価	指数
1900(明治 33)年	11 円 32 銭	100
1905(〃 38)年	12　66	112
1910(〃 43)年	12　93	114
1915(大正 4)年	12　47	110
1916(〃 5)年	13　26	117
1917(〃 6)年	19　35	171
1918(〃 7)年	31　82	281
1919(〃 8)年	45　49	402

イ

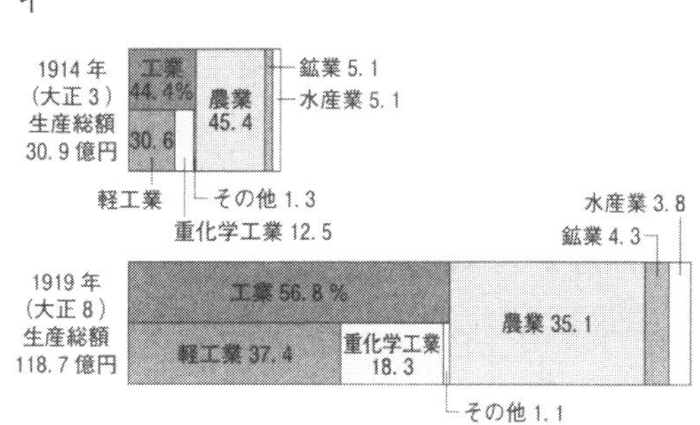

仮　説

ウ　暴動がおきたのは，農業の生産額が減少したことで市場への供給量が減少したからではないか。

エ　暴動がおきたのは，安定して推移していた米価が高騰したからではないか。

① ア―ウ　　② ア―エ　　③ イ―ウ　　④ イ―エ

問 4　**表**中から読みとれることとして**適切でないもの**を，次の①～④のうちから一つ選べ。解答番号は 12 。

① 経済の低迷を背景に 1920 年代後半は，地方予選の参加校が減少したことが分かる。

② 日本の植民地となっていた地域からも，代表校が出場していたことが分かる。

③ 福沢諭吉や大隈重信にゆかりのある学校も出場していたことが分かる。

④ 日本の生糸産業に関連する学校が，決勝戦に進出していたことが分かる。

4 次の文を読み，後にある**問1～問4**に答えよ。

> 枢密院議長の清浦奎吾が［ A ］の支持を得て内閣を組織すると，それに反発した三つの政党が護憲三派を結成して対立した。総選挙(a)で護憲三派が大勝すると，第一党になった［ B ］の党首が首相となり護憲三派の連立内閣(b)が成立した。以後，「憲政の常道」と言われる政党政治が行われた(c)時代が訪れた。

問1 ［ A ］［ B ］に当てはまる語の組合せとして正しいものを，次の①～④のうちから一つ選べ。解答番号は［ 13 ］。

① A―貴族院　B―憲政会
② A―貴族院　B―立憲国民党
③ A―衆議院　B―憲政会
④ A―衆議院　B―立憲国民党

問2 下線部分総選挙(a)は，次の**表**中のどの時期に行われたか。**会話文**を参考に最も適切なものを，下の①～④のうちから一つ選べ。解答番号は［ 14 ］。

表　衆議院選挙実施年と有権者数

年	有権者数	
1912	1,506,143	ア
1915	1,546,411	
1917	1,422,126	イ
1920	3,096,148	
1924	3,288,405	ウ
1928	12,408,678	
1930	12,812,895	エ

会話文

> 先生：有権者数の変化に何か特徴はあるかな。
> 生徒：段階的に増加していることが分かります。
> 先生：そうだね。直接国税の納税額の制限を徐々に下げることで，有権者数は増えていったんだね。
> 生徒：1928年の総選挙の時には納税額による制限はなくなったと勉強しました。

① ア　② イ　③ ウ　④ エ

問 3　下線部分護憲三派の連立内閣(b)について，この内閣が制定した治安維持法の内容を示した資料と，この法律が制定される背景となるできごとの組合せとして最も適切なものを，下の①～④のうちから一つ選べ。解答番号は 15 。

資料(意訳してある)

ア　天皇制を変革したり私有財産を否定するようなことを目的に結社を組織したり，その事情を知ったうえでその組織に加入した者は10年以下の懲役または禁錮刑に処する。

イ　治安を守るために必要な場合には警察官が屋外の集会や運動をすることを制限，もしくは禁止，解散させ，屋内の集会も解散させることができる。

できごと

ウ　労働組合期成会の指導の下で労働組合が相次いで結成された。

エ　初めて社会主義国との国交を樹立した。

①　ア―ウ　　②　ア―エ　　③　イ―ウ　　④　イ―エ

問 4　下線部分「憲政の常道」と言われる政党政治が行われた(c)時期に実施された経済政策を説明したものとして適切なものを，次の①～④のうちから一つ選べ。解答番号は 16 。

①　講和条約で得た賠償金を準備金として金本位制に移行した。

②　歳出の削減や増税，鉱山経営などの官営事業の払い下げを行い紙幣の整理を進めた。

③　経済安定九原則が示されて物価の統制や賃金の安定が図られた。

④　恐慌下の企業競争激化を背景に各産業部門のカルテルを法的に認めた。

5 **資料1**は，アメリカからハル＝ノートが示された直後に昭和天皇との間に交わされた会話における各重臣たちの主張をまとめたものである。これを読み，後にある**問1**～**問4**に答えよ。

資料1

（昭和天皇の「大変難しい時代になったね」との言葉に対して）

岡田啓介　：戦争となると物資の補給能力について成功の見通しがあるかとても心配である(a)。先程から政府の説明があるが，まだ納得できていない。

平沼騏一郎：すでに4年にわたる戦争を遂行している今日，さらに長期の戦争となれば困窮や欠乏に耐えなければならないので，民心を引き締め(b)ていく点については十分の施策と努力が必要である。

近衛文麿　：自分は日米国交調整に努力してきたが，ついにその成果を挙げることができなかったのは大変残念だ。政府は日米交渉を続ける見込みがないと言っているが，外交交渉が決裂したからといってすぐに戦争に訴える必要があるだろうか。

広田弘毅　：政府の説明によれば今日は外交上の危機に立っているように思われるが，すぐに戦争に突入するのはいかがなものか。

林銑十郎　：政府が大本営(注1)と協力して十分検討した結論であるから，信頼するしかないと思う。

阿部信行　：政府はあらゆる角度からよく考えたようだから，日米交渉を諦める以上の解決策は望めないと思う。ただ，中国民衆の心の動向については慎重に対処しなければならず，一度誤れば今日までに得た成果をも失ってしまう恐れがあると思う。

若槻礼次郎：大東亜共栄圏の確立とか東アジアの安定勢力とかの理想にとらわれて国力を使うことは非常に危険だから，よく考えなければならない。

（『木戸幸一日記』より作成）

（注1）　戦時または事変の際に，天皇に直属して陸海軍を統帥した最高機関。

問1 下線部(a)物資の補給能力について成功の見通しがあるかとても心配である理由について，生徒Zは**資料2**に基づいて**考察文**を書いた。 A B に当てはまる語句の組合せとして正しいものを，下の①～④のうちから一つ選べ。
解答番号は 17 。

資料2 日本の主要貿易相手国・地域(1935年)

順位	輸 出	輸 入
1	中国	アメリカ
2	アメリカ	イギリス領インド
3	イギリス領インド	中国
4	インドネシア(注2)	オーストラリア
5	イギリス	ドイツ

(注2) 1935年当時はオランダ領東インドと呼ばれていた。

考察文

すでに行われていた A に加え，主要貿易相手国は現在戦争中，およびこれから戦争をすることが予想された国家とその植民地が多いことから，B と予想されたため。

① A―北大西洋条約機構の設立
B―援蔣ルートが危険にさらされて戦況が有利となる

② A―北大西洋条約機構の設立
B―貿易による外貨や物資の獲得が難しくなる

③ A―アメリカによる対日石油輸出の禁止
B―援蔣ルートが危険にさらされて戦況が有利となる

④ A―アメリカによる対日石油輸出の禁止
B―貿易による外貨や物資の獲得が難しくなる

問２　下線部(b)民心を引き締めるための政策が行われたことを示す資料として**適切でないもの**を，次の①～④のうちから一つ選べ。解答番号は［18］。

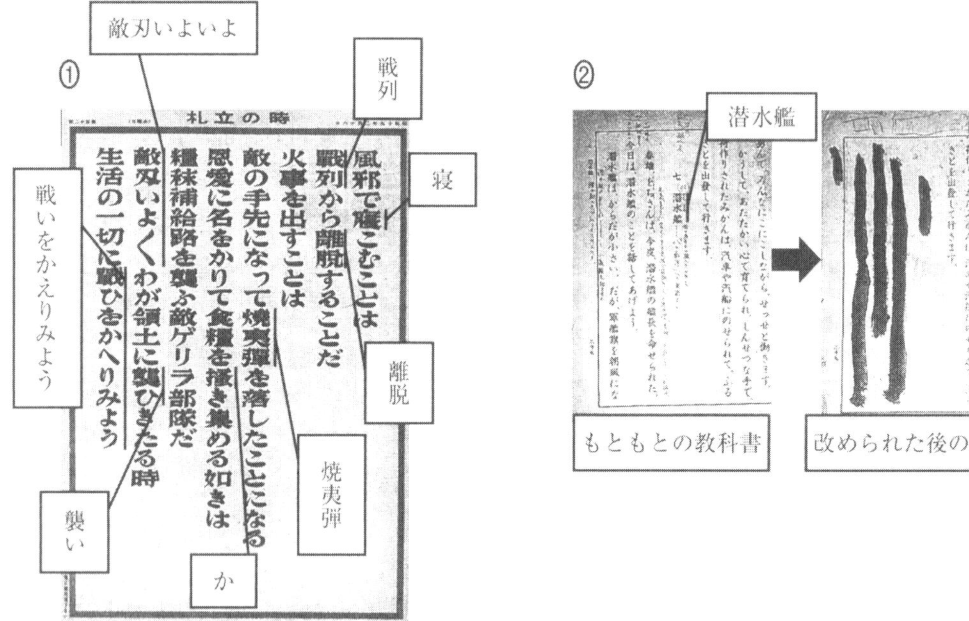

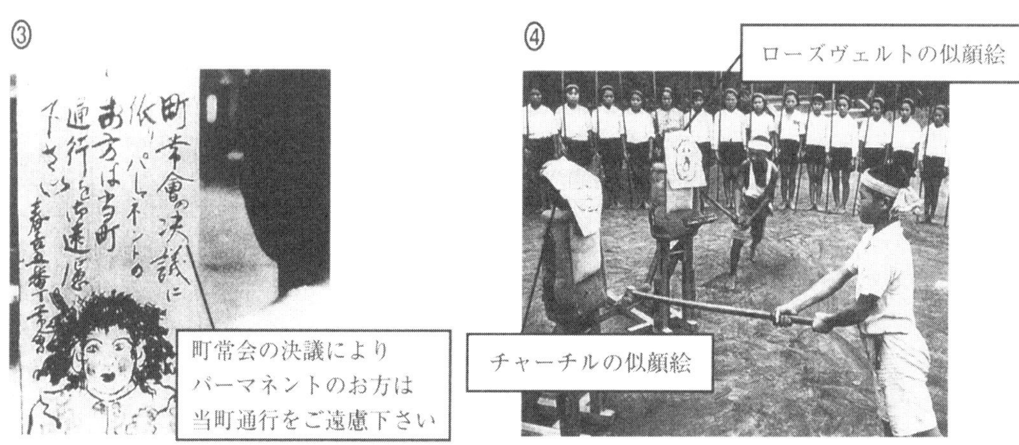

問３　**資料１**について述べた文として**適切でないもの**を，次の①～④のうちから一つ選べ。解答番号は［19］。

① この会話が行われた際の首相は東条英機である。

② 重臣の多くは開戦に消極的である。

③ 満州事変が勃発した際の首相は開戦に積極的である。

④ 平沼の言う「４年にわたる戦争」とは日中戦争のことである。

問 4　生徒Yは**資料1**を読んでいくつかの**疑問**をもち，それを調べるために必要と思われる**資料**を用意した。両者の組合せとして**適切でないもの**を，下の①～④のうちから一つ選べ。
解答番号は［ 20 ］。

疑　問

ア　阿部信行の言う「今日までに得た成果」とはどのようなものだったか。

イ　若槻礼次郎の言う「大東亜共栄圏」とはどのようなものだったか。

資　料

甲

・中国と国交がない状態で貿易を開始した。
・中華人民共和国政府を「中国で唯一の合法的な政府」と認めた。
・日中平和友好条約を締結した。

乙

・日満議定書を結び，正式に満州国を承認した。
・盧溝橋事件を発端として戦闘を展開し，南京を占領した。
・国民党の幹部である汪兆銘に，新しい政府を作らせた。

丙

丁

①　ア―甲　　②　ア―乙　　③　イ―丙　　④　イ―丁

6 **表**は，1946年および1970年に長谷川町子作『サザエさん』で取り上げられた，当時の社会情勢に関するテーマをまとめたものである。これを見て，後にある**問1**～**問4**に答えよ。

表

1946年		1970年	
テーマ	回数	テーマ	回数
海外からの復員	4	C	7
進駐軍	4	インフレーション	4
A のための遠出	4	猛烈社員	3
家の裏庭で野菜つくり	3	D	2
伝染病	2	三億円銀行強盗，経済大国日本(b)，ゴミ処理，資本主義の矛盾，貨幣危機　など	1
B	2		
代用食，速成英語学習コース，不良食品，インフレーション(a)，男女同権についての討論会，兵士の帰宅　など	1		

（『戦後日本の大衆文化』より作成）

問1　花子さんは，日本史の授業で学んだことと**資料1・2**から読み取れることを考え合わせて，**表**のテーマの言葉を用いながら**文1**を作った。［A］［B］に当てはまる語の組合せとして正しいものを，下の①～④のうちから一つ選べ。解答番号は［21］。

資料1

資料2

(『長谷川町子全集　第一巻　サザエさん①』より作成)

文1

敗戦直後には，人びとは「家の裏庭で野菜つくり」や「［A］のための遠出」などをして食糧確保に努めた。それは「海外からの復員」や「兵士の帰宅」などにより国内の人口が増加して食糧不足に拍車がかかり，食糧の「［B］」が十分に行われないことがあったためである。

① A―食糧買い出し　B―配　給
② A―食糧買い出し　B―輸　出
③ A―引揚げ　B―配　給
④ A―引揚げ　B―輸　出

問２　太郎さんは，日本史の授業で学んだことと**資料３・４**から読み取れることを考え合わせて，**表**のテーマの言葉を用いながら**文２**を作った。［ C ］［ D ］に当てはまる語の組合せとして正しいものを，下の①～④のうちから一つ選べ。解答番号は［ 22 ］。

資料３

資料４

（『サザエさん㊵』，『サザエさん㊶』より作成）

（注）　車の排気ガスなどに含まれる化学物質が紫外線と反応して発生する，目やのどを刺激する霧状の有害物質。

文２

「猛烈社員」に支えられた日本は高度経済成長を成し遂げ，「経済大国日本」となった。“人類の進歩と調和”をスローガンに，太陽の塔をシンボルとして行われた「［ C ］」はそのことを世界にアピールする機会となった。

一方「［ D ］」や「ゴミ処理」問題など「資本主義の矛盾」も噴出し，社会問題となった。

①　C―日本万国博覧会　　D―欠食児童
②　C―日本万国博覧会　　D―公　害
③　C―東京オリンピック　D―欠食児童
④　C―東京オリンピック　D―公　害

問3　下線部分$\underset{(a)}{\text{インフレーション}}$の**原因**と**影響**について述べた文の組合せとして適切なものを，下の①～④のうちから一つ選べ。解答番号は 23 。

原　因

ア　土地投機に支えられてバブル景気が進んだこと。

イ　終戦処理のため通貨が増発されたこと。

影　響

ウ　大量の不良債権を抱えた金融機関の経営が悪化し，複合不況となった。

エ　基幹産業を巻き込んで二・一ゼネストが計画された。

①　アーウ　　②　アーエ　　③　イーウ　　④　イーエ

問4　下線部分$\underset{(b)}{\text{経済大国日本}}$について，そのことを示す1970～1980年代のできごととして適切なものを，次の①～④のうちから一つ選べ。解答番号は 24 。

①　『経済白書』に「もはや戦後ではない」と記された。

②　太平洋ベルト地帯と呼ばれる巨大な重化学工業地帯が形成されはじめた。

③　一人当たりの国民所得がアメリカを抜き，貿易黒字により世界最大の債権国となった。

④　携帯電話の台数が一般の加入電話を上回った。

7 近現代の学習のまとめとして，生徒が行っている探究活動Ⅰ・Ⅱについて，後にある**問1**～**問4**に答えよ。

Ⅰ

資料1

私の考えでは，われわれのこの薩摩訪問は大変な欺瞞(きまん)的行為であって，東海道でリチャードソン(注1)の斬殺を命令した悪党(島津久光)(注2)と宴席をともにするなんて，まったく穏当なことではありません。私は，すくなくとも彼ほどいやな表情の顔を見たことがない，と言いたいくらいです。

(注1) イギリス人の商人。　(注2) 実際に命じたかどうかは明らかでない。

資料2 「列強クラブの仲間入り」

(『ビゴーが見た日本人』より作成)

会話文

先　生：この班は，どのようなテーマで探究活動を行っていますか。
生徒X：「外国人が記した日本」というテーマを設定し，資料を集めています。**資料1**では［ A ］事件を背景とした，イギリス外交官である筆者の薩摩訪問への抵抗感が述べられています。また**資料2**からは，その後イギリスと日本が接近したことが見て取れます。
先　生：**資料2**が描かれた背景としては，どのようなことがあったのでしょうか。
生徒Y：［ B ］ことがあったと思います。

問 1 [A] [B] に当てはまる語句の組合せとして最も適切なものを，次の①～④のうちから一つ選べ。解答番号は [25] 。

① A―フェートン号　B―領事裁判権の撤廃が約束された後，日清戦争に勝利した
② A―フェートン号　B―第一次世界大戦後，国際連盟の常任理事国となった
③ A―生　麦　B―領事裁判権の撤廃が約束された後，日清戦争に勝利した
④ A―生　麦　B―第一次世界大戦後，国際連盟の常任理事国となった

Ⅱ

資料 3

美濃部達吉博士は，東京帝大の老教授で，三十年にわたって日本公法学界の第一人者だったが，反動的運動の犠牲者としてガリレオと同じ運命に見舞われることとなった。…(中略)…白髪の教授に対する最初の攻撃は，まさにその貴族院の本会議でおこった。…(中略)…教授はこの説を三十年にわたって講義してきたし，天皇(a)周辺でも容認されている学説だ。

資料 4

貿易取引にあたり単一為替レートの早期決定が一般に要望されている。この要望はよく解っており，できるだけ早く実現できるように当局でも考えている。…(中略)…真の安定と進歩とは国家的諸問題を健全な財政通貨政策で処理することに立脚しなければならない。…(中略)…米国が要求し同時に日本が必要とすることは，対日援助を終わらせることと日本の自立のための国内建設的な行動である。…(中略)…すなわち日本の経済は両足に地をつけていず，竹馬にのっているようなものだ。竹馬の片足は米国の援助，他方は国内的な補助金の機構である。

会話文

生徒Y：次は昭和時代に入り深刻な恐慌が続く中で，日本が対外進出をはかっていった後の資料です。

先　生：では**資料 3** について簡単に説明してください。

生徒Z：**資料 3** は，日本に派遣されていた東欧の新聞社の記者による記事です。これまで受容されていた憲法学説が，社会情勢の変化により批判を受けたことを記しています。この記者は，その後太平洋戦争中に，スパイ容疑で逮捕されました。

先　生：東欧からもこのような派遣記者が来日していたのですね。私もはじめて知りました。

生徒X：**資料 4** は，敗戦した日本の占領政策に関わる文書です。主に経済政策の内容が書かれています。この時日本では，同じ人物がしばらく首相を務める長期政権になっていました。

先　生：資料はそれぞれ違う国の人物によるものを選んだことが分かりました。それで今後の探究活動の課題(b)をどのように考えていますか。

問 2　**資料 3・4** について述べた文として**適切でないもの**を，次の①～④のうちから一つ選べ。解答番号は 26 。

① **資料 3** が書かれた時の首相は，岡田啓介であった。

② **資料 3** のできごとがおこった背景として，普通選挙を求める動きが活発になったことがあった。

③ **資料 4** が示された時の首相は，吉田茂であった。

④ **資料 4** が示された背景には，アジアにおける冷戦の深まりがあった。

問 3　下線部分天皇(a)について，明治時代以降の天皇に関連する次の文ア～ウを年代の古い順に正しく並べたものを，下の①～④のうちから一つ選べ。解答番号は 27 。

ア　新日本建設に関する詔書の中で，自らの神格を否定した。

イ　大津事件の際に，事件に関する報道の差し止めを行う緊急勅令を発した。

ウ　張作霖爆殺事件の処理について，当時の首相を叱責した。

①　ア→イ→ウ　　②　ア→ウ→イ　　③　イ→ア→ウ　　④　イ→ウ→ア

問 4　下線部分課題(b)について，探究活動Ⅰ・Ⅱをさらに発展させるために生徒があげた**課題**と，それに対して用意した**資料**の組合せとして最も適切なものを，下の①～④のうちから一つ選べ。解答番号は 28 。

課　題

ア　欧米人が記した資料のみでなく，違う地域の人の立場から記された資料を探すと新しい視点が得られると思います。

イ　日本が占領下から独立した後の時代の資料があれば，もっと考察の幅が広がると思います。

資　料

ウ

はむかえ！はむかえ！
二人して抵抗の
さてどっちが勝るか試してみよう
第一戦は一月の一日まで
日本の品物買うのをやめ
　　…(中略)…
第三戦は三月の三日まで
とられし台湾とりかえし
第四戦は四月の四日まで
二十一カ条は取り消さねば

エ

DON'T SPEAK THE ENEMY'S LANGUAGE!
敵の言葉を話すな！
ムッソリーニ
ヒトラー
東条英機
The Four Freedoms Are Not In His Vocabulary
母国語を話そう！
SPEAK AMERICAN!

①　アーウ　　②　アーエ　　③　イーウ　　④　イーエ

（これで日本史Aの問題は終わりです。）

日　本　史 B

（解答番号 1 ～ 28 ）

1 次のⅠ・Ⅱについて，後にある問1～問4に答えよ。

Ⅰ

資料1　荒神谷遺跡(島根県)から出土した銅剣

資料2　稲荷山古墳(埼玉県)から出土した鉄剣の銘文(意訳してある)

辛亥年に記す。乎獲居臣(ヲワケ)は，…(中略)…(注)。代々，杖刀人の主として仕えてきて今に至る。獲加多支鹵(ワカタケル)大王が斯鬼(シキ)宮で在位していた時，私は大王が天下を治めるのを補佐した。この百回鍛えた名刀を作らせ，私が仕えてきた由来を記しておく。

(注)　中略の部分には乎獲居臣の先祖代々の名前が書いてある。

問 1　次の**会話文**は，**資料 1** を見た生徒と先生のものである。 A B に当てはまる語句の組合せとして最も適切なものを，下の①～④のうちから一つ選べ。解答番号は 1 。

会話文

生徒：銅剣がこんなにたくさんあったということは，それだけ戦いがあったことの証拠ですか。

先生：いいえ，そうとは言えません。この遺跡もそうですが，銅剣は A として用いられたとみられる出土例が多いからです。

生徒：では，どういうものが，弥生時代に戦いがあったことの証拠になりますか。

先生：例えば B という内容が記述されていることなどからは，この時代に戦いがあったことが推測されますね。

① A―祭　器　　B―「好太王碑」に高句麗と倭国が争った
② A―祭　器　　B―『後漢書』東夷伝に倭国が大いに乱れた
③ A―農　具　　B―「好太王碑」に高句麗と倭国が争った
④ A―農　具　　B―『後漢書』東夷伝に倭国が大いに乱れた

問 2　**資料 2** の内容をもとに推定できることとして**適切でないもの**を，次の①～④のうちから一つ選べ。解答番号は 2 。

① ワカタケル大王の葬られている古墳の場所。
② 日本語の人名や地名を，漢字を用いて表す方法。
③ この時期に天下を治めていた君主の称号。
④ ヲワケという人物が政権ではたしていた役割。

Ⅱ

レポート　生徒の行った日本刀についての自由研究

日本刀といえば，反(そ)りの入った刀身を特徴とするもので，平安時代末期にその形状は完成したと言われる。もともと日本の刀は，真っ直ぐな刀身を持つ直刀が主流であった。しかし，7～9世紀の東北地方・北海道などによくみられる蕨手刀(わらびてとう)は反りを持つもので，この影響を受けて，刀身の反った刀が次第に作られるようになり，何段階かの変化を経て，平安時代末期には日本刀へと変化していった。日本刀は，ただよく切れるだけではなく，折れても曲がってもいけないということも求められ，次第に技術改良も進んだ。異なる硬さの鋼(はがね)を組み合わせることで，折れも曲がりもせず，よく切れる日本刀を作る，という技術は遅くとも鎌倉時代後期には確立していたとみられる。

資料3　『北野天神縁起絵巻』の一場面

問3　レポートの内容をふまえて，日本刀が誕生するまでの歴史について生徒がより研究を深めるためにするべきこととして**ふさわしくないもの**を，次の①～④のうちから一つ選べ。解答番号は［3］。

① 蝦夷との交流や，朝廷に帰順した蝦夷たちの分布を調べる。

② 鉄の生産地や鉄の加工技術の発展を調べる。

③ 武士が誕生して展開する中での戦い方の変化を調べる。

④ 朝廷が南北に分裂して戦乱が全国に展開したこととの関連を調べる。

問 4　次の**会話文**は，**資料 3** を見た先生と生徒たちのものである。 C 　 D に当てはまる人物の組合せとして最も適切なものを，下の①～④のうちから一つ選べ。解答番号は 4 。

会話文

先　生：この絵巻は鎌倉時代に描かれた『北野天神縁起絵巻』の一場面で，10 世紀の初めにおこったできごとのようすが描かれています。黒い雲の上にいるのは，政変で左遷されて怨霊となったと噂された人物で，宮中で刀を振りかざしている左の人物はその政敵です。

生徒X：怨霊となったと噂された人物とは C のことですね。

先　生：はい，そうです。

生徒X：よく見ると，左の人物は刀を構えていますね。そういえば，**レポート**では，日本において刀身の反った刀がどの時点で主流になったのかは，はっきりとは示されていませんでしたよね。

先　生：そうでしたね。平安時代末期頃に日本刀が成立するまでのどこか，ということは分かりましたが。

生徒Y：絵巻では，左の人物の刀は，反りの入った形で描かれていますね。これは，10 世紀の初めには，刀身の反った刀が宮中ですでに用いられていたと言える，確実な証拠になりますね。

生徒Z：その可能性もありますが，この絵巻が制作された鎌倉時代の刀が描かれている可能性も考えるべきなのではありませんか。

先　生：皆，鋭い意見を出してくれたと思います。でも，絵巻という歴史資料に描かれた，左の人物の刀についての解釈としては， D さんの意見の方が妥当ですね。

① C―菅原道真　D―生徒Y
② C―菅原道真　D―生徒Z
③ C―伴善男　D―生徒Y
④ C―伴善男　D―生徒Z

2 中世の一揆について述べた次の**レポート1〜5**について，後にある**問1〜問4**に答えよ。

レポート1

13世紀後半に成立した鎌倉幕府の歴史書『吾妻鏡』には，源頼朝が挙兵したばかりの治承4(1180)年9月30日の記事に，頼朝が味方につけようと新田義重という武士に手紙を送ったが，「東国未だ一揆せざるの時」であり，義重自身も名門の出身であったことから，頼朝に返事をしなかった，と書かれている。「東国未だ一揆せざる」とは，東国の［　A　］という意味であると解釈できる。

レポート2

公家の日記などを抜粋した13世紀の歴史書『百錬抄』には，嘉禎元(1235)年8月5日の延暦寺の動向として「衆徒一揆」という表現が用いられている。延暦寺などの僧侶たちが集団で合議し，その決定に基づいて，［　B　］ことは平安時代後期からよく見られたが，これも一揆の原型であると考えられる。

レポート3

南北朝の内乱の中で，地頭などの形で所領を支配していた領主たちは在地に土着し，［　C　］と呼ばれるようになるが，彼らはしばしば一揆を結ぶようになり，時には守護による支配にも抵抗した。

レポート4

康暦元(1379)年には佐々木氏，土岐氏などの守護大名たちが花の御所を取り囲んで管領細川頼之の罷免を将軍足利義満に訴えたが，当時の公家の日記には，「佐々木，土岐などの一揆衆のしわざである」と記されている。その後の義満は［　D　］ようになるが，将軍の邸宅を守護大名たちが取り囲む行為はその後も発生した。

レポート5

室町時代には一揆はさらに盛んになった。正長元(1428)年の正長の徳政一揆(a)，文明17(1485)年に始まった山城の国一揆，長享2(1488)年に始まった加賀の一向一揆(b)，天文元(1532)年から京都の市中で自治を行った法華一揆などは特に有名である。

問1 [A] [B] に当てはまる語句の組合せとして最も適切なものを，次の①～④のうちから一つ選べ。解答番号は [5] 。

① A―百姓たちが反乱をおこしていない　B―僧兵たちが神輿などをかついで強訴を行う

② A―百姓たちが反乱をおこしていない　B―極楽往生を求め踊念仏を行う

③ A―武士たちがまだまとまっていない　B―僧兵たちが神輿などをかついで強訴を行う

④ A―武士たちがまだまとまっていない　B―極楽往生を求め踊念仏を行う

問2 [C] [D] に当てはまる語句の組合せとして最も適切なものを，次の①～④のうちから一つ選べ。解答番号は [6] 。

① C―国　人　D―応永の乱などを通じて有力な守護の勢力の削減につとめる

② C―国　人　D―近江・美濃・尾張の3国に初めて半済令を出すなど守護の権限を拡大する

③ C―国　造　D―応永の乱などを通じて有力な守護の勢力の削減につとめる

④ C―国　造　D―近江・美濃・尾張の3国に初めて半済令を出すなど守護の権限を拡大する

問 3　次の**資料**は，下線部分正長の徳政一揆(a)についての日記である。この内容に対する問いとして**適切でないもの**を，下の①～④のうちから一つ選べ。解答番号は 7 。

資　料

正長元年九月　日，一天下の土民(注1)蜂起す。徳政と号し，酒屋，土倉，寺院等を破(は)却(きゃく)(注2)せしめ，雑物(ぞうもつ)等恣(ほしいまま)にこれを取り，借銭(しゃくせん)等悉(ことごと)くこれを破る。管領これを成敗す(注3)。凡(おおよ)そ亡国の基(もとい)，これに過ぐべからず。日本開白(かいびゃく)(注4)以来，土民蜂起是(こ)れ初めなり。

（『大乗院日記目録』，原漢文）

（注1）　農民や馬借などの一般庶民を支配者側が呼ぶ言い方。

（注2）　壊すこと。

（注3）　管領の畠山満家がこれを討伐した。

（注4）　日本の始まり。

① 庶民たちは破壊活動をしているが，なぜその際に「徳のある政治」を意味する「徳政」という言葉を用いたのだろうか。

② 庶民たちが蜂起をおこしたのが初めてだと書いてあるが，それが本当だとしたら，今まで蜂起がなかったのはなぜだろうか。

③ 高利貸しである土倉だけでなく，酒屋や寺院まで攻撃されたのはなぜだろうか。酒屋や寺院と，金銭の貸し借りはどのような関係があったのだろうか。

④ 幕府はなぜ要求を受け入れて徳政令を発布したのだろうか。幕府にとっての利点は何だろうか。

問 4　下線部分一向一揆(b)が盛んになった背景として考えられるものとして最も適切なものを，次の①～④のうちから一つ選べ。解答番号は 8 。

① 寺院が豪族の権威を示すものとなったから。

② 鎮護国家思想に基づき朝廷から保護されたから。

③ 民衆への熱心な布教活動があったから。

④ 幕府の有力者から帰依を受けたから。

3 次のⅠ・Ⅱについて，後にある**問１**～**問４**に答えよ。

Ⅰ

資料(意訳してある)

国持大名(注１)の転封は例のないことであるとして，譜代大名ばかりに転封を命じられることは，片方だけを贔屓(ひいき)しており，よくないことである。転封による出費は，およそ十年の痛みとなると昔から申し伝えられている。そのため，昔は転封があると，必ず領地が加増されたものである。ついこの前までは，金が下賜(かし)されたこともあった。しかし，近年，領地の加増や金の下賜がないのは，それを行うと幕府にとって都合が悪いからである。国持大名を痛めず，譜代大名を痛めることに何の道理があるとも言い難い。老中になれば，関八州(注２)に転封をするのも無益である。姫路・兵庫・淀(よど)・郡山(こおりやま)などは要衝の地であるといって，幼少の者が大名となると転封をするのは，古い仕来りばかりを守っているだけで，無益である。幼少の大名でも，家老がしっかりとしており，武義を忘れなければ転封をさせなくても良いだろう。

(『政談』より作成)

(注１) 律令国郡の一国一円あるいはそれに準ずる範囲を領有する大名のこと。

(注２) 相模，武蔵，安房，上総，下総，常陸，上野，下野の８か国の総称のこと。

会話文

先生：この**資料**は，江戸幕府８代将軍徳川吉宗に儒学者の荻生徂徠が献上した『政談』という資料だよ。徳川吉宗は［　A　］をした将軍ですね。

生徒：荻生徂徠は**資料**の中で大名の転封について論じていますね。

先生：そうだね。国持大名と譜代大名の転封について，両者を比較しながら自分の考えを述べている部分だね。

生徒：特に私は，下線部分について興味を持ちました。この時期，幕府が大名の転封に対して支援を行わなかった理由について，「［　B　］」というテーマで調べてみます。

先生：良いテーマですね。是非レポートにまとめて，次の授業の時に発表してください。

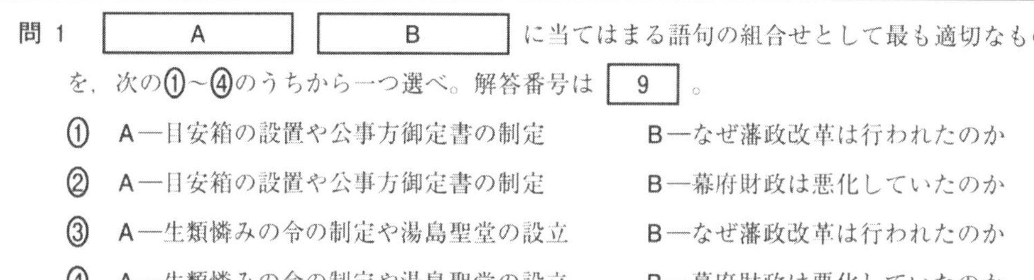

問1 [A] [B] に当てはまる語句の組合せとして最も適切なものを，次の①～④のうちから一つ選べ。解答番号は [9] 。

① A—目安箱の設置や公事方御定書の制定　　B—なぜ藩政改革は行われたのか
② A—目安箱の設置や公事方御定書の制定　　B—幕府財政は悪化していたのか
③ A—生類憐みの令の制定や湯島聖堂の設立　　B—なぜ藩政改革は行われたのか
④ A—生類憐みの令の制定や湯島聖堂の設立　　B—幕府財政は悪化していたのか

問2 次のア・イは実際に行われた大名の転封について示したものである。**資料**で批判されている転封の具体例として適切であるかどうかの組合せとして正しいものを，下の①～④のうちから一つ選べ。解答番号は [10] 。

ア　老中に就任した大名が，下総国の佐倉(さくら)藩に転封を命じられた。
イ　姫路を領有した大名が，幼少であったため，転封を命じられた。

① ア—適切である　イ—適切である　② ア—適切である　イ—適切でない
③ ア—適切でない　イ—適切である　④ ア—適切でない　イ—適切でない

Ⅱ

図

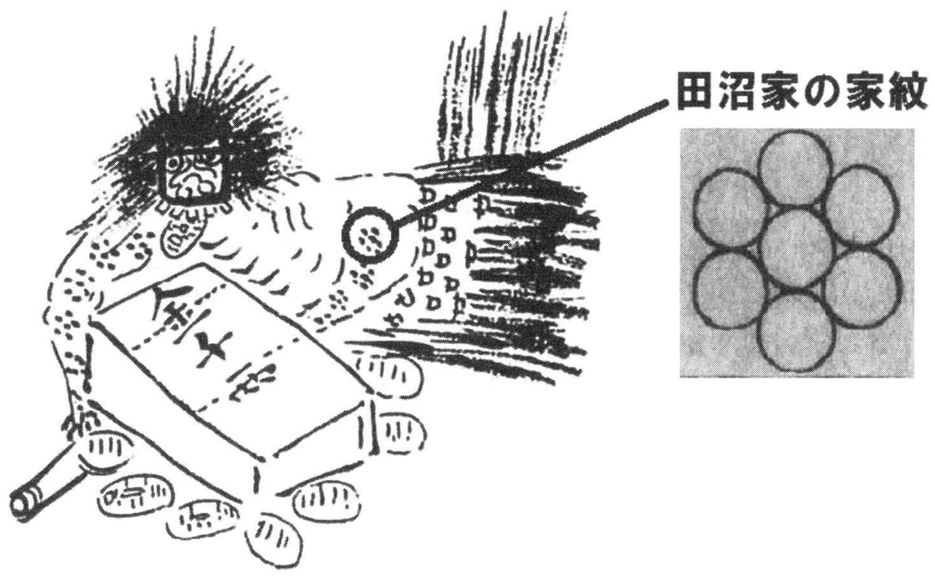

会話文

生徒：図に描かれたばけものは，誰のことを間接的に批判して描かれたものだろう。

先生：図に描かれたばけものの体には，田沼家の家紋である七曜星（しちようせい）が書き込まれており，金貨や千両箱も描かれていることから，賄賂（わいろ）や縁故による政治が横行した時代を生きた田沼意次を批判して描いたものだと分かるよ。この図に描かれた特徴を考えると [C] も田沼意次を批判して描かれたものであることが分かるね。

生徒：たしかにそう言われてみると，図のばけものの歯も，田沼意次が老中の時に鋳造された南鐐二朱銀を示しているようですね。田沼意次は，ばけものとして描かれるくらい人びとを困らせる政治を行ったのですね。

先生：そうした一面があるのはたしかだね。でも，田沼意次は，長崎貿易の拡大や蝦夷地開発計画を進めたことなどから [D] と評価されることもあるよ。

生徒：そうなのですか。たしかに田沼意次が活躍した宝暦から天明期にかけて，国学や蘭学などの諸学問や，美術・文学など，多方面で<u>多彩な文化</u>も発展しましたよね。一人の人物の功績を評価する際は，功罪両面に光をあてていく必要がありますね。

問3 [C] に当てはまる絵と [D] に当てはまる語句の組合せとして適切なものを，下の①～④のうちから一つ選べ。解答番号は [11] 。

絵

ア

イ

語 句

ウ 質素・倹約を基本とし，農村復興政策に取り組んだ人物

エ 重商主義を基調とし，積極的な経済政策を展開した人物

① アーウ　② アーエ　③ イーウ　④ イーエ

問 4　下線部分多彩な文化に関するこの時期の**資料**とその**説明**の組合せとして適切なものを，下の①～④のうちから一つ選べ。解答番号は 12 。

資　料

ア

イ

説　明

ウ　書家や俳人らが，明や清の影響を受けて描いた文人画である。

エ　江戸の画家の作品で，絹地に彩色した肉筆画として描かれた。

①　ア―ウ　　②　ア―エ　　③　イ―ウ　　④　イ―エ

4 次の**会話文**と**資料1・2**を読み，後にある**問1・問2**に答えよ。

会話文

先生：次の**資料1**は，鉄道路線の名所や歴史が歌詞に歌われ大ヒットした『鉄道唱歌』です。第一集の東海道編だけで66番まであります。

資料1

1番　汽笛一声新橋を（きてきいっせい）
はや我汽車は離れたり（きしゃ）
愛宕の山（注1）に入りのこる（あたご）
月を旅路の友として

10番　汽車より逗子（注2）をながめつつ（ずし）
はや横須賀に着きにけり
見よやドックに集まりし
わが軍艦の壮大を

（『地理教育　鉄道唱歌　第一集　東海道編』）

（注1）　東京都港区にある丘。

（注2）　神奈川県の地名。横須賀へ敷設（ふせつ）された路線に駅ができた。

生徒：日本で初めての鉄道は，1872年に**1番**の歌詞に歌われる新橋駅を起点に敷設が始まり，その後全国に路線が広がっていったのですよね。**1番**の歌詞からは旅が始まるワクワクした気持ちが表現されているように思います。当時の人びとが旅をするために，鉄道の路線が広がっていったのですか。

先生：鉄道開業当初，鉄道の敷設は，政府の事業として行われました。つまり，国家の政策と路線が広がった理由には関連があるということですね。『鉄道唱歌』が発行された時期は，三国干渉後の「臥薪嘗胆（がしんしょうたん）」という言葉に表されるように，朝鮮半島と満州の支配権をめぐる大きな戦争に備えて国力を強化していく時期なのです。

生徒：**10番**の歌詞は，そのような時代背景をよく表していますね。

先生：当時は，東海道線の一部として扱われていた，横須賀への線路が敷設された経緯は，**資料2**を読むと分かりますよ。

資料2（意訳してある）

横須賀または観音崎(かんのんざき)（注3）へ停車場を設置する件

相模国の横須賀は第一海軍区(だいいちかいぐんく)（注4）の海軍港であり，造船所や武器庫・倉庫の他，病院や兵隊の宿舎や練習艦があり，それを鎮守府が管轄している，…（中略）…しかし，東京から横須賀・観音崎へはただ海運があるのみで，険しい丘が多く馬車も通れない，強風や高波のために運輸が途絶えてしまう。…（中略）…よって，鉄道の敷設は陸海軍の軍略上きわめて大事な問題であり，陸軍と海軍の両軍の勝敗に関係するため，至急に鉄道の設置について閣議で審議していただきたい。

明治十九（1886）年六月二十二日

海軍大臣 西郷従道

陸軍大臣 大山巌

内閣総理大臣　伊藤博文殿

（『日本鉄道史』より作成）

（注3）　神奈川県の地名。東京湾の入り口にある重要な場所で砲台が置かれた。

（注4）　海軍の区画。全国を第一海軍区から第四海軍区に分け，それぞれに軍港を設置し鎮守府を置いた。

問 1　下線部分横須賀への線路が敷設された経緯について，**資料2**から読み取れることとして適切なものを，次の①～④のうちから一つ選べ。解答番号は 13 。

① 鉄道敷設を急ぐ伊藤博文が，横須賀に軍港を持つ海軍に依頼した。

② 鉄道を敷設することによって，横須賀に鎮守府を置くことを可能とする。

③ 鉄道の敷設は，陸海軍の物資輸送に関わる重要な問題である。

④ 鉄道敷設を急ぐ海軍は，陸軍には相談をせずに依頼した。

問 2　**資料3**とレポートを読み，［A］［B］に当てはまる語の組合せとして正しいものを，下の①～④のうちから一つ選べ。解答番号は［14］。

資料3

みわたすかぎり青々と
若葉波うつ桑畑
山のおくまで養蚕の
ひらけしさまの忙しさ

（『地理教育　鉄道唱歌　第四集　信越・北陸編』）

レポート

鉄道唱歌は，東海道線について歌った**資料1**だけでなく，日本全国の路線のものがあることが分かり調べてみました。その結果，**資料3**から，国家の政策と路線が広がった理由に関連があるものを見つけることができました。**資料3**は群馬県を走る路線を歌にしたもので，歌詞からは［A］の生産が盛んであったことが分かります。さらに調べた結果，生産された［A］は重要な［B］であるため，鉄道で横浜港に運ばれたことが分かりました。

① A―生　糸　　B―海外輸出品
② A―生　糸　　B―生活必需品
③ A―綿　糸　　B―海外輸出品
④ A―綿　糸　　B―生活必需品

5 隈板内閣と呼ばれた第1次大隈重信内閣について書かれた，次の**資料1・2**を読み，後にある**問1・問2**に答えよ。

資料1　勝海舟の日記(意訳してある)

しかし今度の内閣も，もはやそろそろ評判が悪くなって来たが，あれでは内輪もめをして，到底長く続かないよ。だいたい，重要人物である大隈重信と板垣退助の性質がまるで違っていて，板垣はお人よしだし，大隈は抜け目のない人だから，とても仲良くしていられるものか。遅かれ早かれ喧嘩するにきまっているよ。大隈でも板垣でも，民間にいたころには，人のやっているのを冷たく批判して，自分はうまくやれると思っていただろうが，さて引き渡されてみると，そうはうまくはいかないよ。

(『氷川清話』より作成)

資料2　大隈重信の自叙伝(意訳してある)

この総選挙は実に無事に行われて，その結果はもちろん［ A ］が大多数。そこでこれならば大丈夫行ける，必ず［ B ］政治は達成できると考えたのであって，国民の希望もまたそこにあった。

しかし閣僚の一部に，まだ十分に意志の疎通ができていない者がいて，それに乗じて藩閥政治家たちからの中傷を受け，あの尾崎行雄の共和演説が導火線となり，意外にも［ A ］の内部で争いがおこった。それは，板垣は尾崎に代わり桂太郎もしくは西郷従道にしようとし，私が犬養毅にしようとしたので反対し，藩閥政治家たちと協力して，これをやめさせようということになった。そのため内閣の内外は険悪な空気となり，相次いで来る中傷と仲違いさせようとする動きに耐えられず，ついに崩壊した。

(『大隈重信自叙伝』より作成)

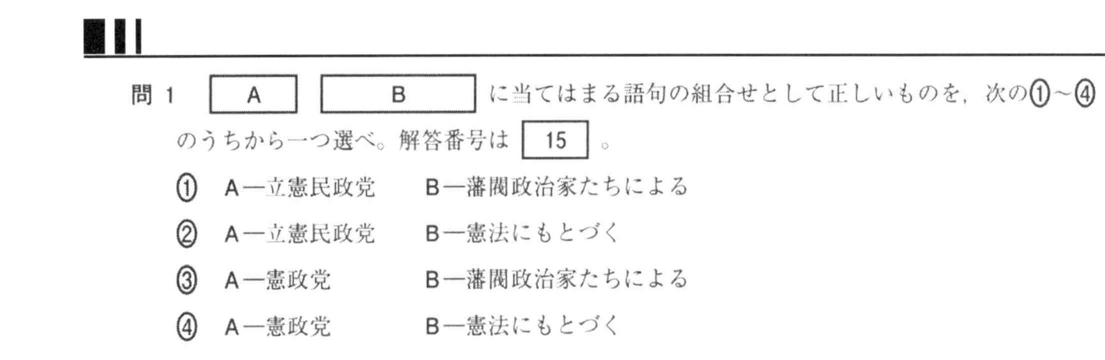

問1 A B に当てはまる語句の組合せとして正しいものを，次の①～④のうちから一つ選べ。解答番号は 15 。

① A－立憲民政党　B－藩閥政治家たちによる
② A－立憲民政党　B－憲法にもとづく
③ A－憲政党　B－藩閥政治家たちによる
④ A－憲政党　B－憲法にもとづく

問2 下線部分大隈重信と板垣退助に関連して，国会開設の勅諭をうけて2人はそれぞれ政党を結成した。大隈が結成した立憲改進党の**主張**と，大隈と板垣の**共通点**の組合せとして正しいものを，下の①～④のうちから一つ選べ。解答番号は 16 。

主　張

ア　イギリス流の議院内閣制を主張するなど穏健的な自由主義

イ　フランス流の急進的な自由主義

共通点

ウ　条約改正交渉について批判され，襲撃を受けた。

エ　新政府の参議であったが，政変によって政府を去った。

① ア－ウ　② ア－エ　③ イ－ウ　④ イ－エ

6 次のⅠ・Ⅱについて，後にある**問１**～**問４**に答えよ。

Ⅰ

表　全国中等学校優勝野球大会　歴代優勝・準優勝校

大会	年	優勝校	準優勝校	全国大会代表校数	地方予選大会参加校数
第１回	1915	京都二中(京都)	秋田中(秋田)	10	73
第２回	1916	慶応普通部(東京)	市岡中(大阪)	12	115
第３回	1917	愛知一中(愛知)	関西学院中(兵庫)	12	118
第４回	1918	中止		14	137
第５回	1919	神戸一中(兵庫)	長野師範(長野)	14	134
第６回	1920	関西学院中(兵庫)	慶応普通部(東京)	15	157
第11回	1925	高松商(香川)	早稲田実(東京)	21	302
第12回	1926	静岡中(静岡)	大連商(満州)	22	337
第14回	1928	松本商(長野)	平安中(京都)	22	410
第16回	1930	広島商(広島)	諏訪蚕糸(長野)	22	541
第17回	1931	中京商(愛知)	嘉義農林(台湾)	22	634

※第７～10回，13回，15回は表記していない。

会話文

生徒：この夏休みに「夏のスポーツ」というテーマで高校野球について調べてみました。今「夏の甲子園」と呼ばれている選手権大会は「全国中等学校優勝野球大会」として大正時代に始まっていることが分かりました。

先生：大正時代には大学野球とともに学生のスポーツとして定着したんですね。

生徒：そのようです。野球人気で観客が増加したため，鉄道会社によって新たに球場が作られ，それが現在の阪神甲子園球場であることが分かりました。1927年からは試合の実況中継が行われるなど，メディアの発達も野球人気を支えたようです。

先生：1918年は，地方の予選は行われたけれど，全国大会は行われなかったということですか。

生徒：そのようです。この年の８月に<u>富山県の漁村の主婦たちの行動をきっかけに広がった暴動</u>が理由で中止になったようです。

問 1　下線部分富山県の漁村の主婦たちの行動をきっかけに広がった暴動について，暴動の背景を説明する際に適切な**関連する資料**と**仮説**の組合せとして最も適切なものを，下の①～④のうちから一つ選べ。解答番号は 17 。

関連する資料

ア

	米価	指数
1900(明治 33)年	11円32銭	100
1905(〃 38)年	12　66	112
1910(〃 43)年	12　93	114
1915(大正 4)年	12　47	110
1916(〃 5)年	13　26	117
1917(〃 6)年	19　35	171
1918(〃 7)年	31　82	281
1919(〃 8)年	45　49	402

イ

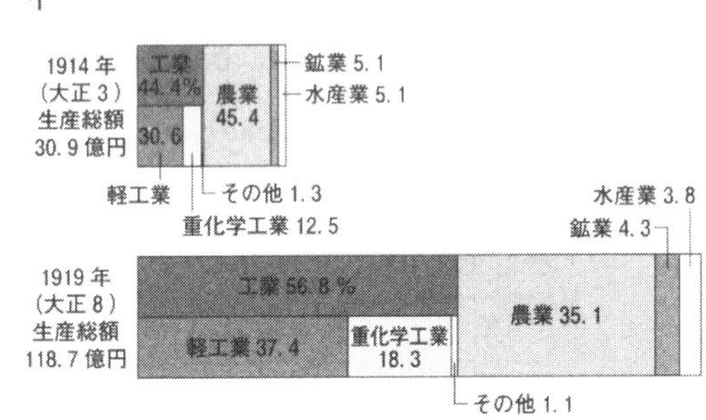

仮　説

ウ　暴動がおきたのは，農業の生産額が減少したことで市場への供給量が減少したからではないか。

エ　暴動がおきたのは，安定して推移していた米価が高騰したからではないか。

①　ア―ウ　　②　ア―エ　　③　イ―ウ　　④　イ―エ

問 2　**表**中から読みとれることとして**適切でないもの**を，次の①～④のうちから一つ選べ。解答番号は 18 。

①　経済の低迷を背景に1920年代後半は，地方予選の参加校が減少したことが分かる。

②　日本の植民地となっていた地域からも，代表校が出場していたことが分かる。

③　福沢諭吉や大隈重信にゆかりのある学校も出場していたことが分かる。

④　日本の生糸産業に関連する学校が，決勝戦に進出していたことが分かる。

Ⅱ

枢密院議長の清浦奎吾が内閣を組織すると，それに反発した三つの政党が護憲三派を結成して対立した。総選挙(a)で護憲三派が大勝すると，第一党の党首が首相となり護憲三派の連立内閣(b)が成立した。以後，「憲政の常道」と言われる政党政治が行われた時代が訪れた。

問 3　下線部分総選挙(a)は，次の**表**中のどの時期に行われたか。**会話文**を参考に最も適切なものを，下の①～④のうちから一つ選べ。解答番号は 19 。

表　衆議院選挙実施年と有権者数

年	有権者数	
1912	1, 506, 143	ア
1915	1, 546, 411	
1917	1, 422, 126	イ
1920	3, 096, 148	
1924	3, 288, 405	ウ
1928	12, 408, 678	
1930	12, 812, 895	エ

会話文

先生：有権者数の変化に何か特徴はあるかな。
生徒：段階的に増加していることが分かります。
先生：そうだね。直接国税の納税額の制限を徐々に下げることで，有権者数は増えていったんだね。
生徒：1928 年の総選挙の時には納税額による制限はなくなったと勉強しました。

①　ア　　②　イ　　③　ウ　　④　エ

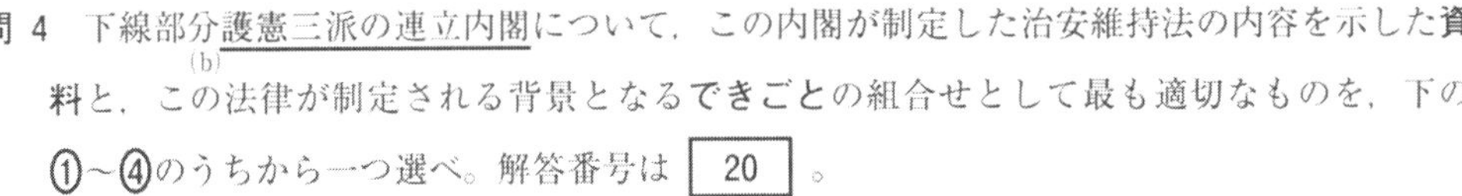

問 4　下線部分護憲三派の連立内閣(b)について，この内閣が制定した治安維持法の内容を示した**資料**と，この法律が制定される背景となる**できごと**の組合せとして最も適切なものを，下の①～④のうちから一つ選べ。解答番号は 20 。

資料(意訳してある)

ア　天皇制を変革したり私有財産を否定するようなことを目的に結社を組織したり，その事情を知ったうえでその組織に加入した者は10年以下の懲役または禁錮刑に処する。

イ　治安を守るために必要な場合には警察官が屋外の集会や運動をすることを制限，もしくは禁止，解散させ，屋内の集会も解散させることができる。

できごと

ウ　労働組合期成会の指導の下で労働組合が相次いで結成された。

エ　初めて社会主義国との国交を樹立した。

①　ア—ウ　　②　ア—エ　　③　イ—ウ　　④　イ—エ

7 **資料1**は，アメリカからハル＝ノートが示された直後に昭和天皇との間に交わされた会話における各重臣たちの主張をまとめたものである。これを読み，後にある**問1**・**問2**に答えよ。

資料1

（昭和天皇の「大変難しい時代になったね」との言葉に対して）

岡田啓介　：戦争となると物資の補給能力について成功の見通しがあるかとても心配である。先程から政府の説明があるが，まだ納得できていない。

平沼騏一郎：すでに4年にわたる戦争を遂行している今日，さらに長期の戦争となれば困窮や欠乏に耐えなければならないので，民心を引き締めていく点については十分の施策と努力が必要である。

近衛文麿　：自分は日米国交調整に努力してきたが，ついにその成果を挙げることができなかったのは大変残念だ。政府は日米交渉を続ける見込みがないと言っているが，外交交渉が決裂したからといってすぐに戦争に訴える必要があるだろうか。

広田弘毅　：政府の説明によれば今日は外交上の危機に立っているように思われるが，すぐに戦争に突入するのはいかがなものか。

林銑十郎　：政府が大本営(注1)と協力して十分検討した結論であるから，信頼するしかないと思う。

阿部信行　：政府はあらゆる角度からよく考えたようだから，日米交渉を諦める以上の解決策は望めないと思う。ただ，中国民衆の心の動向については慎重に対処しなければならず，一度誤れば今日までに得た成果をも失ってしまう恐れがあると思う。

若槻礼次郎：大東亜共栄圏の確立とか東アジアの安定勢力とかの理想にとらわれて国力を使うことは非常に危険だから，よく考えなければならない。

（『木戸幸一日記』より作成）

（注1）戦時または事変の際に，天皇に直属して陸海軍を統帥した最高機関。

問 1　下線部分物資の補給能力について成功の見通しがあるかとても心配である理由について，生徒Zは資料2に基づいて考察文を書いた。［A］［B］に当てはまる語句の組合せとして正しいものを，下の①～④のうちから一つ選べ。
解答番号は［21］。

資料2　日本の主要貿易相手国・地域(1935年)

順位	輸　出	輸　入
1	中国	アメリカ
2	アメリカ	イギリス領インド
3	イギリス領インド	中国
4	インドネシア(注2)	オーストラリア
5	イギリス	ドイツ

(注2)　1935年当時はオランダ領東インドと呼ばれていた。

考察文

すでに行われていた［A］に加え，主要貿易相手国は現在戦争中，およびこれから戦争をすることが予想された国家とその植民地が多いことから，［B］と予想されたため。

① A─北大西洋条約機構の設立
　B─援蔣ルートが危険にさらされて戦況が有利となる
② A─北大西洋条約機構の設立
　B─貿易による外貨や物資の獲得が難しくなる
③ A─アメリカによる対日石油輸出の禁止
　B─援蔣ルートが危険にさらされて戦況が有利となる
④ A─アメリカによる対日石油輸出の禁止
　B─貿易による外貨や物資の獲得が難しくなる

問 2　生徒Yは**資料**1を読んでいくつかの**疑問**をもち，それを調べるために必要と思われる**資料**を用意した。両者の組合せとして**適切でないもの**を，下の①～④のうちから一つ選べ。解答番号は 22 。

疑　問

ア　阿部信行の言う「今日までに得た成果」とはどのようなものだったか。

イ　若槻礼次郎の言う「大東亜共栄圏」とはどのようなものだったか。

資　料

甲

・中国と国交がない状態で貿易を開始した。
・中華人民共和国政府を「中国で唯一の合法的な政府」と認めた。
・日中平和友好条約を締結した。

乙

・日満議定書を結び，正式に満州国を承認した。
・盧溝橋事件を発端として戦闘を展開し，南京を占領した。
・国民党の幹部である汪兆銘に，新しい政府を作らせた。

丙

「各民族が協力してイギリスをアジアから追い出そう」ということが書いてある

丁

オランダ領東インドの子どもたち

①　ア―甲　　②　ア―乙　　③　イ―丙　　④　イ―丁

8 表は，1946年および1970年に長谷川町子作『サザエさん』で取り上げられた，当時の社会情勢に関するテーマをまとめたものである。これを見て，後にある**問1**・**問2**に答えよ。

表

1946年		1970年	
テーマ	回数	テーマ	回数
海外からの復員	4	C	7
進駐軍	4	インフレーション	4
A のための遠出	4	猛烈社員	3
家の裏庭で野菜つくり	3	D	2
伝染病	2	三億円銀行強盗，経済大国日本，ゴミ処理，資本主義の矛盾，貨幣危機　など	1
B	2		
代用食，速成英語学習コース，不良食品，インフレーション，男女同権についての討論会，兵士の帰宅　など	1		

（『戦後日本の大衆文化』より作成）

問1　花子さんは，日本史の授業で学んだことと**資料1・2**から読み取れることを考え合わせて，**表**のテーマの言葉を用いながら**文1**を作った。［A］［B］に当てはまる語の組合せとして正しいものを，下の①〜④のうちから一つ選べ。解答番号は［23］。

資料1

資料2

（『長谷川町子全集　第一巻　サザエさん①』より作成）

文1

敗戦直後には，人びとは「家の裏庭で野菜つくり」や「［A］のための遠出」などをして食糧確保に努めた。それは「海外からの復員」や「兵士の帰宅」などにより国内の人口が増加して食糧不足に拍車がかかり，食糧の「［B］」が十分に行われないことがあったためである。

① A―食糧買い出し　B―配　給　② A―食糧買い出し　B―輸　出
③ A―引揚げ　B―配　給　④ A―引揚げ　B―輸　出

問 2　太郎さんは，日本史の授業で学んだことと**資料3・4**から読み取れることを考え合わせて，**表**のテーマの言葉を用いながら**文2**を作った。 C D に当てはまる語の組合せとして正しいものを，下の①～④のうちから一つ選べ。解答番号は 24 。

資料3

資料4

（『サザエさん㊵』，『サザエさん㊶』より作成）

（注）　車の排気ガスなどに含まれる化学物質が紫外線と反応して発生する，目やのどを刺激する霧状の有害物質。

文2

「猛烈社員」に支えられた日本は高度経済成長を成し遂げ，「経済大国日本」となった。“人類の進歩と調和”をスローガンに，太陽の塔をシンボルとして行われた「 C 」はそのことを世界にアピールする機会となった。

一方「 D 」や「ゴミ処理」問題など「資本主義の矛盾」も噴出し，社会問題となった。

① C―日本万国博覧会　D―欠食児童　② C―日本万国博覧会　D―公　害

③ C―東京オリンピック　D―欠食児童　④ C―東京オリンピック　D―公　害

9 富士山及びその周辺について述べたⅠ・Ⅱを読み，後にある**問1**～**問4**に答えよ。

Ⅰ

古来，日本列島の多くの地域では，地震やそれに伴う津波，火山噴火が発生し，天変地異が多発した。特に**表1**から分かる通り，富士山の噴火の記録は，古くから歴史書に記された。

一方，富士山は信仰の対象とも位置付けられていった。人びとは，激しく吹き上げる噴火に対し，あらぶり怒る神の姿を重ねていたものと考えられている。

表1　富士山の噴火に関する記録とその状況

年　代	噴火の状況	特に名前がついた噴火	
781年	山麓に降灰し，木の葉が枯れた(『続日本紀』)		X (781年～999年)
800～802年	砕石(さいせき)が「足柄路(あしがらみち)(注1)」を塞(ふさ)いだので「筥荷途(はこねみち)(注2)」を開いた(『日本紀略』(注3))	延暦(えんりゃく)噴火	
864～866年	溶岩流が本栖湖(もとすこ)と，せの海(注4)に流れ込んだ(『日本三代実録』)	貞観(じょうがん)噴火	
999年	噴火(『本朝世紀』(注5))		
1083年	爆発的な噴火(『扶桑略記』など)		Y (1083年～1707年)
1435年	富士山に炎が見えた(『王代記』)		
1511年	河口湖付近で異様な鳴動(めいどう)が聞こえ，鎌岩(かまいわ)が燃えた(『妙法寺記』)		
1707年	噴火前日から地震がおこる。12月16日から2週間にわたって爆発的な噴火がおこり，周囲に大量の火山灰が降り積もった(史料多数)。	<u>宝永(ほうえい)噴火</u>	

(「富士山ハザードマップ検討委員会中間報告」より作成)

(注1)　関本(現神奈川県南足柄市)から足柄峠へ抜ける道。古代の東海道が通っていた。

(注2)　足柄路よりも太平洋側を通っていた古代の道。

(注3)　平安時代後期に編さんされた歴史書。六国史の抜粋と，六国史以降，後一条天皇までの歴史を記す。

(注4)　9世紀半ばまで富士山麓に存在した湖。

(注5)　平安時代末期に編さんされた歴史書。鳥羽上皇の命で編さんされた。

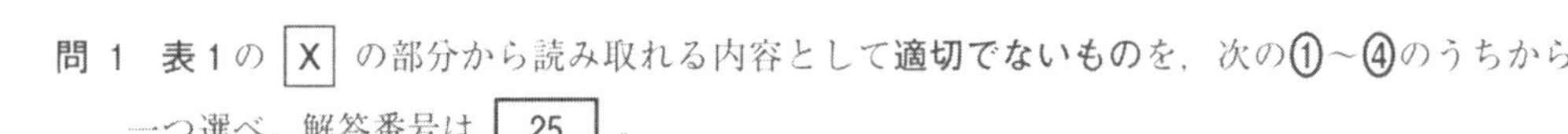

問 1　表1の X の部分から読み取れる内容として**適切でないもの**を，次の①～④のうちから一つ選べ。解答番号は 25 。

① 律令国家が編さんした歴史書に富士山の噴火に関する記述が見られる。

② 延暦噴火では，古代の東海道の交通に大きな影響を及ぼした。

③ 噴火により，周辺の民家が燃えたという記述が歴史書の中に見られる。

④ 貞観噴火では，周辺の湖に溶岩流が流れ込んだ。

問 2　表1の Y の期間におこったできごとについて述べた次の文**ア**～**ウ**を年代の古い順に正しく並べたものを，下の①～④のうちから一つ選べ。解答番号は 26 。

ア　武田晴信(のちの信玄)が，実子の安産祈願のために富士山麓の神社に願文を奉納した。

イ　源頼朝が征夷大将軍に就任した翌年，富士山麓で大規模な巻狩り(狩猟の一種)を行った。

ウ　足利尊氏やその弟の直義によって，富士山麓の神社に領地が寄進された。

① イ→ア→ウ　　② イ→ウ→ア　　③ ウ→ア→イ　　④ ウ→イ→ア

問 3　下線部分宝永噴火について，この噴火の影響として図 1 から**読み取れること**と，図 2 を説明した記述のうち ［A］ に当てはまる**文**の組合せとして最も適切なものを，次のページの①～④のうちから一つ選べ。解答番号は ［27］ 。

図 1　噴火により降り積もった火山灰の分布

図 2　噴火後に被災地域で作成された絵図

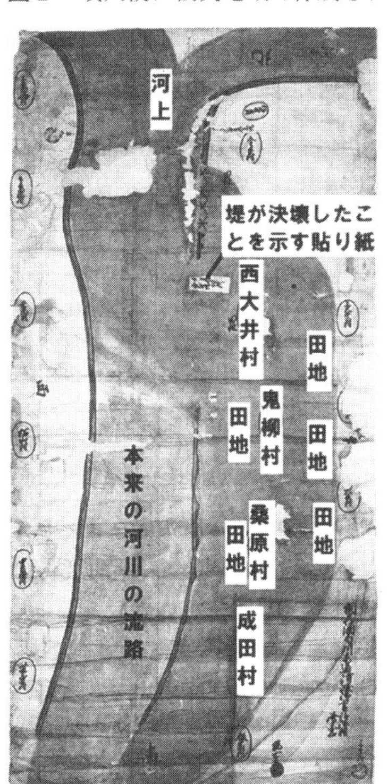

図 2 の説明

周辺の被災地域では，図 2 の絵図が書き残された。この絵図が描かれたことから，噴火後，火山灰が，［A］ ことが分かる。

読み取れること

ア　江戸城付近では，8～16 cm の火山灰が降り積もった。

イ　現在の茨城県や千葉県など，広い範囲で火山灰が観測された。

文

ウ　田畑や山野にも降り注いだが，農作物への影響はほとんどなかった

エ　河川に大量に流入し，河床が上昇したため，大雨が降ると洪水が発生した

①　アーウ　　②　アーエ　　③　イーウ　　④　イーエ

Ⅱ

生徒が近代の富士山について調べてみると，日本が台湾を植民地として獲得して以降，台湾にある玉山(ぎょくざん)(当時の新高山(にいたかやま))が富士山を抜いて，当時の日本で最も標高の高い山となったことが分かった。

そのような中で，生徒は戦前の小学校で教えられていた唱歌(しょうか)(現在の音楽にあたる科目)の教科書の中に，次の**資料1・2**のような歌が掲載されていることを知った。生徒はこの**資料**に描かれていることをもとに，**考察**をまとめた。

資料1

一
あたまを雲の上に出し
四方の山を見おろして
かみなりさまを下に聞く
富士は日本一の山

二
青空高くそびえ立ち
からだに雪の着物着て
霞(かすみ)のすそを遠く曳(ひ)く
富士は日本一の山

（『尋常小学唱歌　第二学年用』より作成）

資料2

一
大昔から雲の上
雪をいただく富士の山
いく千まんの国みんの
心きよめた神の山

二
今、日本にたずね来る
よその国人あおぐ山
いくまん年ののちまでも
世界だい一、神の山

（『うたのほん　下』より作成）

考　察

資料1・2によると，当時の小学校では，富士山を［　B　］唱歌が歌われていたことが分かる。私は，富士山は，日本で最も標高の高い山ではなくなった時期もあったのに，なぜ唱歌の題材として歌われたのかを考えてみた。私は，その理由の一つに，富士山が**資料1・2**で「日本一の山」，「神の山」と歌われていることなどから，日本国民に対し［　C　］ためのシンボルとして教科書で教えられたのではないかと考えた。

問4　［　B　］［　C　］に当てはまる語句の組合せとして最も適切なものを，次の①～④のうちから一つ選べ。解答番号は［28］。

① B—たたえる　　C—国民意識を高める
② B—たたえる　　C—環境保全の大切さを伝える
③ B—低く評価する　　C—国民意識を高める
④ B—低く評価する　　C—環境保全の大切さを伝える

令和３年度　第２回

解答・解説

【重要度の表記】

Ａ：重要度が高く確実に正答したい設問。しっかり復習する必要のある問題です。

Ｂ：重要度はＡレベルよりすこし下で、やや難易度が高い設問または内容を読み取る設問。高得点を狙う人は復習しましょう！

Ｃ：重要度が低い、または難解な設問。軽く復習する程度でよいでしょう！

 令和３年度　第２回　高卒認定試験

【　Ａ解答　】

1	解答番号	正答	配点	2	解答番号	正答	配点	3	解答番号	正答	配点	4	解答番号	正答	配点
問１	1	④	3	問１	5	④	3	問１	9	③	4	問１	13	①	3
問２	2	②	4	問２	6	②	4	問２	10	④	3	問２	14	③	4
問３	3	③	4	問３	7	③	4	問３	11	②	3	問３	15	②	3
問４	4	①	3	問４	8	②	3	問４	12	①	4	問４	16	④	4

5	解答番号	正答	配点	6	解答番号	正答	配点	7	解答番号	正答	配点
問１	17	④	3	問１	21	①	4	問１	25	③	4
問２	18	②	3	問２	22	②	3	問２	26	②	4
問３	19	③	4	問３	23	④	3	問３	27	④	4
問４	20	①	4	問４	24	③	4	問４	28	①	4

【　Ａ解説　】

1

問１　Ａについて、資料１の 10 番に「横須賀に着きにけり」という歌詞がありますので、Ａには横須賀がある「横浜」が当てはまります。Ｂについて、鉄道の敷設は「工部省」が中心となって行われました。したがって、正解は④です。なお、「逓信省」とは、郵便・通信を管轄していた中央官庁です。

解答番号【１】：４　　⇒**重要度Ｂ**

問２　『鉄道唱歌』が発行された時期は、会話文の９行目のとおり、三国干渉後となります。三国干渉は、1894 年の日清戦争で日本が得た遼東半島を中国に返還するようにロシア・フランス・ドイツが迫ったものです。この後にロシアが中国への影響をさらに強めたことにより、日露戦争が起こっています。これらのことから、『鉄道唱歌』が発行された時期は②であると判断できます。したがって、正解は②です。

解答番号【２】：２　　⇒**重要度Ｂ**

問３　資料２の４行目を見ると、東京から横須賀は「海運があるのみ」であり、６～７行目には「陸軍と海軍の両軍の勝敗に関係するため、至急に鉄道の設置について閣議で審議していただきたい」とあります。したがって、正解は③です。なお、①については、資料２の宛名に伊藤博文とあり、伊藤博文は鉄道敷設を依頼された人物であるため誤りです。②に

ついては、資料２の２～３行目から、横須賀にはすでに鎮守府があることが読み取れるため誤りです。④については、資料２の差出人として海軍大臣の西郷従道と陸軍大臣の大山巖の名前がありますので、鉄道敷設について海軍は陸軍にも相談したと考えられますから誤りです。

解答番号【3】：3　⇒ **重要度B**

問４　Cについて、資料３に「養蚕」とあり、蚕の繭は生糸の原料ですので、Cには「生糸」が当てはまります。Dについて、生糸は盛んに海外に輸出されていましたので、Dには「海外輸出品」が当てはまります。したがって、正解は①です。

解答番号【4】：1　⇒ **重要度A**

2

問１　Aについて、隈板内閣は進歩党の大隈重信と自由党の板垣退助が協力してつくった「憲政党」による内閣です。Bについて、隈板内閣はこれまでの藩閥内閣と異なり、「憲法にもとづく」初の政党内閣と呼ばれています。したがって、正解は④です。

解答番号【5】：4　⇒ **重要度B**

問２　立憲改進党の主張はアで、主に都市部の商工業者に支持されていました。大隈重信と板垣退助の共通点は、ともに政変によって政府を去ったことです。板垣退助は明治六年の政変、大隈重信は明治十四年の政変で政府を去った経験があります。したがって、正解は②です。

解答番号【6】：2　⇒ **重要度B**

問３　誤っているものを選びます。③について、資料２の６～７行目を見ると、「板垣は尾崎に代わり桂太郎もしくは西郷従道にしようとし」とありますので、桂太郎か西郷従道を後任にしたかったのは大隈ではなく板垣であることが分かります。したがって、正解は③です。

解答番号【7】：3　⇒ **重要度B**

問４　内務省は、地方行政や土木、警察などを管轄した政府の機関です。よって、Cには「言論思想を取り締まる」が当てはまります。Dについて、絵の中に「自由主義之柩」「自由の死亡」とあり、自由民権運動のリーダーとして活躍していた板垣の理想である自由が死んだと「批判」していると判断できます。したがって、正解は②です。なお、皇室事務を管理したのは宮内省です。

解答番号【8】：2　⇒ **重要度B**

3

問１　アの鉄道国有法は1906年に公布されました。これは表中に示された時期の出来事ではないため、アは誤りです。イについて、大正時代に鉄道会社によって経営されるターミナルデパートが誕生しました。大正時代は 1912 年から 1926 年ですので、表中に示された時期と重なります。よって、イは正しいです。したがって、正解は③です。

解答番号【9】：3　　⇒重要度B

問２　1920 年代に登場したマスメディアは「ラジオ放送」です。『貧乏物語』（河上肇著）は、1916 年に新聞に連載が開始され、1917 年に発刊されました。したがって、正解は④です。なお、「テレビ放送」は 1953 年に開始されました。『職工事情』は 1903 年に農商務省が刊行した労働事情の調査報告書です。

解答番号【10】：4　　⇒重要度A

問３　問題文にある暴動とは米騒動のことです。米騒動は、第一次世界大戦中のシベリア出兵の影響で米価が上昇したことが原因となっています。よって、関連する資料は米価の推移が分かるア、仮説はエとなります。したがって、正解は②です。

解答番号【11】：2　　⇒重要度B

問４　適切でないものを選びます。表を見ると、地方予選大会の参加校数は年々増加傾向であることが分かります。したがって、正解は①です。

解答番号【12】：1　　⇒重要度B

4

問１　清浦奎吾は「貴族院」の支持を得て内閣を組織しました。それに対して、護憲三派による第二次護憲運動が起こり、「憲政会」の加藤高明を首相とする連立内閣が成立しました。したがって、正解は①です。なお、「立憲国民党」とは、1912 年の第一次護憲運動時に犬養毅が所属していた党です。

解答番号【13】：1　　⇒重要度A

問２　問題文の総選挙は第二次護憲運動後に行われ、その結果として 1924 年に加藤高明内閣が組閣されました。加藤高明内閣が 1925 年に普通選挙法を公布したことにより、25 歳以上の男性に選挙権が与えられました。以上のことから、総選挙が行われた時期は有権者数が大幅に増える前のウとなります。したがって、正解は③です。

解答番号【14】：3　　⇒重要度B

問３　正解は②です。治安維持法の内容と制定の背景を確認しておきましょう。

解答番号【15】：2　　⇒重要度A

問４　「憲政の常道」は 1924 年から 1932 年まで続きました。この期間、日本では金融恐慌が起こり、それに対して各産業部門のカルテルが法的に認められました。したがって、正解は④です。なお、①の「講和条約」とは 1894 年の日清戦争の講和条約である下関条約のことです。この条約で得た賠償金を準備金として 1897 年に金本位制に移行しました。②は 1881 年の松方財政の内容です。③は 1948 年に出された戦後経済の立て直しに関する指針です。

解答番号【16】：4　⇒**重要度A**

5

問1　ハル＝ノートが示されたのは1941年で、日本は日中戦争の最中でした。このとき、日本はアメリカから石油や鉄の輸出を止められる経済制裁を受けています。日中戦争の相手国である中国やこれから戦争をすることが予測されるアメリカは、資料2を見ると主要な貿易相手国であることが分かりますので、「貿易による外貨や物資の獲得が難しくなる」と予想されます。したがって、正解は④です。

解答番号【17】：4　⇒**重要度A**

問2　適切でないものを選びます。②の墨塗り教科書は、戦後に軍国主義的な内容を墨で塗りつぶしたものであり、戦中の民心を引き締めるために行われたものではありません。したがって、正解は②です。

解答番号【18】：2　⇒**重要度B**

問3　適切でないものを選びます。満州事変が起こったときの首相は若槻礼次郎です。また、資料1の19～20行目を見ると、若槻礼次郎は開戦について慎重であることが読み取れます。したがって、正解は③です。

解答番号【19】：3　⇒**重要度B**

問4　適切でないものを選びます。アについて、阿部信行の言う「今日までに得た成果」とは、資料1の16～17行目に「中国民衆の動向については慎重に対処しなければならず」とあることから、日本が獲得した台湾や満州であると推測できます。①はアと甲の組み合わせですが、甲は戦後の中国との外交内容となっているため、組み合わせとして適切ではありません。したがって、正解は①です。

解答番号【20】：1　⇒**重要度A**

6

問1　Aについて、文1の2行目に「食糧確保に努めた」とありますので、「食糧買い出し」が当てはまります。Bについて、食糧不足は「配給」が十分に行われなかったことが原因のひとつです。したがって、正解は①です。

解答番号【21】：1　⇒**重要度B**

問2　太陽の塔をシンボルとして行われたのは「日本万国博覧会」です。日本は高度経済成長を成し遂げましたが、一方で「公害」が社会問題となりました。したがって、正解は②です。

解答番号【22】：2　⇒**重要度B**

問3　表を見ると、下線部aのインフレーションは1946年に起こったものだと分かります。この頃、「終戦処理のため通貨が増発されたこと」により、紙幣価値が下がり、インフレーションが起こりました。その影響として、1947年に公務員の賃上げや人民政府樹立

を掲げた二・一ゼネストが計画されました。したがって、正解は④です。なお、アとウは1980～90年代のバブル経済とその影響の内容です。

解答番号【23】：4　　⇒**重要度Ａ**

問４　高度経済成長を遂げた日本は、1970～80年の間に世界最大の債権国となりました。したがって、正解は③です。なお、①は1956年、②は1960年代、④は2000年代の出来事です。

解答番号【24】：3　　⇒**重要度Ａ**

7

問１　資料１に「薩摩」という文言がありますので、江戸時代の鹿児島県についての内容であることが分かります。薩摩藩は1862年にイギリス人を殺傷した「生麦」事件を起こしています。資料２について、会話文の４行目に「イギリスと日本が接近した」とあります。イギリスは南下政策をとるロシアに対して警戒を強め、日本との関係を強化するために1894年に日英通商航海条約を調印し、領事裁判権を撤廃しています。したがって、正解は③です。

解答番号【25】：3　　⇒**重要度Ａ**

問２　適切でないものを選びます。美濃部達吉の天皇機関説事件は軍国主義やファシズムを背景として起こりました。したがって、正解は②です。

解答番号【26】：2　　⇒**重要度Ｂ**

問３　アについて、天皇の人間宣言は1946年に行われました。イの大津事件は1891年に起こりました。ウの張作霖爆殺事件は1928年に起こりました。よって、古い順に並び変えるとイ→ウ→アとなります。したがって、正解は④です。

解答番号【27】：4　　⇒**重要度Ａ**

問４　会話文の11～12行目を見ると「資料はそれぞれ違う国の人物によるものを選んだ～今後の探究活動の課題をどのように考えていますか」とあります。よって、課題はアが適切となります。資料ウには「とられし台湾とりかえし」「二十一カ条は取り消さねば」とありますので、中国の立場から記された資料であると分かります。一方、エはアメリカが戦時中に行った敵性語の排斥に関わる資料です。よって、対応する資料はウとなります。したがって、正解は①です。

解答番号【28】：1　　⇒**重要度Ｂ**

【 B解答 】

1	解答番号	正答	配点	2	解答番号	正答	配点	3	解答番号	正答	配点	4	解答番号	正答	配点
問1	1	②	3	問1	5	③	3	問1	9	②	3	問1	13	③	4
問2	2	①	4	問2	6	①	3	問2	10	①	4	問2	14	①	3
問3	3	④	4	問3	7	④	4	問3	11	④	4	-	-		
問4	4	②	3	問4	8	③	4	問4	12	③	3	-	-		

5	解答番号	正答	配点	6	解答番号	正答	配点	7	解答番号	正答	配点	8	解答番号	正答	配点
問1	15	④	3	問1	17	②	3	問1	21	④	3	問1	23	①	4
問2	16	②	4	問2	18	①	4	問2	22	①	4	問2	24	②	3
-	-			問3	19	③	4	-	-			-	-		
-	-			問4	20	②	3	-	-			-	-		

9	解答番号	正答	配点
問1	25	③	4
問2	26	②	4
問3	27	④	4
問4	28	①	4

【 B解説 】

1

問１　資料１と会話文は、紀元前４世紀頃～紀元後３世紀中頃までの弥生時代についてのものです。この頃、銅剣は「祭器」として使用されていました。もうひとつのＡの選択肢である「農具」として使用されていたのは鉄です。鉄は武器や農具として使用されていました。Ｂについて、「好太王碑」は 391 ～ 412 年に高句麗の王位にあった好太王の功業記念碑で、日本（倭）が高句麗の属国であった百済や新羅を破って、支配下に置いたことが書かれていますので、戦いの記録としてより適切なのは「好太王碑」です。したがって、正解は②です。

解答番号【1】: 2　　⇒ **重要度C**

問２　適切でないものを選びます。②については、資料２の１行目の「乎獲居」や２行目の「獲加多支鹵大王」「斯鬼」から読み取ることができます。③については、２行目の「獲加多支鹵大王が斯鬼宮で在位していた時」という部分から読み取ることができます。④については、「乎獲居臣は、…（中略）…。代々、杖刀人の主として仕えてきて今に至る」という部分から読み取ることができます。したがって、正解は①です。

解答番号【2】: 1　　⇒ **重要度B**

問３　研究を深めるためにするべきこととしてふさわしくないものを選びます。①について、日本刀の反りの入った形は東北地方・北海道によくみられる蕨手刀の影響を受けていることがレポート内に書かれています。影響を与えたということは、東北地方に住む蝦夷たちが朝廷に帰順したり、ほかの地域の人々と交流したりしていた可能性が考えられます。よって、①はふさわしいと判断できます。②について、レポート内の「次第に技術改良も進んだ。異なる硬さの鋼を組み合わせることで、折れも曲がりもせず、よく切れる日本刀を作る」という部分に着目すると、日本刀の素材となった鉄やその加工技術について深堀りすることが考えられます。よって、②はふさわしいと判断できます。③について、刀の形状が変化したということはその方がより良いから変化していったと考えられます。よって、③はふさわしいと判断できます。④について、朝廷が分裂したことや戦いが全国に広がっていくことは刀の変化に関連があるとは考えにくいです。よって、④はほかの選択肢に比べてふさわしくないと判断できます。したがって、正解は④です。

解答番号【3】：4　　⇒**重要度B**

問４　Cについては、会話文の１～３行目の「10 世紀の初めにおこったできごと」「左遷されて怨霊となったと噂された人物」という部分から、901 年の昌泰の変で大宰府に流された「菅原道真」であることがわかります。もうひとつの選択肢の「伴善男」は 860 年の応天門の変で流罪となりました。資料３の『北野天神縁起絵巻』は最も古く権威のあるものは 1219 年にできたといわれています。Dについては、生徒Yは「10 世紀の初めには、刀身の反った刀が宮中ですでに用いられていたと言える、確実な証拠」になると述べていますが、『北野天神縁起絵巻』が制作されたのは 13 世紀であり、その制作当時の刀が描かれている可能性も否定できません。よって、生徒Zの意見のほうが妥当であると考えることができます。したがって、正解は②です。

解答番号【4】：2　　⇒**重要度C**

2

問１　Aについて、レポート１は武士に関することが書かれていますので、「武士たちがまだまとまっていない」が入るのが適切であると考えることができます。Bについては、レポート２に「延暦寺などの僧侶たちが」と書いてあることに注目しましょう。この頃、僧侶たちによる強訴が度々行われており、とくに延暦寺の僧侶による強訴は白河天皇でさえ手が付けられないと書き残されています。したがって、正解は③です。

解答番号【5】：3　　⇒**重要度A**

問２　Cについて、レポート３に「地頭などの形で所領を支配していた領主たちは在地に土着し」という部分から「国人」が適切であると判断できます。Dについて、直前の「義満は」という部分から「応永の乱などを通じて有力な守護の勢力の削減につとめる」が適切であると判断できます。もうひとつの選択肢の「近江・美濃・尾張の３国に初めて半済令を出すなど守護の権限を拡大」したのは足利尊氏です。したがって、正解は①です。

解答番号【6】：1　　⇒**重要度C**

問３　正長の徳政一揆は近江の馬借（運送業者）たちが徳政による借金帳消しを求めて寺院や

土倉（金融業者）たちを襲ったものです。この背景として不作や流行病による社会不安があります。また、将軍が空位であったという政治情勢も利用され、暴動や略奪の結果、私徳政によって貸借や質入れ契約が破棄されました。これはあくまで私的なもので、幕府が認めたものではありません。したがって、正解は④となります。

解答番号【7】：4　⇒ **重要度A**

問４　一向一揆は 15 世紀末～ 16 世紀末に一向宗（＝浄土真宗）の信者・僧侶が起こした一揆です。①豪族が権威を示すために氏寺を建てたのは飛鳥時代です。②鎮護国家思想は奈良時代の思想です。聖武天皇が東大寺の大仏を作ったことなどが象徴的です。③仏教の布教が民衆に対しても熱心に行われたのは戦国時代です。④僧侶らが幕府の有力者によって帰依を受けたのは鎌倉～室町時代で、足利尊氏が帰依した夢窓疎石などが有名です。したがって、正解は③です。

解答番号【8】：3　⇒ **重要度A**

3

問１　Aには徳川吉宗が行った「目安箱の設置や公事方御定書の制定」が当てはまります。「生類憐みの令の制定や湯島聖堂の設立」を行ったのは５代将軍徳川綱吉です。Bについては、下線部の「領地の加増や金の下賜」には資金が必要であることから、支援を行わなかった理由は「幕府財政が悪化していた」からではないかと推測できます。したがって、正解は②です。

解答番号【9】：2　⇒ **重要度A**

問２　アについては、資料６～７行目の「老中になれば、関八州に転封をするのも無益である」という部分から読み取ることができます。イについては、７～８行目の「姫路・兵庫・淀・郡山などは要衝の地であるといって、幼少の者が大名になると転封をするのは」という部分から読み取ることができます。したがって、正解は①です。

解答番号【10】：1　⇒ **重要度B**

問３　Cについては、イの絵の中央上部に田沼家の家紋に近いものがあることから、イが適切であると考えることができます。Dについては、会話文の９～ 10 行目の「長崎貿易の拡大や蝦夷地開発計画を進めた」という部分からエが適切であると考えることができます。したがって、正解は④です。

解答番号【11】：4　⇒ **重要度B**

問４　下線部の１行前に「田沼意次が活躍した宝暦から天明期にかけて」とあります。これは江戸中期の 18 世紀後半に当たります。資料アは浮世絵の確立者である菱川師宣の「見返り美人図」で 17 世紀の作品です。資料イは文人画家である池大雅の「十便図」で 18 世紀の作品です。したがって、正解は③です。

解答番号【12】：3　⇒ **重要度C**

4

問１　資料２の４行目を見ると、東京から横須賀は「海運があるのみ」であり、６～７行目には「陸軍と海軍の両軍の勝敗に関係するため、至急に鉄道の設置について閣議で審議していただきたい」とあります。したがって、正解は③です。なお、①については、資料２の宛名に伊藤博文とあり、伊藤博文は鉄道敷設を依頼された人物であるため誤りです。②については、資料２の２～３行目から、横須賀にはすでに鎮守府があることが読み取れるため誤りです。④については、資料２の差出人として海軍大臣の西郷従道と陸軍大臣の大山巌の名前がありますので、鉄道敷設について海軍は陸軍にも相談したと考えられますから誤りです。

解答番号【13】：3　⇒**重要度B**

問２　Ａについて、資料３に「養蚕」とあり、蚕の繭は生糸の原料ですので、Ａには「生糸」が当てはまります。Ｂについて、生糸は盛んに海外に輸出されていましたので、Ｂには「海外輸出品」が当てはまります。したがって、正解は①です。

解答番号【14】：1　⇒**重要度A**

5

問１　Ａについて、隈板内閣は進歩党の大隈重信と自由党の板垣退助が協力してつくった「憲政党」による内閣です。Ｂについて、隈板内閣はこれまでの藩閥内閣と異なり、「憲法にもとづく」初の政党内閣と呼ばれています。したがって、正解は④です。

解答番号【15】：4　⇒**重要度B**

問２　立憲改進党の主張はアで、主に都市部の商工業者に支持されていました。大隈重信と板垣退助の共通点は、ともに政変によって政府を去ったことです。板垣退助は明治六年の政変、大隈重信は明治十四年の政変で政府を去った経験があります。したがって、正解は②です。

解答番号【16】：2　⇒**重要度B**

6

問１　問題文にある暴動とは米騒動のことです。米騒動は、第一次世界大戦中のシベリア出兵による影響で米価が上昇したことが原因となっています。よって、関連する資料は米価の推移が分かるア、仮説はエとなります。したがって、正解は②です。

解答番号【17】：2　⇒**重要度B**

問２　適切でないものを選びます。表を見ると、地方予選の参加校は年々増加傾向であることが分かります。したがって、正解は①です。

解答番号【18】：1　⇒**重要度B**

問３　問題文の総選挙は第二次護憲運動後に行われ、その結果として 1924 年に加藤高明内閣が組閣されました。加藤高明内閣が 1925 年に普通選挙法を公布したことにより、25 歳以上の男性に選挙権が与えられました。以上のことから、総選挙が行われた時期は有権者数が大幅に増える前のウとなります。したがって、正解は③です。

解答番号【19】：3　⇒ **重要度Ｂ**

問４　正解は②です。治安維持法の内容と制定の背景を確認しておきましょう。

解答番号【20】：2　⇒ **重要度Ａ**

7

問１　ハル＝ノートが示されたのは 1941 年で、日本は日中戦争の最中でした。このとき、日本はアメリカから石油や鉄の輸出を止められる経済制裁を受けています。日中戦争の相手国である中国や、これから戦争をすることが予測されるアメリカは、資料２を見ると主要な貿易相手国であることが分かりますので、「貿易による外貨や物資の獲得が難しくなる」と予想されます。したがって、正解は④です。

解答番号【21】：4　⇒ **重要度Ａ**

問２　適切でないものを選びます。アについて、阿部信行の言う「今日までに得た成果」とは、資料１の 16 ～ 17 行目に「中国民衆の動向については慎重に対処しなければならず」とあることから、日本が獲得した台湾や満州であると推測できます。①はアと甲の組み合わせですが、甲は戦後の中国との外交内容となっているため、組み合わせとして適切ではありません。したがって、正解は①です。

解答番号【22】：1　⇒ **重要度Ａ**

8

問１　Ａについて、文１の２行目に「食糧確保に努めた」とありますので、「食糧買い出し」が当てはまります。Ｂについて、食糧不足は「配給」が十分に行われなかったことが原因のひとつです。したがって、正解は①です。

解答番号【23】：1　⇒ **重要度Ｂ**

問２　太陽の塔をシンボルとして行われたのは「日本万国博覧会」です。日本は高度経済成長を成し遂げましたが、一方で「公害」が社会問題となりました。したがって、正解は②です。

解答番号【24】：2　⇒ **重要度Ｂ**

9

問１　適切でないものを選びます。①については、『日本紀略』『日本三代実録』『本朝世紀』という歴史書の書名から読み取ることができます。②については、800 ～ 802 年の「砕石が『足柄路』を塞いだので『筥荷途』を開いた」という部分から読み取ることができます。④については、864 ～ 866 年の「溶岩流が本栖湖と、せの海に流れ込んだ」という部分から読み取ることができます。したがって、正解は③です。

解答番号【25】：3　⇒ 重要度B

問２　アは戦国時代、イは平安時代、ウは建武年間の出来事ですので、イ→ウ→アの順になります。したがって、正解は②です。この問題では、すべての選択肢で人物名が出てきています。それぞれがいつの時代にどんなことをした人物なのかを復習しておきましょう。

解答番号【26】：2　⇒ 重要度A

問３　アについては、図１を見ると江戸城の付近の火山灰の量は１～２cm であることが分かりますので不適切です。イについては、図１から茨城や千葉でも火山灰が降っていたことが分かりますので適切です。図２は河川について書かれており、「堤が決壊したことを示す貼り紙」があったことが分かります。このことから、空欄Ａに当てはまる文はエのほうが適切であると考えることができます。したがって、正解は④です。

解答番号【27】：4　⇒ 重要度B

問４　空欄Ｂについては、資料１の「富士は日本一の山」、資料２の「世界だい一、神の山」という歌詞から「たたえる」が適切であると判断することができます。空欄Ｃについては、環境保全は第二次世界大戦後に高度経済成長の中で公害が深刻化したことから問題になっていきます。環境保全は戦前にはあまり大きくとらえられることは少なかったことや、第二次世界大戦に向かっていくという時代背景を考えると「国民意識を高める」という選択肢のほうがより適切であると考えることができるでしょう。したがって、正解は①です。

解答番号【28】：1　⇒ 重要度B

令和３年度 第１回
高卒認定試験

日本史A・B

解答時間　50 分

注　意　事　項（抜粋）

＊　試験開始の合図前に，監督者の指示に従って，解答用紙の該当欄に以下の内容をそれぞれ正しく記入し，マークすること。

①**氏名欄**

氏名を記入すること。

②**受験番号**，③**生年月日**，④**受験地欄**

受験番号, 生年月日を記入し, さらにマーク欄に**受験番号**（数字）, **生年月日**（年号・数字）, **受験地をマーク**すること。

＊　**受験番号，生年月日，受験地が正しくマークされていない場合は，採点できないことがある。**

＊　解答は，解答用紙の解答欄にマークすること。例えば，［10］と表示のある解答番号に対して②と解答する場合は，次の（例）のように**解答番号 10 の解答欄**の②に**マーク**すること。

（例）

解答番号	解　答　欄
10	① ●(②) ③ ④ ⑤ ⑥ ⑦ ⑧ ⑨ ⓪

日　本　史　Ａ

（解答番号 1 ～ 28 ）

1 次の**地図**と**会話文**について，後にある**問１～問４**に答えよ。

地　図

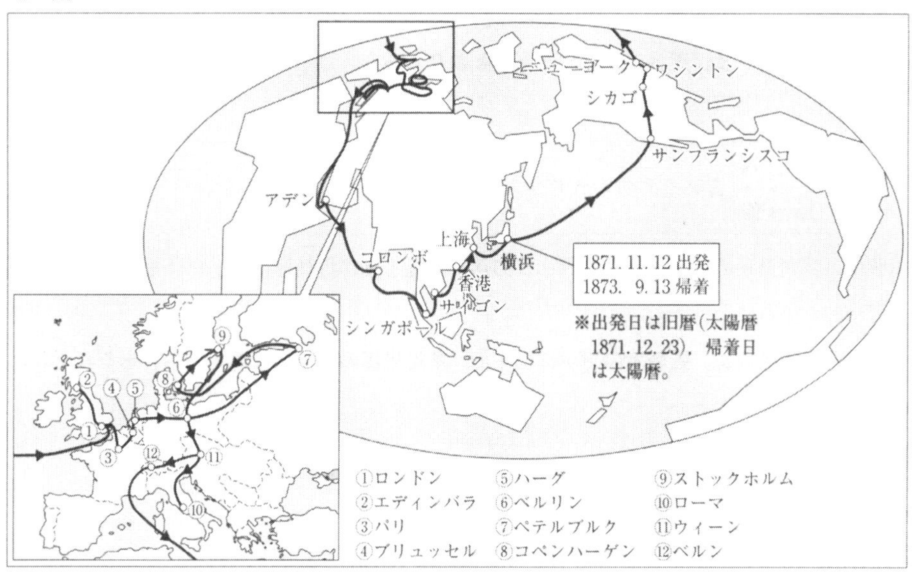

会話文

先生：**地図**は，1871 年に明治政府が欧米に派遣した， A を全権大使とする使節団の航路です。この**地図**からどのようなことが読み取れますか。

生徒：使節団が，欧米諸国を中心に訪問していることが読み取れます。訪問した地域が偏っているのはなぜなのでしょうか。

先生：19 世紀半ば，幕府は日米修好通商条約(a)などを結び，欧米諸国と安政の五カ国条約を結びました。これらの条約の中には，日本にとって不利にはたらく項目もあったため，使節団は，それらの項目の改正に向けた予備交渉等を目的として，欧米諸国を中心に訪問したのです。また，使節団と行動をともにした人びとの中には，新島襄や津田梅子(b)がおり，その後の日本の教育に大きな影響を与えました。

生徒：そうなのですか。使節団が帰国した後，明治政府はどのような動きを見せたのですか。

先生：参議の大久保利通らは，使節団に同行した経験をふまえ，国内制度の整備が優先であると主張しました。一方で，使節団が渡航している間に日本国内の政治を主導した参議の西郷隆盛らは， B としました。このように政府首脳の意見が対立する中で，西郷らは政府を去ることになりました。

問 1 [A] [B] に当てはまる語句の組合せとして正しいものを，次の①～④のうちから一つ選べ。解答番号は [1] 。

① A―伊藤博文　B―朝鮮を武力で開国させよう
② A―伊藤博文　B―官有物を安く払い下げよう
③ A―岩倉具視　B―朝鮮を武力で開国させよう
④ A―岩倉具視　B―官有物を安く払い下げよう

問 2 **地図**と**会話文**から読み取れることを説明した文として最も適切なものを，次の①～④のうちから一つ選べ。解答番号は [2] 。

① 使節団は，アフリカ大陸の南端を経由せず，ヨーロッパからアジアへ移動した。
② 使節団は，陸路のみでヨーロッパからアジアへ移動した。
③ 使節団は，条約改正を達成した。
④ 使節団は，欧米諸国の植民地を訪問することはなかった。

問 3 下線部分日米修好通商条約(a)について述べた文として最も適切なものを，次の①～④のうちから一つ選べ。解答番号は [3] 。

① アメリカ合衆国は，中国における日本の特殊権益を認めた。
② 日本は，アメリカ合衆国に対して領事裁判権を認めた。
③ 日本は，アメリカ合衆国に対して下田と箱館の２港を開いた。
④ アメリカ合衆国は，自国の軍隊を日本に駐留させることができるようになった。

問 4 下線部分新島襄や津田梅子(b)について述べた文の正誤の組合せとして適切なものを，下の①～④のうちから一つ選べ。解答番号は [4] 。

ア　新島襄は，帰国した後に同志社英学校を設立した。
イ　津田梅子は，帰国した後に女子英学塾を設立した。

① ア―正　イ―正　　② ア―正　イ―誤
③ ア―誤　イ―正　　④ ア―誤　イ―誤

次の**年表**と**会話文**について，後にある**問1**～**問4**に答えよ。

年　表

年	できごと	
1840	現在の埼玉県深谷市に豪農の長男として生まれる。	
1867	江戸幕府の一員として(a)ヨーロッパを視察する。	↑
1869	明治政府に仕える。	
1873	第一国立銀行を開業する。	X
1882	(b)大阪紡績会社を創立する。	
1890	貴族院議員に任じられる。	↓
1931	死去。	

会話文

先生：**年表**は，渋沢栄一の生涯をまとめたものです。

生徒：渋沢が開業した第一国立銀行は，現在のみずほ銀行につながる銀行ですよね。ところで，渋沢の肖像画が，新しく1万円札として使用されますよね。**年表**で示された時期には，どのような通貨の単位が使用されていたのですか。

先生：渋沢が明治政府に仕えた後に［ A ］が制定され，通貨の単位は「円・銭・厘」に統一されました。これらの単位は，現在の通貨の単位につながっています。

生徒：そうだったのですね。**年表**の［ X ］の時期に銀行や株式会社の制度が始まり，その後の日本の経済に影響を与えていくような気がします。

先生：その通りです。これらの制度によって，企業をおこすのに必要なまとまった資金を調達しやすくなりました。

生徒：このような動きを背景に経済活動が活発になる中で，日本では［ B ］が19世紀末に始まりました。

問 1 [A] [B] に当てはまる語句の組合せとして正しいものを，次の①～④のうちから一つ選べ。解答番号は [5] 。

① A―新貨条例　　B―公定価格を無視した闇市
② A―新貨条例　　B―軽工業の部門で産業革命
③ A―国立銀行条例　　B―公定価格を無視した闇市
④ A―国立銀行条例　　B―軽工業の部門で産業革命

問 2 **年表**中 [X] の時期におこったできごとについて述べた次の**ア～ウ**を，年代の古い順に正しく並べたものを，下の①～④のうちから一つ選べ。解答番号は [6] 。

ア 元老院や大審院が設けられ，徐々に立憲政治を実現する方針が示された。
イ 公議世論の尊重をはじめとする，新政府の政治方針が示された。
ウ 第1回衆議院議員総選挙が行われた。

① ア→イ→ウ　② ア→ウ→イ　③ イ→ア→ウ　④ イ→ウ→ア

問 3 下線部分ヨーロッパ(a)に関連して，**年表**中 [X] の時期の日本とヨーロッパの文化について述べた文の正誤の組合せとして適切なものを，下の①～④のうちから一つ選べ。解答番号は [7] 。

ア 西ヨーロッパでは，浮世絵など日本の美術工芸品への関心が高まった。
イ 日本では，人文科学や社会科学の分野で，マルクス主義思想の影響が大きくなった。

① ア―正　イ―正　② ア―正　イ―誤
③ ア―誤　イ―正　④ ア―誤　イ―誤

問 4 下線部分大阪紡績会社(b)に関連して，1880～90年代の日本の経済や産業について述べた文として**適切でないもの**を，次の①～④のうちから一つ選べ。解答番号は [8] 。

① 日本郵船会社が中心となり，海外への定期航路が開設された。
② 華族の公債を資金にして，日本鉄道会社が設立された。
③ 兌換紙幣が発行され，銀本位制が確立された。
④ 軍需の拡大を背景に，日産をはじめとする新興財閥が急速に成長した。

3 次のⅠ～Ⅲについて，後にある**問1～問8**に答えよ。

Ⅰ

> 19世紀末から20世紀初頭にかけて，東アジアでは国際的な緊張が高まった。ロシアは，1891年に［A］鉄道を着工し，日清戦争後には旅順・大連を租借地として獲得した。また，ロシアは［B］事件に際して中国東北部を占領した。

問1 ［A］［B］に当てはまる語句の組合せとして正しいものを，次の①～④のうちから一つ選べ。解答番号は［9］。

① A—南満州　B—義和団
② A—南満州　B—張作霖爆殺
③ A—シベリア　B—義和団
④ A—シベリア　B—張作霖爆殺

問2 Ⅰで示された国際情勢をふまえ，20世紀初頭に日本が締結した国際的な取り決めの名称として最も適切なものを，次の①～④のうちから一つ選べ。解答番号は［10］。

① 日露和親条約　② 日清修好条規　③ パリ不戦条約　④ 日英同盟協約

Ⅱ

行財政改革に取り組んでいた第２次西園寺内閣は，陸軍による２個師団の増設の要求を閣議で否決した。その後陸軍は，陸軍大臣を辞任させてその後任を出さなかったことから，内閣は総辞職に追い込まれたが，(a) 政党の勢力が伸張したことを背景にこの要求はいったん見送られた。(b) 第一次世界大戦が始まると，第２次大隈重信内閣のもとで２個師団は増設された。

問３　下線部分陸軍は，陸軍大臣を辞任させてその後任を出さなかったことから，内閣は総辞職に追い込まれた(a)に関連して，この状況をもたらした背景にあると考えられる法令または制度の名称として最も適切なものを，次の①～④のうちから一つ選べ。解答番号は［11］。

① 治安維持法　　② 軍部大臣現役武官制

③ 文官任用令　　④ 讒謗律（ざんぼうりつ）

問４　下線部分政党の勢力が伸張したこと(b)を示す当時のできごとについて述べた文として最も適切なものを，次の①～④のうちから一つ選べ。解答番号は［12］。

① 立憲国民党と立憲政友会が「閥族打破・憲政擁護」をとなえ，内閣の打倒をめざした。

② 憲政会などの護憲三派が衆議院議員総選挙で勝利し，連立内閣を組織した。

③ 自由党と進歩党が合同して憲政党を結成し，政府が提出した地租増徴案を否決した。

④ 社会大衆党を先頭に諸政党が次々に新体制運動に参加し，大政翼賛会が発足した。

Ⅲ

表

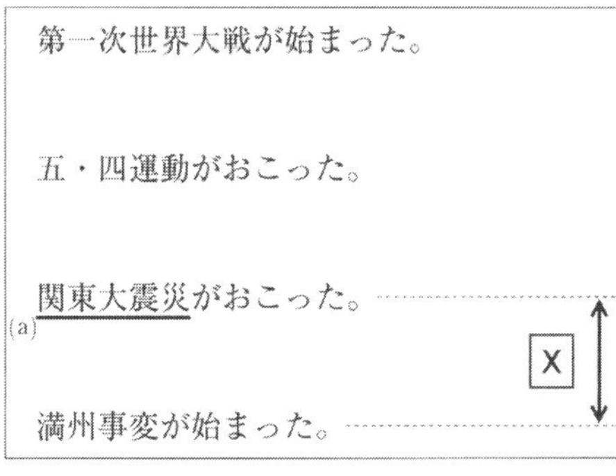

第一次世界大戦が始まった。

五・四運動がおこった。

関東大震災(a)がおこった。

X

満州事変が始まった。

資　料

問 5　下線部分関東大震災(a)による混乱の中でおこったできごとについて述べた文の正誤の組合せとして最も適切なものを，下の①～④のうちから一つ選べ。解答番号は 13 。

ア　住民が組織した自警団などにより，朝鮮人や中国人が殺害された。
イ　社会主義者や労働運動家が，軍人や警察官により殺害される事件がおこった。

① ア―正　イ―正　　② ア―正　イ―誤
③ ア―誤　イ―正　　④ ア―誤　イ―誤

問 6　**資料**は，**表**中のある時期の社会のようすを風刺したものである。**資料**が風刺した時期に最も近い時期におこったできごとについて述べた文として最も適切なものを，次の①～④のうちから一つ選べ。解答番号は 14 。

① デフレ政策の影響で農村の不況が深まり，自由民権運動が激化した。
② 綿糸の生産額が増加し，綿糸の輸出量が輸入量をはじめて上回った。
③ 産業が飛躍的な発展をとげ，生産額は工業が農業を上回った。
④ 第四次中東戦争の影響を受けて，石油製品の価格が大きく上昇した。

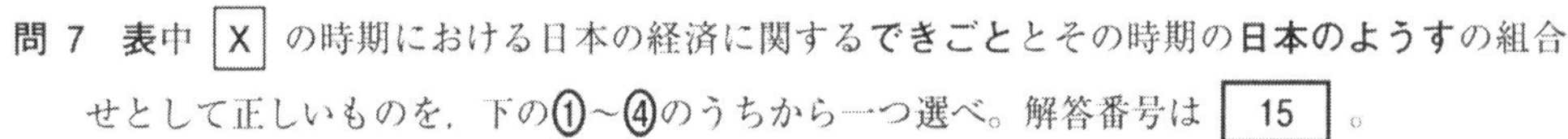

問 7　表中 X の時期における日本の経済に関する**できごと**とその時期の**日本のようす**の組合せとして正しいものを，下の①～④のうちから一つ選べ。解答番号は 15 。

できごと　ア　国立銀行が不換紙幣を増発した。
　　　　　イ　金輸出解禁(金解禁)が実施された。
日本のようす　ウ　激しいインフレーションがおき，政府の財政が悪化した。
　　　　　エ　企業では人員整理が行われ，多くの失業者が出た。

①　ア―ウ　　②　ア―エ　　③　イ―ウ　　④　イ―エ

問 8　表中の時期における日本の学問について述べた文として最も適切なものを，次の①～④のうちから一つ選べ。解答番号は 16 。

①　中江兆民が，人はみな自由と権利をもつという考え方を広めた。
②　野口英世が，アフリカで流行した黄熱病について研究した。
③　美濃部達吉の天皇機関説が，政府が発した国体明徴声明によって否認された。
④　理論物理学者の湯川秀樹が，日本人ではじめてノーベル賞を受賞した。

4 柳条湖事件に関する次の**資料1・2**(意訳してある)を読み，後にある**問1〜問4**に答えよ。

資料1 1931年9月19日 林久治郎(はやしきゅうじろう)奉天総領事の幣原喜重郎外務大臣への報告

> 第630号(至急極秘)参謀本部建川(たてかわ)部長は18日午後1時の列車にて当地に入ったとの報告があった。この件を軍は秘密にしているが，真実であると思われる。また，満鉄木村理事の内報によれば，中国側に破壊されたと伝えられる鉄道の修理のため，満鉄より線路保修作業員を派遣したが，軍は現場に近寄らせないとのことであり，今回の事件は全く軍部の計画的行動によりおきたものと想像される。

資料2 リットン調査団が国際連盟に提出した報告書

> 9月18日午後10時より10時30分の間に鉄道線路上もしくはその付近において爆発があったことは疑いがないが，鉄道の損傷はもしあったとしても，長春からの南行列車の定刻到着を妨げなかったものであり，それだけでは軍事行動を正当とするには十分ではない。同夜の日本軍の軍事行動は合法なる自衛の措置と認めることはできない。
>
> 「政府」および公共事務に関しては，たとえ各部局の名義上の長官は満州在住の中国人であるといえども，主たる政治的および行政的権力は日本人の官吏および顧問の掌中にある。…(中略)…私は「満州国政府」は地方の中国人により日本の手先とみなされており，<u>中国の人びとに支持されていないとの結論</u>に到達した。

問1 柳条湖事件がおきた**場所**とその当時の日本の**首相**の組合せとして正しいものを，下の①〜④のうちから一つ選べ。解答番号は 17 。

場　所

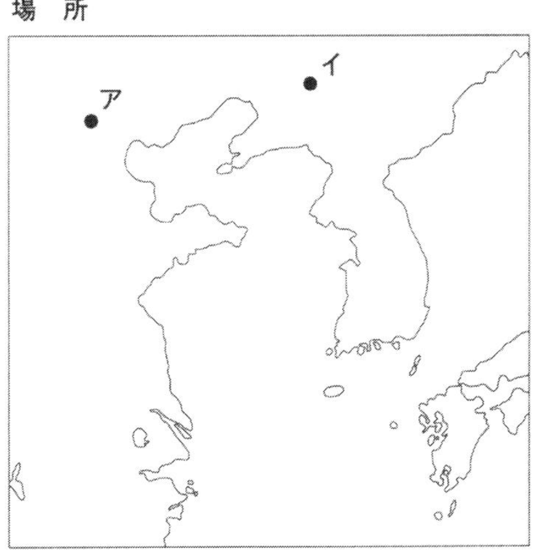

首　相

ウ　近衛文麿

エ　若槻礼次郎

① アーウ　② アーエ　③ イーウ　④ イーエ

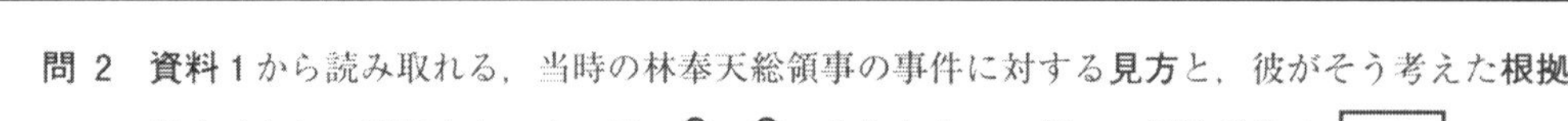

問 2 **資料1**から読み取れる，当時の林奉天総領事の事件に対する**見方**と，彼がそう考えた**根拠**の組合せとして適切なものを，下の①〜④のうちから一つ選べ。解答番号は [18] 。

見　方

ア　事件は，軍部の計画的行動によるものである。

イ　事件は，中国側の破壊によるものである。

根　拠

ウ　軍は，満鉄が派遣した作業員が破壊された鉄道の修理をすることを拒んでいるから。

エ　軍から参謀本部の建川部長が現地に移動したと報告があったから。

①　ア—ウ　　②　ア—エ　　③　イ—ウ　　④　イ—エ

問 3 下線部分<u>中国の人びとに支持されていないとの結論</u>に関連して，次の**図**はリットンが柳条湖事件に関する調査を行った後の流れを示したものである。**図**の [A] [B] に当てはまる文の組合せとして適切なものを，下の①〜④のうちから一つ選べ。解答番号は [19] 。

図

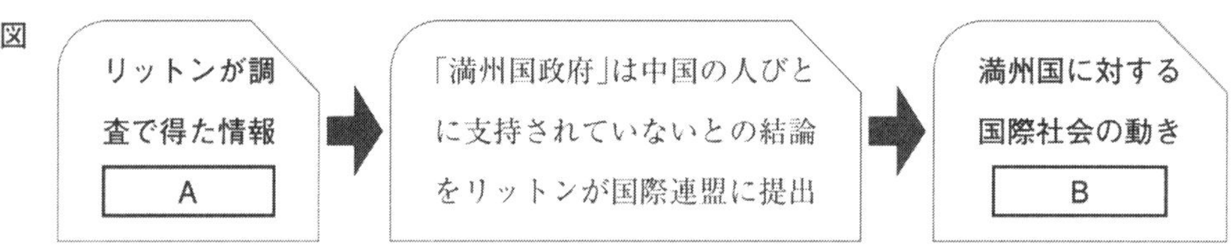

A　ア　「満州国政府」の各部局の長官は日本人である。

　　イ　「満州国政府」の主たる権力は日本人が握っている。

B　ウ　満州国承認に向けた動きが広まった。

　　エ　満州国を承認できないという声が強まった。

①　ア—ウ　　②　ア—エ　　③　イ—ウ　　④　イ—エ

問 4 柳条湖事件後の日本のできごとについて述べた次の**ア〜ウ**を年代の古い順に正しく並べたものを，下の①〜④のうちから一つ選べ。解答番号は [20] 。

ア　日独伊三国同盟が結ばれた。

イ　国家総動員法が成立した。

ウ　アメリカ合衆国に対して宣戦布告した。

①　ア→イ→ウ　　②　イ→ア→ウ　　③　ウ→ア→イ　　④　ウ→イ→ア

5 次の文章を読み，後にある**問1〜問4**に答えよ。

1930年代以降，政府が軍拡を進めたこともあり，産業の［A］化が進行した。軍需の優先は民需を圧迫し，特に太平洋戦争下の人びとの生活(a)に大きな影響を与えた。

降伏後の日本を占領したGHQは当初経済機構の民主化をめざし，［B］などの政策を進めたが，1948年ごろにアメリカ合衆国の占領政策が変化したことを受け，日本でも本格的な経済復興へのあゆみが始まった。戦後の改革(b)の影響もあり，人びとの生活や価値観はしだいに変容していった(c)。

問1 ［A］［B］に当てはまる語句の組合せとして適切なものを，次の①〜④のうちから一つ選べ。解答番号は［21］。

① A―空　洞　　B―不在地主の土地を強制的に買い上げ，自作農を増やす
② A―空　洞　　B―重要産業について，カルテルを促進して国際競争力を強める
③ A―重化学工業　　B―不在地主の土地を強制的に買い上げ，自作農を増やす
④ A―重化学工業　　B―重要産業について，カルテルを促進して国際競争力を強める

問2 下線部分太平洋戦争下の人びとの生活(a)について述べた文の正誤の組合せとして適切なものを，下の①〜④のうちから一つ選べ。解答番号は［22］。

ア 「欲しがりません勝つまでは」などの標語のもと，生活物資の消費が切りつめられた。
イ 生糸の輸出が増えて品不足になり，物価が高騰したため，経済や人びとの生活は混乱した。

① ア―正　イ―正　　② ア―正　イ―誤
③ ア―誤　イ―正　　④ ア―誤　イ―誤

問3 下線部分戦後の改革(b)について述べた文として**適切でないもの**を，次の①〜④のうちから一つ選べ。解答番号は［23］。

① 労働組合法が制定され，労働者の団結権・団体交渉権・争議権が保障された。
② 義務教育の期間が9年となり，民主主義を実現するための教育がめざされるようになった。
③ 地方自治法が制定され，地方公共団体の首長は住民の選挙により選ばれるようになった。
④ 衆議院議員選挙法が改正され，25歳以上の男子に選挙権が与えられた。

問 4　下線部分人びとの生活や価値観はしだいに変容していった(c)に関連して，次の**表 1・2** から**読み取れること**とその**背景**の組合せとして最も適切なものを，下の①～④のうちから一つ選べ。解答番号は 24 。

表 1　男性の年齢階級別労働力率(注)の推移　（単位：%）

年齢階級	1960 年	1970 年	1980 年	1990 年	2000 年	2010 年
15～19	51.6	36.6	20.3	19.9	17.4	15.0
20～24	87.9	83.6	74.7	75.4	70.2	65.6
25～29	96.9	98.2	97.6	96.7	92.1	86.1
30～34	97.8	98.6	98.6	98.1	94.5	89.3
35～39	97.7	98.5	98.7	98.1	95.5	90.5
40～44	97.7	98.3	98.4	98.1	95.9	90.7
45～49	97.1	98.1	98.0	97.9	95.5	91.5

表 2　女性の年齢階級別労働力率(注)の推移　（単位：%）

年齢階級	1960 年	1970 年	1980 年	1990 年	2000 年	2010 年
15～19	49.7	35.9	18.8	17.4	15.4	14.9
20～24	69.4	70.8	71.1	75.5	70.5	66.0
25～29	50.1	44.9	49.4	61.2	69.6	72.4
30～34	51.3	47.1	46.5	50.7	57.0	64.7
35～39	55.1	56.3	55.5	59.4	60.0	64.0
40～44	56.7	63.6	61.8	66.7	68.2	68.4
45～49	56.8	64.7	62.3	68.3	70.3	72.2

（注）　年齢階級ごとの人口の総数に占める，労働力人口（就業者数と完全失業者数の合計）の割合

読み取れること

ア　1960 年以降の 15～19 歳の労働力率は，男女ともに一貫して低下している。

イ　1960 年以降の 30～34 歳の労働力率は，男女ともに一貫して上昇している。

背　景

ウ　高度経済成長を機に，高等学校や大学への進学率が上昇した。

エ　男女雇用機会均等法が制定され，女性の就業率が上昇した。

①　ア－ウ　　②　ア－エ　　③　イ－ウ　　④　イ－エ

6 次の**レポート**を読み，後にある**問1～問4**に答えよ。

レポート

経済に興味をもった私は，近現代の財政や金融に関する政府の動向について，年代の古い順に並べて次の**表**にまとめました。

表

近現代の財政や金融に関する政府の動向	
政府は，廃藩置県を経て諸藩の債務を引き継いだ。(甲)	
イギリスなどで外債を募集し，［A］との戦争に必要な費用が調達された。	↑
政府は，預金の払戻しや手形の決済を3週間猶予する命令を発した。(乙)	
GHQの［B］統治のもとで，預金の引き出しをとめ，新円を発行した。	［X］
政府が出資する国鉄(日本国有鉄道)の事業として，東海道新幹線が開業した。	↓
政府開発援助(ODA)の供与額が，アメリカ合衆国を抜いて世界第1位になった。	

私は，**表**中の下線部分鉄道に着目して，次の**問い**を立てました。

問い　政治の動向は，鉄道の整備にどのような影響を与えたのだろうか。

問1　［A］［B］に当てはまる語句の組合せとして正しいものを，次の①～④のうちから一つ選べ。解答番号は［25］。

① A—清　B—直　接　　② A—清　B—間　接

③ A—ロシア　B—直　接　　④ A—ロシア　B—間　接

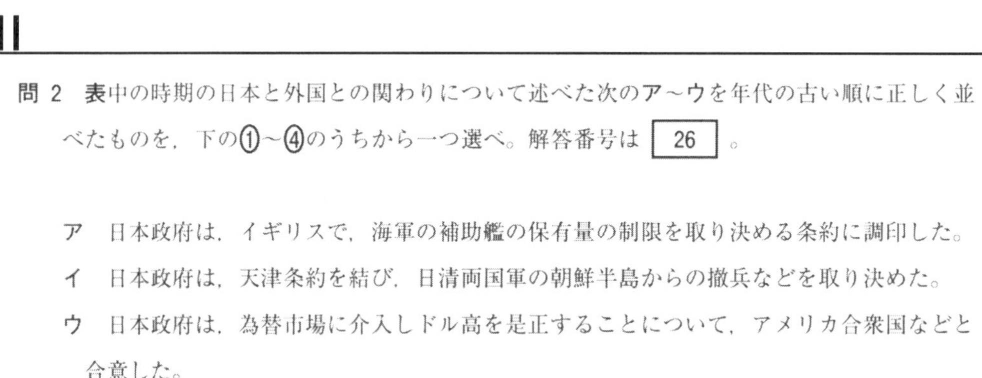

問 2　表中の時期の日本と外国との関わりについて述べた次のア～ウを年代の古い順に正しく並べたものを，下の①～④のうちから一つ選べ。解答番号は 26 。

ア　日本政府は，イギリスで，海軍の補助艦の保有量の制限を取り決める条約に調印した。
イ　日本政府は，天津条約を結び，日清両国軍の朝鮮半島からの撤兵などを取り決めた。
ウ　日本政府は，為替市場に介入しドル高を是正することについて，アメリカ合衆国などと合意した。

① イ→ア→ウ　② イ→ウ→ア　③ ウ→ア→イ　④ ウ→イ→ア

問 3　表中甲・乙について述べた文の組合せとして正しいものを，下の①～④のうちから一つ選べ。解答番号は 27 。

ア　甲が行われた背景には，中央集権体制を確立しようとする政府のねらいがあった。
イ　甲が行われたのち，知藩事が地方の政治を担うことになった。
ウ　乙の政策のねらいは，欧米先進国の技術革新の成果を取り入れて企業の設備投資を刺激することであった。
エ　乙の政策とともに行われた，日本銀行からの非常貸出しによって，恐慌が鎮静化した。

① ア―ウ　② ア―エ　③ イ―ウ　④ イ―エ

問 4　レポート中の問いについて考察するために，表中 X の時期を対象とした調査を行った。このような調査について説明した文の正誤の組合せとして最も適切なものを，下の①～④のうちから一つ選べ。解答番号は 28 。

ア　国鉄が民営化された後，JR グループの収支がどのように変化したかについて調査する。
イ　鉄道国有法が制定された後，国鉄の営業キロ数がどれだけ増加したかについて調査する。

① ア―正　イ―正　② ア―正　イ―誤
③ ア―誤　イ―正　④ ア―誤　イ―誤

（これで日本史Aの問題は終わりです。）

日　本　史　B

（解答番号 1 ～ 28 ）

1　古代・中世の奴隷に関して述べた次のⅠ・Ⅱについて，後にある**問1**～**問8**に答えよ。

Ⅰ

日本における奴隷の起源は明らかではないが，次の**資料1**で示したように，古代の中国の史書には「倭」の奴隷についての記述がある。

資料1（意訳してある）

> 魏の皇帝が倭の女王に使わした手紙は，「帯方郡の長官があなたの派遣した使いを連れてくるとともに，あなたの献上した男の奴隷4人，女の奴隷6人，木綿の布2匹4丈を持ってきた。…(中略)…今あなたを親魏倭王とし，金印を授ける。…(中略)…」というものだった。

ヤマト政権の形成がすすむ中で，各地の豪族たちは私有民である［　A　］のほか，家に隷属する奴隷を所有していた。ヤマト政権はこのような人びとを把握しようとした。例えば，中大兄皇子は［　B　］翌年に九州に水城を築いたり，西日本に朝鮮式山城を築いたりするとともに，私有民や隷属民の確認を豪族ごとに行っている。

8世紀初頭に大宝律令が定められると，人びとは良民と賤民にわけられた。賤民には，官有の陵戸（りょうこ）・官戸・公奴婢（くぬひ），私有の家人・私奴婢の五種類があり，陵戸以外は奴隷であった。**資料2**は賤民に関する律令の規定の一部である。

資料2（意訳してある）

> ○　官戸・公奴婢の口分田は，良民と同じ広さとする。家人・私奴婢の口分田は，良民の3分の1の広さとする。
> ○　陵戸・官戸・家人・公奴婢・私奴婢は，皆同じ身分同士で婚姻すること。
> ○　調・庸・雑徭が免除される者は，皇親，八位以上の官人，…(中略)…家人，奴婢とする。
> ○　公奴婢のうち，66歳以上及び障がいを持った者，戸を為すことを認められた者は，いずれも官戸とすること。また，76歳となった場合は，良民の身分となることとする。
> ○　奴婢を売却するときは，本籍地の郡司に申請して保証人をたてて売却証文を作成し，代金を受け取ること。

資料2からは，［　C　］など，賤民がさまざまな制限や差別的な待遇を受けていたことが分かる。その後，律令にもとづく政治がいきづまる中で，良民が自らの身分を奴

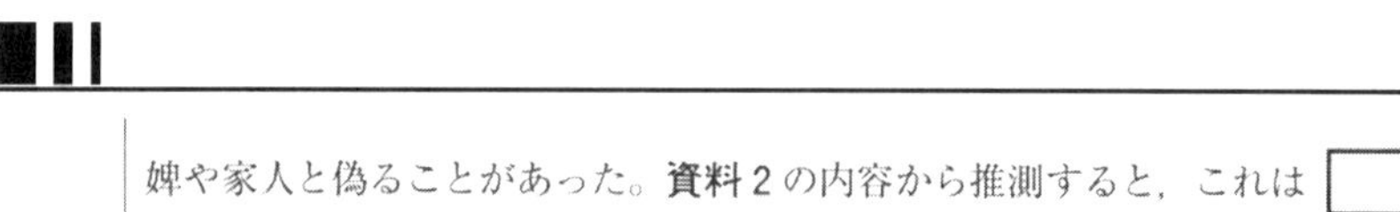

婢や家人と偽ることがあった。**資料2**の内容から推測すると，これは［ D ］ためであったと考えられる。

また，戦争で捕らえられ奴隷となることもあった。**資料3**はそのことを示す例である。

資料3（意訳してある）

> 大宰府からの使者が朝廷に到来した。刀伊国の賊徒らが船50余艘（そう）で壱岐島を襲い，国司を殺害して島民たちを捕らえた。刀伊は次に筑前国怡土郡（いとぐん）に襲来してきたということだ。

問1 ［ A ］［ B ］に当てはまる語句の組合せとして最も適切なものを，次の①～④のうちから一つ選べ。解答番号は［ 1 ］。

① A―部　曲　　B―朝鮮半島で倭国軍が唐・新羅連合軍に敗れた
② A―部　曲　　B―クーデタにより蘇我蝦夷・入鹿父子を滅ぼした
③ A―郎　党　　B―朝鮮半島で倭国軍が唐・新羅連合軍に敗れた
④ A―郎　党　　B―クーデタにより蘇我蝦夷・入鹿父子を滅ぼした

問2 ［ C ］［ D ］に当てはまる語句の組合せとして最も適切なものを，次の①～④のうちから一つ選べ。解答番号は［ 2 ］。

① C―賤民と良民との婚姻は認められていない　　D―より多くの口分田を得る
② C―賤民と良民との婚姻は認められていない　　D―税の負担を逃れる
③ C―賤民身分の者は良民にはなれない　　D―より多くの口分田を得る
④ C―賤民身分の者は良民にはなれない　　D―税の負担を逃れる

問3 **資料1**から**読み取れること**と，その時代の日本の**社会のようす**の組合せとして最も適切なものを，下の①～④のうちから一つ選べ。解答番号は［ 3 ］。

読み取れること

ア　倭国は，中国から金印とともに奴隷を与えられた。
イ　倭国は，中国に奴隷などを献上し，王としての地位を認められた。

社会のようす

ウ　稲作が広まり，灌漑や排水の設備を備えた乾田が営まれるようになった。
エ　朝鮮半島から，硬質で灰色の土器である須恵器の技術が伝わった。

①　ア―ウ　　②　ア―エ　　③　イ―ウ　　④　イ―エ

令和3年度第1回試験

問 4　**資料3**に記述されたできごとがおこった時期を次の①～④のうちから一つ選べ。

解答番号は　4　。

小野妹子が隋に派遣される。

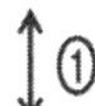

大宝律令が完成する。

平安京への遷都が行われる。

菅原道真の建議によって遣唐使の派遣が中止される。

後三条天皇が即位する。

Ⅱ

中世になると，百姓が奴隷として売買されることがあった。**資料4**は，奴隷の売買について鎌倉幕府が13世紀前半に出した法令を示したものである。

資料4（意訳してある）

幕府はこれまで百姓を奴隷として売買することを固く禁じていた。しかし，寛喜（かんぎ）の飢饉(注)の際，飢えた者が，妻子を売ったり，豊かな家に奴隷として自分自身を売ったりして飢えをしのぐことがみられた。飢饉であったので幕府はそれを認めてきたが，飢饉がおさまった近年では，その時の売買が問題となり，裁判がひんぱんに行われている。…(中略)…そこで，裁判の両当事者が朝廷の支配下にある者であれば，幕府は裁判に関わらないこととする。御家人と，朝廷の支配下にある者との裁判であれば，幕府が定めた法によって裁判を行う。そして，今後は一切，百姓を奴隷として売買することは禁止する。

(注)　1230~1231年におこった，鎌倉時代最大の飢饉。

室町時代の文学作品には，人買いのようすが描かれている。『婆相天（ばそうてん）』では，［E］の「とい(問丸)」による奴隷の売却証文が登場する。『信太（しだ）』では，主人公が，近江国の大津や越前国の敦賀などを転々と売られており，このことから，［F］が奴隷の売買の場として描かれていたことが分かる。

また，戦国時代には，足軽にさらわれた人が奴隷になることがあった。

問5　［E］［F］に当てはまる語句の組合せとして最も適切なものを，次の①～④のうちから一つ選べ。解答番号は［5］。

① E―運送業者　　F―一向宗寺院を中心とする寺内町

② E―運送業者　　F―水運や流通の要地

③ E―高利貸　　F―一向宗寺院を中心とする寺内町

④ E―高利貸　　F―水運や流通の要地

問6　**資料4**の内容について説明した文の正誤の組合せとして適切なものを，下の①～④から一つ選べ。解答番号は［6］。

ア　幕府は，飢饉の影響が広がる中，百姓が奴隷となることを認めなかった。

イ　幕府は，御家人が当事者として関わる裁判にのみ関与する姿勢を示している。

① ア―正　イ―正　　② ア―正　イ―誤

③ ア―誤　イ―正　　④ ア―誤　イ―誤

問 7　下線部分足軽が戦闘の中心となる時代に至るまでの戦乱について述べた次の**ア**～**ウ**を年代の古い順に正しく並べたものを，下の①～④のうちから一つ選べ。解答番号は 7 。

ア　将軍の後継争いに有力守護大名同士の対立などが加わり，11 年に及ぶ戦乱が続いた。
イ　北朝と南朝が分立し，約 60 年にわたる全国的な内乱が展開した。
ウ　幕府に敵対した鎌倉公方足利持氏が，将軍足利義教に討伐され滅ぼされた。

①　ア→イ→ウ　　②　ア→ウ→イ　　③　イ→ア→ウ　　④　イ→ウ→ア

問 8　古代・中世の奴隷について，Ⅰ・Ⅱの内容にもとづいて考えられることを説明した文として**適切でないもの**を，次の①～④のうちから一つ選べ。解答番号は 8 。

①　律令の規定では，奴隷の売買が禁止されていた。
②　農民などが，生存のために自ら奴隷になることがあった。
③　九州北部に襲来した人びとにさらわれ，奴隷になることがあった。
④　中世においては，奴隷の売買を行う人びとが存在していた。

2 次の**年表**と**資料１・２**について，後にある**問１～問４**に答えよ。

年　表

年	二宮尊徳についてのできごと	これまでの学習で学んだこと
1782		天明の飢饉がおこる。
1787	相模国で生まれ，金治郎（きんじろう）と名づけられる。	寛政の改革が始まる。
1821	下野国で，荒廃していた地域の再建に関わる。	X
1833		天保の飢饉がおこる。
1856	死去。	

資料１　二宮尊徳が説いた教え(意訳してある)

至誠（しせい）(注1)，勤労，分度（ぶんど）(注2)，推譲（すいじょう）(注3)の確実な実行を，人生観として忘れてはいけない。

(注1)　誠実であること。

(注2)　自分の経済力に応じて生活の限度を決めること。

(注3)　後世へ譲り渡すこと。

資料２　下線部分荒廃していた地域の再建のために，二宮尊徳が主に取り組んだこと

- ○　人口を増加させるために，他の村からの移住や婚姻を推進した。
- ○　借金をした者に対してその返済に努めさせるとともに，完済した者には褒美を与えた。
- ○　荒廃した土地を開墾し，田畑とした。
- ○　飢饉や凶作に備え，食糧を確保した。
- ○　よく働く百姓を表彰した。

問 1　次の文章は，**年表**中 X の時期における関東近郊の農村について，ある生徒が調べた内容をまとめたものである。文章中の A B に当てはまる語句の組合せとして正しいものを，下の①～④のうちから一つ選べ。解答番号は 9 。

> 下野国の人口は，18世紀前半と比較して大きく減少した。寛政の改革を行った A は，荒廃した地域について，「しだいに村には名主だけとなり，その他の百姓は B に出て行ってしまうような有様である。」と記している。

① A―水野忠邦　B―江　戸　② A―水野忠邦　B―陸　奥
③ A―松平定信　B―江　戸　④ A―松平定信　B―陸　奥

問 2　**年表**中の時期のできごとについて述べた文の組合せとして適切なものを，下の①～④のうちから一つ選べ。解答番号は 10 。

ア　徳川吉宗は，年貢率の引き上げをはかり年貢の増徴をめざした。
イ　浅間山の噴火や冷害などによって，全国的に大飢饉となった。
ウ　「世直し」を期待した民衆による「ええじゃないか」の集団乱舞が発生した。
エ　大塩平八郎が大坂で武装蜂起したが，鎮圧された。

① ア―ウ　② ア―エ　③ イ―ウ　④ イ―エ

問 3　**年表**中の時期に幕府が出した法令の内容として適切なものを，次の①～④のうちから一つ選べ。解答番号は 11 。
① 正業をもたない者に資金を与えて，農村に帰ることを奨励する。
② 地租は，豊凶に関わらず一律に貨幣で納めることとする。
③ 売主は，御家人以外の武士や庶民が買い取った土地を取り戻すことができる。
④ 開墾した土地は期間を問わず私有することができる。

問 4　**資料1・2**の内容をふまえ，二宮尊徳の考え方について述べた文として最も適切なものを，次の①～④のうちから一つ選べ。解答番号は 12 。
① 身分秩序を否定して，万人が生産活動に従事する社会が理想である。
② 勤勉に働くとともに，自らの収入の範囲内で生活すべきである。
③ 都市の膨張をおさえ，武士の帰農，土着が必要である。
④ 財政を立て直すため，藩は専売制を行うべきである。

3 次の**年表**と**会話文**について，後にある**問1～問4**に答えよ。

年　表

年	できごと
1840	現在の埼玉県深谷市に豪農の長男として生まれる。
1867	江戸幕府の一員として(a)ヨーロッパを視察する。
1869	明治政府に仕える。
1873	第一国立銀行を開業する。
1882	(b)大阪紡績会社を創立する。
1890	貴族院議員に任じられる。
1931	死去。

（1867年から1890年までの期間：X）

会話文

先生：**年表**は，渋沢栄一の生涯をまとめたものです。

生徒：渋沢が開業した第一国立銀行は，現在のみずほ銀行につながる銀行ですよね。ところで，渋沢の肖像画が，新しく1万円札として使用されますよね。**年表**で示された時期には，どのような通貨の単位が使用されていたのですか。

先生：渋沢が明治政府に仕えた後に［ A ］が制定され，通貨の単位は「円・銭・厘」に統一されました。これらの単位は，現在の通貨の単位につながっています。

生徒：そうだったのですね。**年表**の［ X ］の時期に銀行や株式会社の制度が始まり，その後の日本の経済に影響を与えていくような気がします。

先生：その通りです。これらの制度によって，企業をおこすのに必要なまとまった資金を調達しやすくなりました。

生徒：このような動きを背景に経済活動が活発になる中で，日本では［ B ］が19世紀末に始まりました。

問 1 [A] [B] に当てはまる語句の組合せとして正しいものを，次の①～④のうちから一つ選べ。解答番号は [13] 。

① A―新貨条例　　B―公定価格を無視した闇市
② A―新貨条例　　B―軽工業の部門で産業革命
③ A―国立銀行条例　　B―公定価格を無視した闇市
④ A―国立銀行条例　　B―軽工業の部門で産業革命

問 2 **年表**中 [X] の時期におこったできごとについて述べた次のア～ウを，年代の古い順に正しく並べたものを，下の①～④のうちから一つ選べ。解答番号は [14] 。

ア　元老院や大審院が設けられ，徐々に立憲政治を実現する方針が示された。
イ　公議世論の尊重をはじめとする，新政府の政治方針が示された。
ウ　第１回衆議院議員総選挙が行われた。

① ア→イ→ウ　② ア→ウ→イ　③ イ→ア→ウ　④ イ→ウ→ア

問 3 下線部分ヨーロッパ(a)に関連して，**年表**中 [X] の時期の日本とヨーロッパの文化について述べた文の正誤の組合せとして適切なものを，下の①～④のうちから一つ選べ。解答番号は [15] 。

ア　西ヨーロッパでは，浮世絵など日本の美術工芸品への関心が高まった。
イ　日本では，人文科学や社会科学の分野で，マルクス主義思想の影響が大きくなった。

① ア―正　イ―正　② ア―正　イ―誤
③ ア―誤　イ―正　④ ア―誤　イ―誤

問 4 下線部分大阪紡績会社(b)に関連して，1880～90年代の日本の経済や産業について述べた文として**適切でないもの**を，次の①～④のうちから一つ選べ。解答番号は [16] 。

① 日本郵船会社が中心となり，海外への定期航路が開設された。
② 華族の公債を資金にして，日本鉄道会社が設立された。
③ 兌換紙幣が発行され，銀本位制が確立された。
④ 軍需の拡大を背景に，日産をはじめとする新興財閥が急速に成長した。

4 次のⅠ～Ⅲについて，後にある**問1**～**問4**に答えよ。

Ⅰ

19世紀末から20世紀初頭にかけて，東アジアでは国際的な緊張が高まった。ロシアは，1891年に［A］鉄道を着工し，日清戦争後には旅順・大連を租借地として獲得した。また，ロシアは［B］事件に際して中国東北部を占領した。

問1 ［A］［B］に当てはまる語句の組合せとして正しいものを，次の①～④のうちから一つ選べ。解答番号は［17］。

① A―南満州　B―義和団
② A―南満州　B―張作霖爆殺
③ A―シベリア　B―義和団
④ A―シベリア　B―張作霖爆殺

Ⅱ

行財政改革に取り組んでいた第2次西園寺内閣は，陸軍による2個師団の増設の要求を閣議で否決した。その後陸軍は，陸軍大臣を辞任させてその後任を出さなかったことから，内閣は総辞職に追い込まれたが，政党の勢力が伸張したことを背景にこの要求はいったん見送られた。第一次世界大戦が始まると，第2次大隈重信内閣のもとで2個師団は増設された。

問2 下線部分政党の勢力が伸張したことを示す当時のできごとについて述べた文として最も適切なものを，次の①～④のうちから一つ選べ。解答番号は［18］。

① 立憲国民党と立憲政友会が「閥族打破・憲政擁護」をとなえ，内閣の打倒をめざした。
② 憲政会などの護憲三派が衆議院議員総選挙で勝利し，連立内閣を組織した。
③ 自由党と進歩党が合同して憲政党を結成し，政府が提出した地租増徴案を否決した。
④ 社会大衆党を先頭に諸政党が次々に新体制運動に参加し，大政翼賛会が発足した。

Ⅲ

表

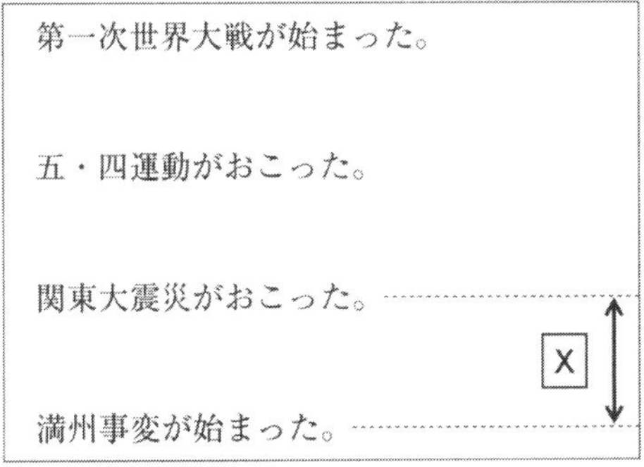

第一次世界大戦が始まった。

五・四運動がおこった。

関東大震災がおこった。

X

満州事変が始まった。

資　料

問 3　**資料**は，**表**中のある時期の社会のようすを風刺したものである。**資料**が風刺した時期に最も近い時期におこったできごとについて述べた文として最も適切なものを，次の①～④のうちから一つ選べ。解答番号は 19 。

① デフレ政策の影響で農村の不況が深まり，自由民権運動が激化した。

② 綿糸の生産額が増加し，綿糸の輸出量が輸入量をはじめて上回った。

③ 産業が飛躍的な発展をとげ，生産額は工業が農業を上回った。

④ 第四次中東戦争の影響を受けて，石油製品の価格が大きく上昇した。

問 4　**表**中 X の時期における日本の経済に関する**できごと**とその時期の**日本のようす**の組合せとして正しいものを，下の①～④のうちから一つ選べ。解答番号は 20 。

できごと　　ア　国立銀行が不換紙幣を増発した。

　　　　　　　イ　金輸出解禁(金解禁)が実施された。

日本のようす　ウ　激しいインフレーションがおき，政府の財政が悪化した。

　　　　　　　エ　企業では人員整理が行われ，多くの失業者が出た。

① アーウ　　② アーエ　　③ イーウ　　④ イーエ

5 柳条湖事件に関する次の**資料**(意訳してある)を読み，後にある**問1**～**問2**に答えよ。

資 料 リットン調査団が国際連盟に提出した報告書

> 9月18日午後10時より10時30分の間に鉄道線路上もしくはその付近において爆発があったことは疑いがないが，鉄道の損傷はもしあったとしても，長春からの南行列車の定刻到着を妨げなかったものであり，それだけでは軍事行動を正当とするには十分ではない。同夜の日本軍の軍事行動は合法なる自衛の措置と認めることはできない。
>
> 「政府」および公共事務に関しては，たとえ各部局の名義上の長官は満州在住の中国人であるといえども，主たる政治的および行政的権力は日本人の官吏および顧問の掌中にある。…(中略)…私は「満州国政府」は地方の中国人により日本の手先とみなされており，中国の人びとに支持されていないとの結論に到達した。

問1 柳条湖事件がおきた**場所**とその当時の日本の**首相**の組合せとして正しいものを，下の①～④のうちから一つ選べ。解答番号は [21] 。

場 所

首 相

ウ 近衛文麿

エ 若槻礼次郎

① ア―ウ　② ア―エ　③ イ―ウ　④ イ―エ

問 2　下線部分中国の人びとに支持されていないとの結論に関連して，次の図はリットンが柳条湖事件に関する調査を行った後の流れを示したものである。図の［A］［B］に当てはまる文の組合せとして適切なものを，下の①～④のうちから一つ選べ。解答番号は［22］。

図
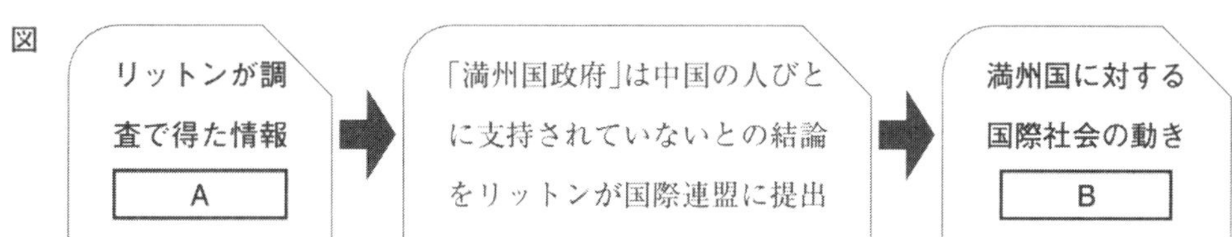

A　ア　「満州国政府」の各部局の長官は日本人である。
　　イ　「満州国政府」の主たる権力は日本人が握っている。
B　ウ　満州国承認に向けた動きが広まった。
　　エ　満州国を承認できないという声が強まった。

① アーウ　　② アーエ　　③ イーウ　　④ イーエ

6 次の文章を読み，後にある**問1**～**問2**に答えよ。

> 1930年代以降，政府が軍拡を進めたこともあり，産業の［ A ］化が進行した。軍需の優先は民需を圧迫し，特に太平洋戦争下の人びとの生活に大きな影響を与えた。
>
> 降伏後の日本を占領したGHQは当初経済機構の民主化をめざし，［ B ］などの政策を進めたが，1948年ごろにアメリカ合衆国の占領政策が変化したことを受け，日本でも本格的な経済復興へのあゆみが始まった。戦後の改革の影響もあり，人びとの生活や価値観はしだいに変容していった。

問1 ［ A ］［ B ］に当てはまる語句の組合せとして適切なものを，次の①～④のうちから一つ選べ。解答番号は［ 23 ］。

① A―空　洞　　B―不在地主の土地を強制的に買い上げ，自作農を増やす
② A―空　洞　　B―重要産業について，カルテルを促進して国際競争力を強める
③ A―重化学工業　　B―不在地主の土地を強制的に買い上げ，自作農を増やす
④ A―重化学工業　　B―重要産業について，カルテルを促進して国際競争力を強める

問2 下線部分戦後の改革について述べた文として**適切でないもの**を，次の①～④のうちから一つ選べ。解答番号は［ 24 ］。

① 労働組合法が制定され，労働者の団結権・団体交渉権・争議権が保障された。
② 義務教育の期間が9年となり，民主主義を実現するための教育がめざされるようになった。
③ 地方自治法が制定され，地方公共団体の首長は住民の選挙により選ばれるようになった。
④ 衆議院議員選挙法が改正され，25歳以上の男子に選挙権が与えられた。

7 次の**会話文**を読み，後にある**問1**〜**問4**に答えよ。

会話文

先生：現存する世界最古の木造建築とされる法隆寺(a)について，知っていることはありますか。

生徒：奈良県にある法隆寺は7世紀初めに創建されたと言われていますが，伽藍(がらん)の再建・非再建をめぐって論争がありました。『日本書紀』には，670年に法隆寺が焼失したと記されています。

先生：1939年に，南北に並んだ塔と金堂(b)の跡が発掘されたことから，現在の金堂や五重塔は再建されたことが分かりました。

生徒：なるほど。ところで，先日私は東京国立博物館に行き，法隆寺の宝物を目にしました。法隆寺の宝物が東京で展示されているなんて知りませんでした。

先生：法隆寺の宝物の多くは，1878年，皇室に献納され東京国立博物館に伝えられました。

生徒：その時期の仏教は，［　　　　］を背景として，大きな打撃を受けていました。

先生：法隆寺の文化財については，この**絵画**(c)を学習しましたね。和辻哲郎は，この**絵画**を「東洋絵画の絶頂である。」と評しました。

生徒：この**絵画**は，火災で失われてしまいました。貴重な文化財が今後失われることがないよう，私も関心を払っていきたいと思います。

絵　画

問1 ［　　　　］に当てはまる語句として正しいものを，次の①〜④のうちから一つ選べ。解答番号は **25** 。

① 寺院法度による統制
② 仏像や仏具を破壊する動き
③ 仏と神は本来同一であるとする考え方
④ 比叡山延暦寺の焼打ち

問2 下線部分法隆寺(a)に関連するできごとについて，年代の古い順に正しく並べたものを，下の①〜④のうちから一つ選べ。解答番号は **26** 。

ア 訪れた正岡子規が，「柿くへば鐘が鳴るなり法隆寺」の句を詠んだ。
イ 豊臣秀頼によって，伽藍の修造が行われた。
ウ 死者を弔い鎮護国家を祈念するため，百万塔陀羅尼が納められた。

① ア→イ→ウ　② ア→ウ→イ　③ ウ→ア→イ　④ ウ→イ→ア

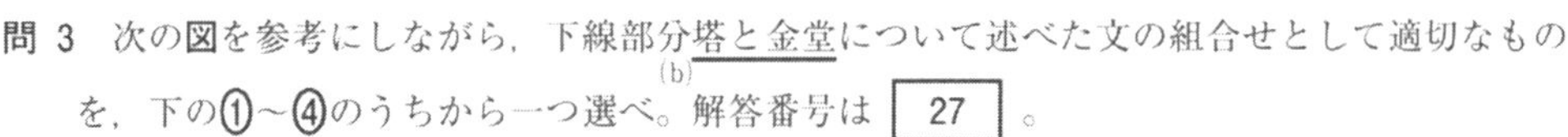

問 3　次の図を参考にしながら，下線部分塔と金堂(b)について述べた文の組合せとして適切なものを，下の①～④のうちから一つ選べ。解答番号は 27 。

図

飛鳥寺式

講堂
金堂
金堂　塔　金堂
中門
南大門

四天王寺式

講堂
金堂
塔
中門
南大門

薬師寺式

講堂
金堂
塔　塔
中門
南大門

ア　当初は金堂が寺院の中心であったが，しだいに塔が重視されていったと考えられる。

イ　当初は塔が寺院の中心であったが，しだいに金堂が重視されていったと考えられる。

ウ　焼失する前の法隆寺の伽藍は，四天王寺式と同じ様式であると考えられる。

エ　焼失する前の法隆寺の伽藍は，薬師寺式と同じ様式であると考えられる。

①　ア－ウ　　②　ア－エ　　③　イ－ウ　　④　イ－エ

問 4　下線部分この絵画(c)について説明した文の正誤の組合せとして適切なものを，下の①～④のうちから一つ選べ。解答番号は 28 。

ア　インドや西域の影響を受けた，白鳳文化を代表する作品である。

イ　この絵画の焼損をきっかけに，文化財保護法が制定された。

①　ア－正　イ－正　　②　ア－正　イ－誤
③　ア－誤　イ－正　　④　ア－誤　イ－誤

令和３年度　第１回

解答・解説

【重要度の表記】

Ａ：重要度が高く確実に正答したい設問。しっかり復習する必要のある問題です。

Ｂ：重要度はＡレベルよりすこし下で、やや難易度が高い設問または内容を読み取る設問。高得点を狙う人は復習しましょう！

Ｃ：重要度が低い、または難解な設問。軽く復習する程度でよいでしょう！

令和３年度 第１回 高卒認定試験

【 Ａ解答 】

1	解答番号	正答	配点	2	解答番号	正答	配点	3	解答番号	正答	配点	4	解答番号	正答	配点
問１	1	③	4	問１	5	②	4	問１	9	③	3	問１	17	④	3
問２	2	①	4	問２	6	③	4	問２	10	④	3	問２	18	①	4
問３	3	②	3	問３	7	②	3	問３	11	②	3	問３	19	④	4
問４	4	①	3	問４	8	④	3	問４	12	①	4	問４	20	②	3
-	-			-	-			問５	13	①	4	-	-		
-	-			-	-			問６	14	③	3	-	-		
-	-			-	-			問７	15	④	4	-	-		
-	-			-	-			問８	16	②	4	-	-		

5	解答番号	正答	配点	6	解答番号	正答	配点
問１	21	③	3	問１	25	④	4
問２	22	②	3	問２	26	①	4
問３	23	④	4	問３	27	②	4
問４	24	①	4	問４	28	③	4

【 Ａ解説 】

1

問１　1871 年に明治政府は「岩倉具視」を全権大使として使節団を派遣しました。使節団の渡航中、西郷隆盛らは「朝鮮を武力で開国させよう」とする征韓論を主張しました。したがって、正解は③です。なお、「官有物を安く払い下げよう」としたのは黒田清隆です。

解答番号【１】：３　⇒ 重要度Ａ

問２　①について、使節団は横浜を出発し、アメリカのサンフランシスコを経由して、ヨーロッパ、そしてアジアへ向かっています。したがって、正解は①です。なお、②は陸路のみでなく海路でも移動しているため誤りです。③は条約改正は達成していないため誤りです。④はイギリス支配下のコロンボ（スリランカ）も訪問しているため誤りです。

解答番号【２】：１　⇒ 重要度Ｂ

問３　日米修好通商条約の内容は、箱［函］館・神奈川・長崎・兵庫・新潟の開港、外国人居留地の設置、関税自主権の欠如、領事裁判権の容認などです。したがって、正解は②です。

なお、①は1917年の石井・ランシング協定、③は1854年の日米和親条約、④は1951年の日米安全保障条約の内容です。

解答番号【3】: 2　⇒**重要度A**

問4　ア・イともに正しい説明です。したがって、正解は①です。

解答番号【4】: 1　⇒**重要度C**

2

問1　1871年に明治政府は「新貨条例」を制定し、通貨の単位を円・銭・厘に統一しました。19世紀末に始まった産業革命は、綿糸などを代表とする軽工業の部門で起こりました。したがって、正解は②です。なお、「国立銀行条例」は1872年に制定され、国立銀行では1876年の制度改正まで兌換銀行券を発行していました。

解答番号【5】: 2　⇒**重要度A**

問2　アは1875年、イは1868年、ウは1890年の出来事です。古い順に並べるとイ→ア→ウとなります。したがって、正解は③です。

解答番号【6】: 3　⇒**重要度A**

問3　アについて、年表中Xの期間である19世紀後半に、西ヨーロッパでは浮世絵などの日本の美術工芸品への関心が高まるジャポニズムが起こりました。よって、アは正しいです。イについて、日本でマルクス主義の影響が大きくなったのは、社会運動が活発化した1900年代です。よって、イは誤りです。したがって、正解は②です。

解答番号【7】: 2　⇒**重要度C**

問4　適切でないものを選びます。④について、日産をはじめとする新興財閥が急速に成長したのは1930年代の出来事です。したがって、正解は④です。

解答番号【8】: 4　⇒**重要度B**

3

問1　1891年にロシアは「シベリア」鉄道を着工しました。また、ロシアは中国で起こった「義和団」事件の際に中国東北部を占領しました。したがって、正解は③です。なお、「南満州」鉄道株式会社は1906年に日本が中国に設立したもので、炭鉱や製鉄所も運営していました。「張作霖爆殺」事件は、1928年に日本の関東軍が中国の張作霖を殺害した事件です。

解答番号【9】: 3　⇒**重要度A**

問2　Ⅰの文章からはロシアとの緊張状態を読み取ることができます。それを受けて、日本政府は同じくロシアに脅威を抱いていたイギリスと「日英同盟協約」を結びました。したがって、正解は④です。なお、①の「日露和親条約」はロシアとの通商や国境について定めた条約で、1854年に結ばれました。②の「日清修好条規」は日清間で1871年に結ばれた通商条約で、日本が外国と結んだ初めての対等条約です。③の「パリ不戦条約」は、第一次世界大戦後の1928年に結ばれました。

解答番号【10】：4 ⇒ 重要度Ａ

問３ 「軍部大臣現役武官制」は、軍の大臣は現役の大将もしくは中将しか務めることができないことを定めた制度で、1900 年の山県有朋内閣のときに制定されました。内閣は大臣が欠けると組閣できません。したがって、正解は②です。

解答番号【11】：2 ⇒ 重要度Ａ

問４ Ⅱの文章中に第２次西園寺内閣とありますので、1911 年頃の内容を選びます。第２次西園寺内閣が総辞職に追い込まれた後、軍と繋がりが深い桂太郎内閣が組閣され、これにより第一次護憲運動が起こりました。したがって、正解は①です。なお、②は 1924 年の加藤高明内閣、③は 1898 年の第一次大隈重信内閣、④は 1940 年のときの内容です。

解答番号【12】：1 ⇒ 重要度Ａ

問５ アについて、関東大震災のとき、在日朝鮮人が井戸に毒を入れたという流言が広がり、自警団によって朝鮮人や中国人が殺される事件が起こりました。イについて、労働運動家 10 名が警察や軍隊に殺された亀戸事件や無政府主義者の大杉栄と妻の伊藤野枝が甘粕正彦憲兵大尉に虐殺された甘粕事件が起こりました。したがって、ア・イともに正しい内容ですので、正解は①です。

解答番号【13】：1 ⇒ 重要度Ａ

問６ 表の期間は大正初期から昭和初期となります。この時期に生産額は工業が農業を上回りました。したがって、正解は③です。なお、①は松方財政とその影響についての説明で、時期は明治初期になります。②は 19 世紀末の内容です。④は 1973 年の第一次石油危機の内容です。

解答番号【14】：3 ⇒ 重要度Ａ

問７ 表中Ｘの時期に浜口雄幸内閣が金輸出解禁を実施しています。この頃の日本は、金融恐慌によって不景気が続いており、多くの失業者が出ました。したがって、正解は④です。

解答番号【15】：4 ⇒ 重要度Ａ

問８ 表は大正初期から昭和初期の期間を示しています。野口英世は主に大正期に活躍した研究者です。したがって、正解は②です。なお、①は明治初期、③は 1935 年、④は 1949 年の内容です。

解答番号【16】：2 ⇒ 重要度Ｃ

4

問１ 柳条湖事件が起きた場所はイの奉天です。このときの首相は「若槻礼次郎」です。したがって、正解は④です。なお、アは北京で、日中戦争の引き金となる盧溝橋事件が起こった場所です。

解答番号【17】：4 ⇒ 重要度Ａ

問２　資料１の３～５行目を見ると、「満鉄より線路保修作業員を派遣したが～軍部の計画的行動によりおきたものと想像される」とあります。よって、見方はア、根拠はウとなります。したがって、正解は①です。

解答番号【18】：1　　⇒**重要度A**

問３　資料２の５～６行目を見ると、「名義上の長官は満州在住の中国人～日本人の官吏および顧問の掌中にある」とあります。よって、Aにはイが当てはまります。柳条湖事件を受けて派遣されたリットン調査団は、満州国取り消しと撤兵を日本に求めました。よって、Bにはエが当てはまります。したがって、正解は④です。

解答番号【19】：4　　⇒**重要度A**

問４　アは1940年、イは1938年、ウは1941年の出来事です。古い順に並べるとイ→ア→ウとなります。したがって、正解は②です。

解答番号【20】：2　　⇒**重要度A**

5

問１　1930年代以降、政府が軍拡を進めたこともあり、金属や機械を中心とする産業の「重化学工業」化が進行しました。戦後、GHQは農村の民主化をめざし、２回にわたる農地改革を行い、自作農を増やしました。したがって、正解は③です。

解答番号【21】：3　　⇒**重要度A**

問２　戦中、日本は生活物資の不足に陥り、配給制や切符制がしかれ、「欲しがりません勝までは」などの標語のもとで厳しい生活を強いられました。よって、アは正しいです。イについては、江戸時代の開国後の経済動向なので誤りです。したがって、正解は②です。

解答番号【22】：2　　⇒**重要度A**

問３　適切でないものを選びます。④は1925年に制定された普通選挙法の内容です。したがって、正解は④です。

解答番号【23】：4　　⇒**重要度A**

問４　表１・２を見ると、15～19歳の労働力率は男女ともに一貫して低下しています。その背景として、進学率の上昇によって若年層の人々の就学期間が延びたことが予想できます。したがって、正解は①です。

解答番号【24】：1　　⇒**重要度B**

6

問１　1904年の日露戦争の背景には、イギリスの協力による日英同盟協約があります。また、日本は日露戦争の戦費調達の際、イギリスで外債を募集しています。よって、Aには「ロシア」が当てはまります。戦後、GHQは日本政府を通じて政治を行う間接統治を採用しました。よって、Bには「間接」が当てはまります。したがって、正解は④です。

解答番号【25】：4　　⇒**重要度A**

問２　アは 1930 年のロンドン海軍軍縮条約、イは 1885 年、ウは 1985 年のプラザ合意の内容です。古い順に並べるとイ→ア→ウとなります。したがって、正解は①です。

解答番号【26】：１　　⇒ 重要度Ａ

問３　甲の廃藩置県は、これまで地方分権であった幕藩体制から中央集権体制を確立しようとするねらいがありました。乙の政策は金融恐慌の際に出されたモラトリアム（支払猶予令）で、日本銀行の非常貸出しとあわせて恐慌の鎮静化を図りました。したがって、正解は②です。

解答番号【27】：２　　⇒ 重要度Ａ

問４　調査の対象としたＸの時期は、解答番号 25 の解説のとおり日露戦争の背景となる日英同盟協約が結ばれた 1902 年から東海道新幹線が開業した 1964 年までです。設問にある「問い」とは、政治の動向が鉄道の整備にどのような影響を与えたのかという内容です。アについて、国鉄がJRとして民営化されたのは 1987 年でＸの時期より後ですので、調査の時期という点で不適切となります。イについて、鉄道国有法が制定されたのは 1906 年ですので、Ｘの時期に当てはまっています。営業キロ数の増加は鉄道の整備に関係するものですので、調査内容として適切です。したがって、正解は③です。

解答番号【28】：３　　⇒ 重要度Ｂ

【 B解答 】

1	解答番号	正答	配点	2	解答番号	正答	配点	3	解答番号	正答	配点	4	解答番号	正答	配点	5	解答番号	正答	配点
問1	1	①	3	問1	9	③	4	問1	13	②	4	問1	17	③	3	問1	21	④	3
問2	2	②	3	問2	10	④	3	問2	14	③	4	問2	18	①	4	問2	22	④	4
問3	3	③	4	問3	11	①	3	問3	15	②	3	問3	19	③	3	-	-		
問4	4	④	3	問4	12	②	4	問4	16	④	3	問4	20	④	4	-	-		
問5	5	②	3	-	-			-	-			-	-			-	-		
問6	6	③	4	-	-			-	-			-	-			-	-		
問7	7	④	4	-	-			-	-			-	-			-	-		
問8	8	①	4	-	-			-	-			-	-			-	-		

6	解答番号	正答	配点	7	解答番号	正答	配点
問1	23	③	3	問1	25	②	4
問2	24	④	4	問2	26	④	4
-	-			問3	27	③	4
-	-			問4	28	①	4

【 B解説 】

1

問1　Aの直前に（豪族たちの）「私有民である」とありますので、Aに当てはまるのは「部曲」です。もうひとつの選択肢の「郎党」は古代～中世の武士の従者のことをいいます。Bについては、Bの出来事の「翌年に九州に水城を築いた」ことがわかります。水城は現在の福岡県大野城市に築かれたもので664年に作られました。その前年には百済再興を巡って日本と唐・新羅連合軍が戦った白村江の戦いがありました。もうひとつの選択肢の「クーデタにより蘇我蝦夷・入鹿父子を滅ぼした」という説明は645年の乙巳の変の内容です。したがって、正解は①です。

解答番号【1】: 1　　⇒**重要度B**

問2　Cについては、資料2の3行目の「陵戸・官戸・家人・公奴婢・私奴婢は、皆同じ身分同士で婚姻すること」という部分を見てみましょう。この5つはすべて古代の賤民です。賤民たちが同じ身分で婚姻するということは、賤民と良民の結婚は認められていないということになります。Dについては、資料2の1～2行目の「家人・私奴婢の口分田は、良民の3分の1の広さとする」、4行目の「調・庸・雑徭が免除される者は～家人、奴婢とする」という部分から、奴隷や家人の口分田が少ないことと税負担が少ないことがわかるので、「税の負担を逃れる」が当てはまると推察されます。したがって、正解は②です。

解答番号【2】: 2　　⇒**重要度B**

問３　資料１の「あなたの献上した男の奴隷４人、女の奴隷６人、木綿の布２匹４丈を持ってきた～今あなたを親魏倭王とし、金印を授ける」という部分から、イが適切であると判断できます。「親魏倭王」の称号と金印を与えられたのは卑弥呼で、239 年の出来事です。乾田での稲作が広まったのは弥生時代後期からです。須恵器が伝わったのは５世紀頃です。したがって、正解は③です。

解答番号【３】：３　　　⇒ 重要度Ｃ

問４　資料３は 1019 年の刀伊の入寇について書かれています。小野妹子が隋に派遣されたのは 607 年と 608 年、大宝律令が完成したのは 701 年、平安京への遷都は 794 年、遣唐使が廃止されたのは 894 年、後三条天皇が即位したのは 1068 年です。したがって、正解は④です。

解答番号【４】：４　　　⇒ 重要度Ｃ

問５　問丸は中世における「運送業者」の呼び名です。問丸は船を用いて物資を運んでいたため、河川や港の近くに居住していました。したがって、正解は②です。

解答番号【５】：２　　　⇒ 重要度Ｃ

問６　アについては、資料４の３行目に「飢饉であったので幕府はそれを認めてきた」とあることから、幕府は百姓が奴隷となることを認めていた時期があるとわかるので誤りだと判断できます。イについては、資料４の６～７行目の「御家人と、朝廷の支配下にある者との裁判であれば、幕府が定めた法によって裁判を行う」という部分から、正しい内容であるとわかります。したがって、正解は③です。

解答番号【６】：３　　　⇒ 重要度Ｂ

問７　アは 1467 年から始まった応仁の乱、イは 1336 年に南北朝が並立してから 1392 年に足利義満が南北朝合一を達成するまでの南北朝の動乱、ウは 1438 年に起きた永享の乱についての説明です。したがって、正解は④です。

解答番号【７】：４　　　⇒ 重要度Ｃ

問８　適切でないものを選びます。①について、Ⅰを見ると奴隷の売買が行われていたことがわかりますので不適切です。②については、資料４の２～３行目に「飢えた者が、妻子を売ったり、豊かな家に奴隷として自分自身を売ったりして飢えをしのぐことがみられた」という部分から適切です。③については、資料３の１行上の「また、戦争で捕らえられ奴隷となることもあった」という文と資料３から適切です。④については、資料４から読み取ることができるので適切です。したがって、正解は①です。

解答番号【８】：１　　　⇒ 重要度Ｂ

2

問１　寛政の改革は老中「松平定信」が 1787 ～ 1793 年の間に行ったものです。天保の飢饉は 1832 年から複数年にわたって続いた飢饉です。飢饉のとき、農村の人々はすこしでもお金を得ようと「江戸」へ出稼ぎに行きました。その結果として農村の人口が減ってしまっ

たため、1841 年から老中「水野忠邦」によって行われた天保の改革では、人返しの法を発布し農村部の人口を確保しようとしました。したがって、正解は③です。

解答番号【9】: 3 ⇒**重要度A**

問2　アについて、徳川吉宗が年貢率を引き上げたのは 1716 年からの享保の改革です。イについて、浅間山の噴火によって起きたのは 1782 年からの天明の飢饉です。同時期に冷害や長雨による水害も起きています。ウについて、「ええじゃないか」と呼ばれる騒動が起きたのは 1867 年です。エについて、大塩平八郎の乱は 1837 年に起きました。年表には 1782 年から 1856 年の間の出来事が載っています。したがって、正解は④です。

解答番号【10】: 4 ⇒**重要度B**

問3　①は 1787 年からの寛政の改革の中で出された旧里帰農令についての説明です。②は 1873 年に明治政府によって出された地租改正条例です。③は 1297 年に鎌倉幕府が発布した永仁の徳政令についての説明です。④は奈良時代の 743 年に発布された墾田永年私財法についての説明です。したがって、正解は①です。

解答番号【11】: 1 ⇒**重要度A**

問4　資料1から読み取ることができる内容として適切なのは②です。①は社会主義についての説明です。③は荻生徂徠の『政談』の内容です。④の藩専売制は江戸時代中期頃から行われるようになりましたが、1841 年に天保の改革の中で禁止されました。したがって、正解は②です。

解答番号【12】: 2 ⇒**重要度B**

3

問1　1871 年に明治政府は「新貨条例」を制定し、通貨の単位を円・銭・厘に統一しました。19 世紀末に始まった産業革命は、綿糸などを代表とする軽工業の部門で起こりました。したがって、正解は②です。なお、「国立銀行条例」は 1872 年に制定され、国立銀行では 1876 年の制度改正まで兌換銀行券を発行していました。

解答番号【13】: 2 ⇒**重要度A**

問2　アは 1875 年、イは 1868 年、ウは 1890 年の出来事です。古い順に並べるとイ→ア→ウとなります。したがって、正解は③です。

解答番号【14】: 3 ⇒**重要度A**

問3　アについて、年表中Xの期間である 19 世紀後半に、西ヨーロッパでは浮世絵などの日本の美術工芸品への関心が高まるジャポニズムが起こりました。よって、アは正しいです。イについて、日本でマルクス主義の影響が大きくなったのは、社会運動が活発化した 1900 年代です。よって、イは誤りです。したがって、正解は②です。

解答番号【15】: 2 ⇒**重要度C**

問4　適切でないものを選びます。④について、日産をはじめとする新興財閥が急速に成長したのは 1930 年代の出来事です。したがって、正解は④です。

解答番号【16】：4　　⇒ **重要度Ｂ**

4

問１　1891 年にロシアは「シベリア」鉄道を着工しました。また、ロシアは中国で起こった「義和団」事件の際に中国東北部を占領しました。したがって、正解は③です。なお、「南満州」鉄道株式会社は 1906 年に日本が中国に設立したもので、炭鉱や製鉄所も運営していました。「張作霖爆殺」事件は、1928 年に日本の関東軍が中国の張作霖を殺害した事件です。

解答番号【17】：3　　⇒ **重要度Ａ**

問２　Ⅱの文章中に第２次西園寺内閣とありますので、1911 年頃の内容を選びます。第２次西園寺内閣が総辞職に追い込まれた後、軍と繋がりが深い桂太郎内閣が組閣され、これにより第一次護憲運動が起こりました。したがって、正解は①です。なお、②は 1924 年の加藤高明内閣、③は 1898 年の第一次大隈重信内閣、④は 1940 年のときの内容です。

解答番号【18】：1　　⇒ **重要度Ａ**

問３　表の期間は大正初期から昭和初期となります。この時期に生産額は工業が農業を上回りました。したがって、正解は③です。なお、①は松方財政とその影響についての説明で、時期は明治初期となります。②は 19 世紀末の内容です。④は 1973 年の第一次石油危機の内容です。

解答番号【19】：3　　⇒ **重要度Ａ**

問４　表中Ｘの時期に浜口雄幸内閣が金輸出解禁を実施しています。この頃の日本は、金融恐慌によって不景気が続いており、多くの失業者が出ました。したがって、正解は④です。

解答番号【20】：4　　⇒ **重要度Ａ**

5

問１　柳条湖事件が起きた場所は、イの奉天です。この時の首相は「若槻礼次郎」です。したがって、④が正解です。なお、アは北京で、日中戦争の引き金となる盧溝橋事件が起こった場所です。

解答番号【21】：4　　⇒ **重要度Ａ**

問２　資料２の５～６行目を見ると、「名義上の長官は満州在住の中国人～日本人の官吏および顧問の掌中にある」とあります。よって、Ａにはイが当てはまります。柳条湖事件を受けて派遣されたリットン調査団は、満州国取り消しと撤兵を日本に求めました。よって、Ｂにはエが当てはまります。したがって、正解は④です。

解答番号【22】：4　　⇒ **重要度Ａ**

6

問１　1930 年代以降、政府が軍拡を進めたこともあり、金属や機械を中心とする産業の「重化学工業」化が進行しました。戦後、GHQ は農村の民主化をめざし、２回にわたる農地改革を行い、自作農を増やしました。したがって、正解は③です。

解答番号【23】：3　　⇒**重要度A**

問２　適切でないものを選びます。④は 1925 年に制定された普通選挙法の内容です。したがって、正解は④です。

解答番号【24】：4　　⇒**重要度A**

7

問１　空欄の前後を見てみましょう。「その時期の仏教は、[　　]を背景として、大きな打撃を受けていました」とあります。選択肢のなかで仏教に不利な思想あるいは出来事は、②の廃仏毀釈と④の延暦寺の焼き討ちです。廃仏毀釈は 1868 年の神仏分離令をきっかけに起きました。延暦寺焼き討ちは戦国時代の織田信長によるものです。したがって、正解は②です。

解答番号【25】：2　　⇒**重要度B**

問２　アは明治時代、イは 17 世紀初頭、ウは奈良時代に孝謙天皇が奉納したものです。したがって、正解は④です。

解答番号【26】：4　　⇒**重要度A**

問３　飛鳥寺は６世紀末頃につくられた日本最古の寺です。四天王寺は 593 年、薬師寺は 680 年につくられました。３つの伽藍配置の図を見比べると、飛鳥寺式では塔が中心にあるのに対し、薬師寺式では金堂が中心に建てられています。また、会話文の５～６行目に法隆寺の伽藍配置について「南北に並んだ塔と金堂の跡が発掘されたことから、現在の金堂や五重塔は再建されたことが分かりました」と書かれています。したがって、正解は③です。

解答番号【27】：3　　⇒**重要度B**

問４　会話文で話題になっている絵画は法隆寺金堂壁画の『阿弥陀浄土図』です。この壁画が描かれた７世紀後半～８世紀初めは白鳳文化期で、遣唐使の派遣によって唐やインド・西アジアなどの影響を受けていました。また、この壁画が 1949 年の火災で焼損したことをきっかけとして、翌年に文化財保護法が制定されました。したがって、正解は①です。

解答番号【28】：1　　⇒**重要度C**

令和２年度 第２回
高卒認定試験

日本史Ａ・Ｂ

解答時間　50分

注　意　事　項（抜粋）

＊　試験開始の合図前に，監督者の指示に従って，解答用紙の該当欄に以下の内容をそれぞれ正しく記入し，マークすること。

①**氏名欄**

氏名を記入すること。

②**受験番号**，③**生年月日**，④**受験地欄**

受験番号, **生年月日を記入**し, さらにマーク欄に**受験番号**（数字）, **生年月日**（年号・数字）, **受験地をマーク**すること。

＊　**受験番号，生年月日，受験地が正しくマークされていない場合は，採点できないことがある。**

＊　解答は，解答用紙の解答欄にマークすること。例えば，［10］と表示のある解答番号に対して②と解答する場合は，次の（例）のように**解答番号** 10 の**解答欄**の②に**マーク**すること。

（例）

解答番号	解　答　欄
10	①　●　③　④　⑤　⑥　⑦　⑧　⑨　⓪

日　本　史　A

（解答番号 1 ～ 28 ）

1 次の**会話文**と**資料**を読み，後にある**問 1**～**問 4** に答えよ。

会話文

先生：この**資料**は 19 世紀後半に作成された遷都（せんと）に関する意見書です。

生徒：8 世紀末の遷都以来，天皇は基本的に京都で生活していたのですね。

先生：そうですね。幕府の法令で天皇は政治に関わらないことになっていましたが，この時期は孝明天皇(a)の意志が政局を左右するようになっていました。

生徒：日本がアメリカとの貿易を進めるために新潟港(b)などの開港を約束した A の締結後も B がすぐに開港されなかったのは，京都に近いからでしたね。

資料（意訳してある）

「前島密の建白書」

将来政府が蝦夷地を開拓することを考えると，大阪より江戸の方が日本の中心となり都合がよいと思われます。大阪は大型船が停泊できる港を建設することが難しく，艦船を修理するにも不便な土地です。江戸であればすでに建造されている砲台を利用し，安全な港を建設することができるうえ，横須賀港も近いため，艦船の修理も簡単にできそうです。さらに，江戸は無血開城によって様々な建物や施設が無事に残っているので再利用すれば経費削減にもなります。

（『鴻爪痕』により作成）

問 1 A B に当てはまる語の組合せとして正しいものを，次の①～④のうちから一つ選べ。解答番号は 1 。

① A—日米和親条約　B—兵　庫　② A—日米和親条約　B—長　崎

③ A—日米修好通商条約　B—兵　庫　④ A—日米修好通商条約　B—長　崎

問 2 **資料**から読み取れることを説明した文の組合せとして最も適切なものを，下の①～④のうちから一つ選べ。解答番号は [2] 。

ア この時期は，まだ政府による北海道の開拓は進んでいなかった。

イ 江戸の街並みは火災の被害を受けて焼け野原となっていた。

ウ 江戸は施設が充実しているため，艦船の整備が比較的簡単であった。

エ 大阪は，大型船の修理をする工場などが立ち並ぶ港町であった。

① アーウ　② アーエ　③ イーウ　④ イーエ

問 3 下線部分孝明天皇(a)の在位中のできごととして**適切でないもの**を，次の①～④のうちから一つ選べ。解答番号は [3] 。

① 井伊直弼が朝廷の許可なく貿易に関する条約を結んだ。

② 公武合体政策により和宮降嫁が行われた。

③ 朝廷の意向を受けた幕府が攘夷を命じ，長州藩がそれを決行した。

④ 将軍徳川慶喜が朝廷に大政奉還の上表文を提出した。

問 4 下線部分新潟港(b)について，次の文章の [C] [D] に当てはまる語の組合せとして適切なものを，下の①～④のうちから一つ選べ。解答番号は [4] 。

> 新潟港は開港まで幕末の動乱に翻弄(ほんろう)された。当初，開港は慶応4(1868)年3月9日と決められていたが， [C] が行われ，さらに新政府と旧幕府の間で戦争が始まったため，政府は開港延期を申し入れた。しかし，その延期措置を無視したプロイセンなどが新潟港を通じて，会津藩を支援する [D] に洋式兵器を売却し，戦局に影響を与えた。

① C―王政復古　D―薩長同盟　② C―王政復古　D―奥羽越列藩同盟

③ C―廃藩置県　D―薩長同盟　④ C―廃藩置県　D―奥羽越列藩同盟

2 次のⅠ・Ⅱについて，後にある**問1**～**問4**に答えよ。

Ⅰ

資料(現代仮名遣いで表記してある)

> 権利幸福きらいな人に自由湯(注1)をばのましたい
>
> オッペケペ　オッペケペッポーペッポーポー
>
> 堅い上下(かみしも)(注2)角(かど)とれて　マンテルズボンに人力車　意気な束髪ボンネット(注3)
>
> 貴女に紳士のいでたちで　外部のかざりはよけれども　政治の思想が欠乏だ
>
> 天地の真理が解らない　心に自由の種をまけ　オッペケペ　オッペケペッポ　ペッポーポー
>
> (注1)　自由湯：「自由党」という政党名と掛けた言葉になっている。
>
> (注2)　上下：裃(かみしも)を表し，武士の正装のことを示している。
>
> (注3)　マンテルズボン，人力車，束髪ボンネット：文明開化による民衆の生活の変化を象徴している。

会話文

> 先生：この**資料**は，川上音二郎という自由党壮士だった青年が時事を風刺して作った歌です。
>
> 生徒：リズム良く歌われていて耳に残りますね。
>
> 「権利幸福きらいな人」とは［ A ］に反対する人を指しているのですか。
>
> 先生：そうですね。4行目は具体的な政策を批判している(a)ようにも読み取れますね。

問1 ［ A ］に当てはまる語として正しいものを，次の①～④のうちから一つ選べ。解答番号は［ 5 ］。

① 原水爆禁止運動　② 自由民権運動　③ 新体制運動　④ 地方改良運動

問2 下線部分具体的な政策を批判している(a)について，次の［ B ］［ C ］に当てはまる語句の組合せとして最も適切なものを，下の①～④のうちから一つ選べ。解答番号は［ 6 ］。

> この具体的な政策とは［ B ］を指している。この時期，［ C ］が適用されたノルマントン号事件をきっかけに，日本国民の間に不平等条約への不満が高まっていった。

① B―急速に西洋の生活や文化を取り入れようとする極端な欧化政策　C―領事裁判権

② B―急速に西洋の生活や文化を取り入れようとする極端な欧化政策　C―関税自主権

③ B―民衆暴動の鎮圧を目的に朝鮮半島に出兵するという積極的な外交政策　C―領事裁判権

④ B―民衆暴動の鎮圧を目的に朝鮮半島に出兵するという積極的な外交政策　C―関税自主権

Ⅱ

説明文

この風刺画は日露戦争(b)における国際関係を描いたものである。［D］は，中国の利権を奪われることを恐れて日本の背中を強く押している。一方，遠くから眺めているように見える［E］は，講和条約締結の仲介を行うなど日本に協力的な態度を示した。

問 3 ［D］［E］に当てはまる語の組合せとして正しいものを，次の①～④のうちから一つ選べ。解答番号は［7］。

① D—ドイツ　E—フランス
② D—ドイツ　E—アメリカ
③ D—イギリス　E—フランス
④ D—イギリス　E—アメリカ

問 4 下線部分日露戦争(b)がおきた時期として適切なものを，次の①～④のうちから一つ選べ。解答番号は［8］。

江華島事件
↓ ①
甲午農民戦争
↓ ②
義和団事件
↓ ③
ハーグ密使事件
↓ ④
三・一独立運動

3 次のⅠ～Ⅲについて，後にある**問1**～**問8**に答えよ。

Ⅰ

図　「日露戦争の戦費調達」

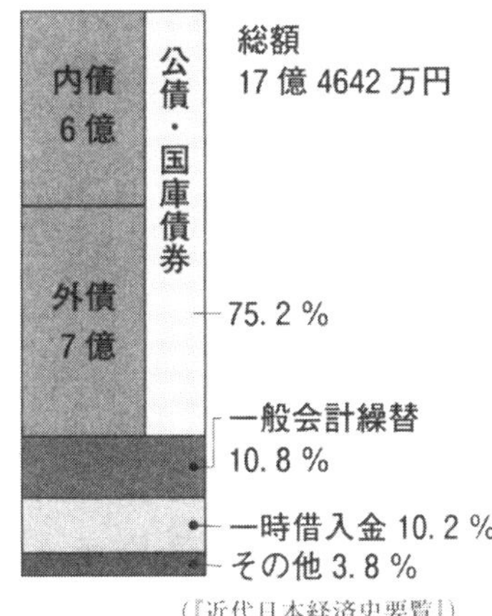

（『近代日本経済史要覧』）

資料1　夏目漱石『それから』(小説)

> 日本ほど借金をこしらえて，貧乏震いしている国はありゃしない。この借金が君，いつになったら返せると思うか。…(中略)…日本は西洋から借金でもしなければ，到底立ちゆかない国だ。それでいて，一等国をもって任じている。……

生徒のまとめ文

> 図や**資料1**から分かるように，日本は，戦費の［ A ］を借金でまかなっていました。なかでもイギリスやアメリカなどに対して発行した［ B ］が，「公債・国庫債券」の半分以上を占めました。
> 借金返済などで国家財政が悪化したことから，［ C ］内閣は，財政整理をすすめました。一方で陸軍は，朝鮮半島の国家を併合したこと(a)を理由に軍備［ D ］を要求しました。

問1　図をもとに［ A ］［ B ］に当てはまる語の組合せとして適切なものを，次の①～④のうちから一つ選べ。解答番号は［ 9 ］。

① A―約半分　B―外　債　② A―約半分　B―内　債
③ A―4分の3以上　B―外　債　④ A―4分の3以上　B―内　債

問2　［ C ］［ D ］に当てはまる語句の組合せとして最も適切なものを，次の①～④のうちから一つ選べ。解答番号は［ 10 ］。

① C―西園寺公望　D―縮　小　② C―西園寺公望　D―拡　大
③ C―山県有朋　D―縮　小　④ C―山県有朋　D―拡　大

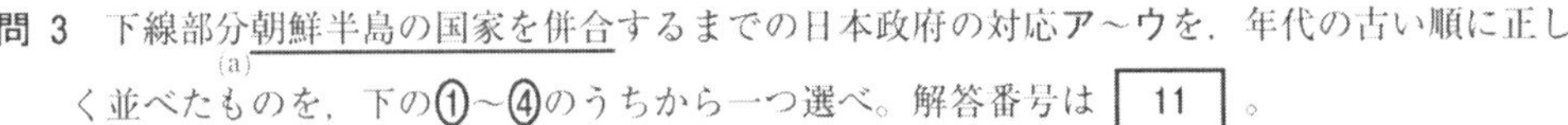

問 3　下線部分朝鮮半島の国家を併合(a)するまでの日本政府の対応ア～ウを，年代の古い順に正しく並べたものを，下の①～④のうちから一つ選べ。解答番号は 11 。

ア　日本政府は，日本人の外交顧問を韓国政府に推せんできるようになった。

イ　日本政府は，伊藤博文を統監に任命した。

ウ　日本政府は，朝鮮が「独立自主の国」であることを清に認めさせた。

①　ア→イ→ウ　　②　ア→ウ→イ　　③　ウ→ア→イ　　④　ウ→イ→ア

問 4　資料 1 と同時代の作品とその特徴の組合せとして最も適切なものを，下の①～④のうちから一つ選べ。解答番号は 12 。

作　品

ア

イ

特　徴

ウ　従軍体験にもとづいた作品で，戦争記録文学のベストセラーとなった。

エ　人間社会のありのままを見つめ，日本の社会的差別を描いた。

①　ア―ウ　　②　ア―エ　　③　イ―ウ　　④　イ―エ

Ⅱ

資料2　「尾崎行雄の演説」(一部意訳してある)

彼ら閥族政治家は，何かにつけ忠愛を口にし，「忠君愛国」は自分たちの一手専売であるかのように語るが，実際のやり方は，いつも天皇の陰にかくれ政敵を狙撃するというような卑劣(ひれつ)さである。彼らこそ，天皇を弾よけにし，天皇の言葉を弾丸のかわりに連発して政敵を倒すのに利用している不忠者ではないか。こんなことだから，桂太郎(b)氏も内大臣(兼侍従長)に就任したばかりで，何事かをなす間もなく，世情騒然としてなかなか静まらないのだ。…(中略)…また，首相になった後に立憲同志会の政党組織に着手するなどという卑怯(ひきょう)なやり方からも，彼らが，いかに憲法を軽視し，その精神を理解していないかということが分かる。

問 5　下線部分桂太郎(b)が首相在任期間に実施した外交政策として最も適切なものを，次の①～④のうちから一つ選べ。解答番号は 13 。

① ロシアとの間で，樺太全島はロシア領，千島全島は日本領とする条約を結んだ。

② 中国大陸における影響力拡大を目的に，段祺瑞(だんきずい)に多額の資金を貸し付けた。

③ アメリカと中国の領土保全・門戸開放を確認する協定を結んだ。

④ 小村寿太郎外務大臣の下で，関税自主権を回復し不平等条約が改正された。

問 6　**資料2**について述べた文の正誤の組合せとして適切なものを，下の①～④のうちから一つ選べ。解答番号は 14 。

ア　尾崎行雄は，憲法の重要性を理解していない閥族政治家を批判している。

イ　尾崎行雄は，閥族政治家が天皇の力を借りて政治を動かそうとしていることを批判している。

① アー正　イー正　　② アー正　イー誤

③ アー誤　イー正　　④ アー誤　イー誤

Ⅲ

資料3「日本の貿易額の推移」

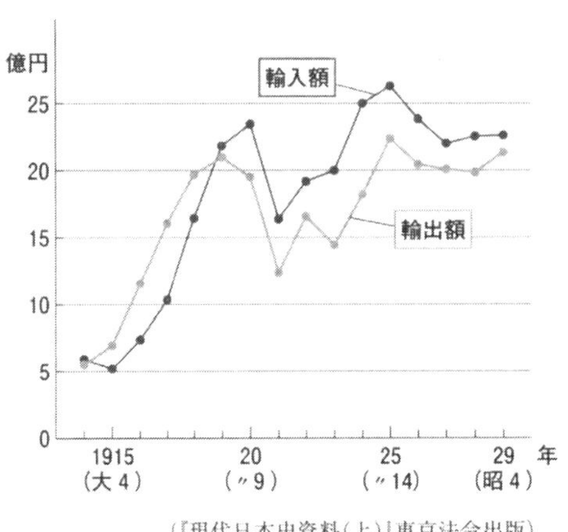

(『現代日本史資料(上)』東京法令出版)

資料4「企業の資本金増加比」

業種	1914(大3)(A)(万円)	1919(大8)(B)(万円)	B/A(倍)
海運業	1930	1億9550	10.1
鉱業	1670	2億8940	17.3
化学工業	1460	2億4930	17.1
造船業	20	2240	112.0
金属工業	130	4470	34.4
紡績業	170	2億6020	153.1
織布業	320	2億1390	66.8
銀行業	5200	6億4260	12.4
鉄道業	3120	2億1710	7.0
電力業	3100	4億6100	14.9

生徒：**資料3**を見ると，1915～1918年の間は，[E]を上回っていたんですね。

先生：戦争がおこったことと関係があるのでしょうか。

生徒：戦争の主戦場となった[F]から手を引いたことが日本に好景気をもたらしたんですね。特に，紡績業の成長が著しかったことが，**資料4**から分かります。

先生：そうです。[G]業も1914年から5年間で，資本金が100倍以上に増加しました。

問7 [E] [F]に当てはまる語句の組合せとして最も適切なものを，次の①～④のうちから一つ選べ。解答番号は[15]。

① E—輸出額が輸入額　F—ヨーロッパ諸国が，アジア市場
② E—輸出額が輸入額　F—アジア諸国が，ヨーロッパ市場
③ E—輸入額が輸出額　F—ヨーロッパ諸国が，アジア市場
④ E—輸入額が輸出額　F—アジア諸国が，ヨーロッパ市場

問8 [G]に当てはまる語として最も適切なものを，次の①～④のうちから一つ選べ。解答番号は[16]。

① 造船　② 銀行　③ 鉱　④ 電力

4 次の**レポート**は，茨城県に住むある高校生が日本史Aの地域学習における課題として書いたものである。これを読み，後にある**問1**～**問4**に答えよ。

レポート

私の住む土浦市は，今年(2020年)で，市制の施行から80年をむかえます。市制施行の同年，海軍の少年飛行兵の養成機関として，市の隣町に予科練(よかれん)(土浦海軍航空隊)が開設されました。この予科練との関わりの中で，土浦では道路の整備や市街地の形成がすすみ，今日につながる発展の基礎がつくられました。

予科練の前身は，第一次世界大戦の終了から4年後に開設された，霞ヶ浦海軍航空隊にさかのぼります。次第に軍国主義の傾向が強まりをみせるなか，出身者の一部には「　A　改造」を主張し，急進的な運動に身を投じる者もいたといいます。

航空隊の開設から18年後，飛行兵の養成部門を分離・独立させ，**図1**に「水上班」と見える地に開設されたのが予科練です。その背景には，　B　するなか，多くの飛行兵の育成を必要とする，時代の要請がありました。予科練には，大空を自由に飛び交うことを夢見る，私たちと同世代の若者たちが全国から志願したようです。

図1

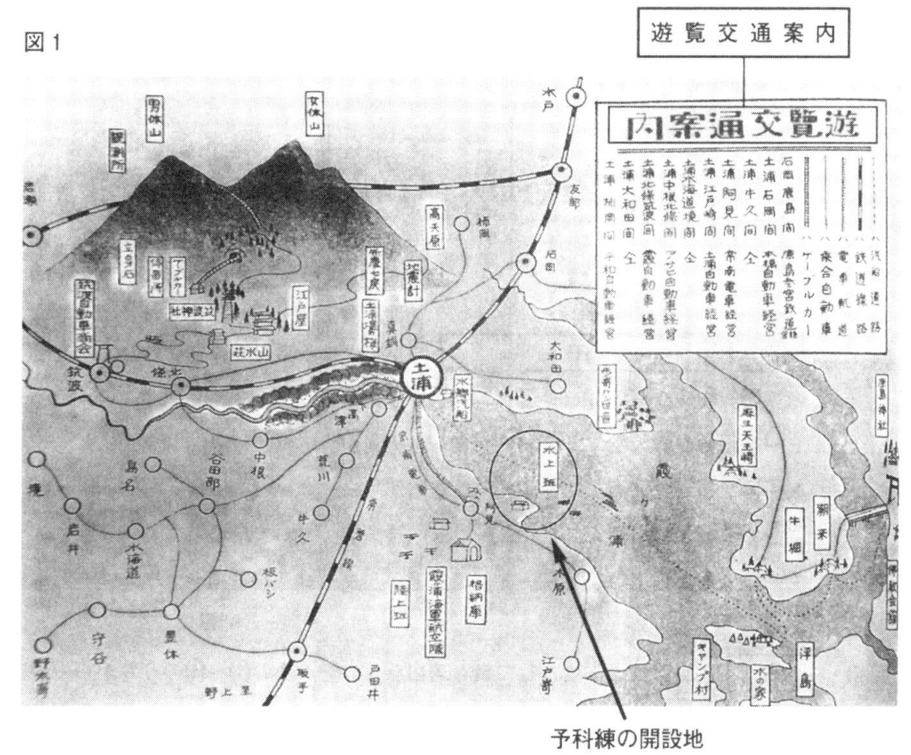

右の図2は，予科練発足の年に発売された絵葉書(包紙)です。表題の「 C 」の文字は，当時の土浦の軍事都市としての性格を伝えており，「 D 」の文字が添えられていることや図1の内容などから， E による経済効果も期待されていたことが分かります。

戦時色が強まる中，市内は予科練生や海軍関係者でにぎわったといいます。その一方，時局の影響(a)は衣食住や教育など，市民生活のあらゆる分野におよびました。

第二次世界大戦の末期，日本の敗色が濃くなるなかで予科練における教育活動は凍結され，終戦となりました。その後，予科練から霞ヶ浦海軍航空隊におよぶ広大な海軍の用地はさまざまな変遷(b)をへて，今日にいたっています。

図2

問1 A B に当てはまる語句の組合せとして最も適切なものを，次の①～④のうちから一つ選べ。解答番号は 17 。

① A―国　家　B―本土空襲が本格化　② A―国　家　B―日中戦争が長期化

③ A―日本列島　B―本土空襲が本格化　④ A―日本列島　B―日中戦争が長期化

問2 C D E に当てはまる語の組合せとして最も適切なものを，次の①～④のうちから一つ選べ。解答番号は 18 。

① C―水　郷　D―空　都　E―農　業

② C―水　郷　D―空　都　E―観　光

③ C―空　都　D―水　郷　E―農　業

④ C―空　都　D―水　郷　E―観　光

問 3　下線部分時局の影響(a)について，次の**資料**(表記等を一部改めてある)は，その一例を示す当時の汽船会社の広告である。これについて述べた**ア**・**イ**の各文を読み，その正誤の組合せとして最も適切なものを，下の①〜④のうちから一つ選べ。解答番号は 19 。

資　料

米英撃滅・必勝祈願　鹿島(注)・香取両神宮参拝

今年こそは！ 敵である米英と戦い抜き、勝ち抜く決戦の年であります。…(中略)…

来たる四月一日より、左のとおり「日帰り参拝船」の申し込みを歓迎致します。

奮ってご利用願います。

記

発船地	四百人迄(さつき丸)	二百五十人迄(あやめ丸)	百五十人迄(鹿島丸)
江戸崎・入古渡より両神宮間往復	六〇〇円	三七五円	二二五円
銚子方面より　同右	六四〇円	四〇〇円	二四〇円
其他(そのた)霞ヶ浦沿岸地方より　同右	六〇〇円	三七五円	二二五円

一、右の表は、国民学校団体の料金を示しました。

一、右の表の基準人員に満たない場合でも、表のとおり料金を申し受けます。

…(後略)…

(注)　鹿島・香取両神宮：鹿島神宮と香取神宮。ともに武神・軍神をまつる神社として知られている。

ア　この広告は，日ソ中立条約の締結より後の時期につくられたものである。

イ　この広告では，現在の小学生に当たる年齢層の人びとを対象に神社参拝をよびかけている。

① ア―正　イ―正　　② ア―正　イ―誤

③ ア―誤　イ―正　　④ ア―誤　イ―誤

問 4　下線部分(b)さまざまな変遷の内容を具体的に述べた次の①～④のうち，最も新しい時期のできごとについて述べたものを一つ選べ。解答番号は 20 。

① マッカーサーの来日から3週間後，占領軍が土浦に進駐し，用地内における軍用機・機械類などの兵器の摂取や解体作業が着手された。

② 六・三・三・四の新学制が施行され，航空隊の跡地や兵舎などの建物を活用して，同年中に公立の新制中学校が次々と新設された。

③ 東京に置かれていた警察予備隊の武器学校が予科練の跡地に移設され，翌月には保安隊の発足にともない，その管理下にうつった。

④ 第二次農地改革により茨城県農地部が発足し，農地として解放されていた航空隊内の広大な飛行場の跡地の開拓事業を担当することになった。

5 次の**資料**は，日本の佐藤栄作首相とアメリカのニクソン大統領との間で交わされ，1969年11月に発表された日米共同声明の抜粋である。これを読み，後にある**問1**～**問4**に答えよ。

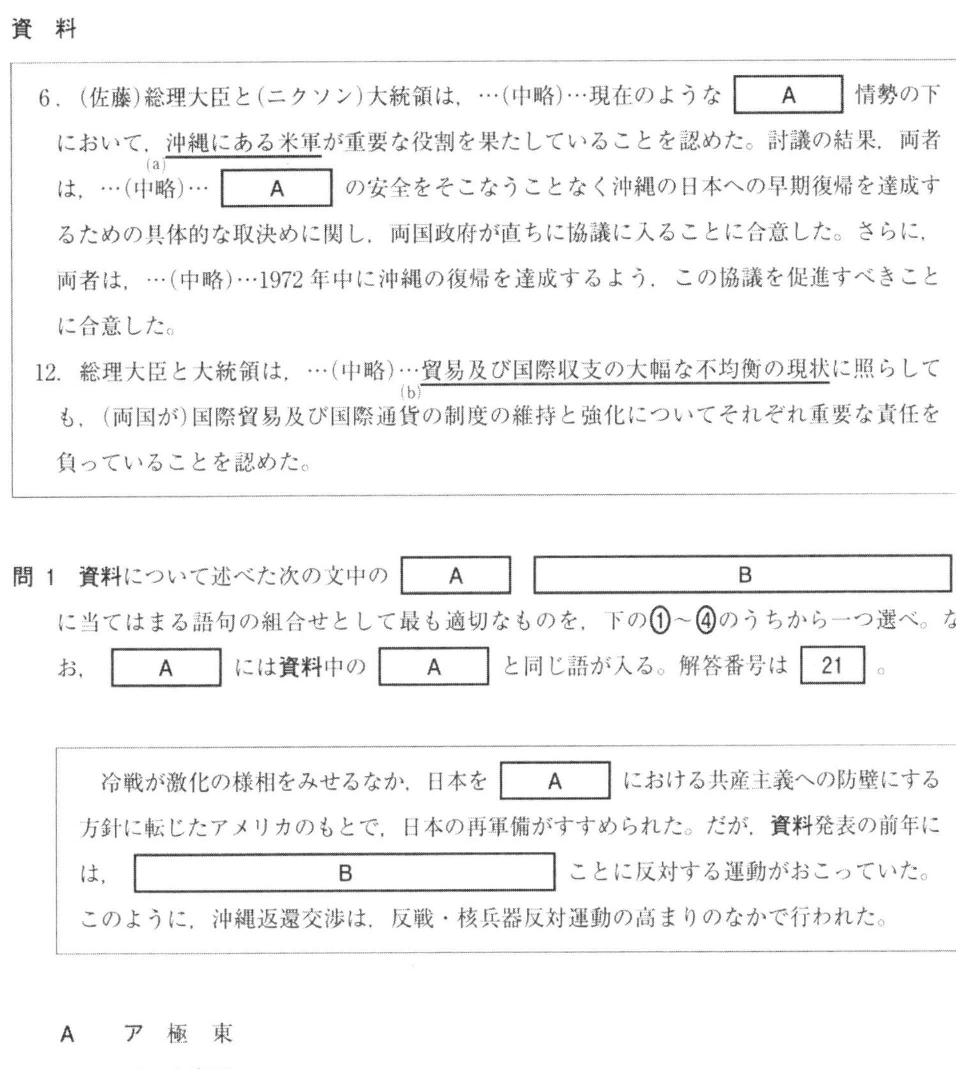

資　料

> 6．(佐藤)総理大臣と(ニクソン)大統領は，…(中略)…現在のような[A]情勢の下において，沖縄にある米軍(a)が重要な役割を果たしていることを認めた。討議の結果，両者は，…(中略)…[A]の安全をそこなうことなく沖縄の日本への早期復帰を達成するための具体的な取決めに関し，両国政府が直ちに協議に入ることに合意した。さらに，両者は，…(中略)…1972年中に沖縄の復帰を達成するよう，この協議を促進すべきことに合意した。
>
> 12．総理大臣と大統領は，…(中略)…貿易及び国際収支の大幅な不均衡の現状(b)に照らしても，(両国が)国際貿易及び国際通貨の制度の維持と強化についてそれぞれ重要な責任を負っていることを認めた。

問1 **資料**について述べた次の文中の[A][B]に当てはまる語句の組合せとして最も適切なものを，下の①～④のうちから一つ選べ。なお，[A]には**資料**中の[A]と同じ語が入る。解答番号は[21]。

> 冷戦が激化の様相をみせるなか，日本を[A]における共産主義への防壁にする方針に転じたアメリカのもとで，日本の再軍備がすすめられた。だが，**資料**発表の前年には，[B]ことに反対する運動がおこっていた。このように，沖縄返還交渉は，反戦・核兵器反対運動の高まりのなかで行われた。

A　ア　極　東
　　イ　大東亜

B　ウ　アメリカ軍への後方支援として，政府が海上自衛隊をインド洋に派遣した
　　エ　革新政党・地元住民などにより，アメリカ軍の原子力空母が長崎県に入港する

①　アーウ　　②　アーエ　　③　イーウ　　④　イーエ

問 2　下線部分沖縄にある米軍(a)について，**資料**の時期の沖縄の米軍(アメリカ軍)基地は，ある戦争にアメリカが軍事介入したため拡張され，その事実上の前線基地となっていた。この戦争の主戦場を含む地域を，次の**地図**中の①～④のうちから一つ選べ。解答番号は 22 。

地　図

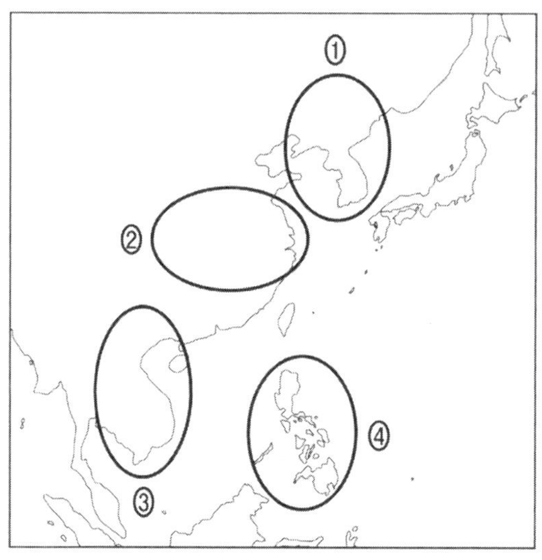

問 3　下線部分貿易及び国際収支の大幅な不均衡の現状(b)について述べた次の文中の C D に当てはまる語句の組合せとして最も適切なものを，下の①～④のうちから一つ選べ。解答番号は 23 。

> アメリカは，悪化した国際収支の改善などを目的に，**資料**の共同声明から2年後，基軸通貨であるドルと金の交換を C 新しい経済政策を発表した。
>
> こののち，国際通貨基金(IMF)を中心としてきた世界経済の枠組みは崩壊に向かい，これまで実質的な D のもとで輸出産業に支えられ，経済成長をとげてきた日本経済は，大きな曲がり角をむかえた。

① C―可能とする　D―円　高　　② C―可能とする　D―円　安
③ C―停止する　D―円　高　　④ C―停止する　D―円　安

問 4　**資料**の共同声明発表と最も近い時期のできごとについて述べたものを，次の①～④のうちから一つ選べ。解答番号は 24 。

① 黒澤明監督の映画『羅生門』が公開され，国際映画祭で受賞した。
② 宝塚少女歌劇団が結成され，兵庫県を根拠地に公演を始めた。
③ 「太陽の塔」をシンボルに日本万国博覧会が大阪府で開催された。
④ ジャズをはじめとする，欧米の楽曲約1000種の演奏が禁止された。

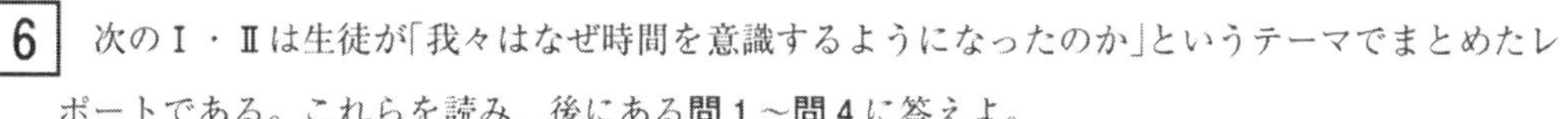

6 次のⅠ・Ⅱは生徒が「我々はなぜ時間を意識するようになったのか」というテーマでまとめたレポートである。これらを読み，後にある**問1**～**問4**に答えよ。

Ⅰ

●テーマ設定の理由

先日，忘れ物をしてしまい，学校に遅刻してしまった。先生に注意をされたが，その時ふと，なぜ私たちは時間を気にしながら生活するようになったのだろうと思ったから。

●自分の予想・仮説

明治時代以降，海外と貿易が始まり，時計が輸入されるようになったため。

●調べて分かったこと

資料1

当時は一般の人びとは時計を持たなかったし，また時間の厳守ということはなかったのである。2時に招かれたとしても1時に行くこともあり，3時になることもあり，もっと遅く出かける場合もある。

資料2

この国(日本)ではものごとがすぐには運んでいかないのである。1時間そこいらは問題にならない。辞書で「すぐに」という意味の「ただいま」は，かなり長い時間を意味することもある。

明治初期の人びとの時間に対する意識を調べたところ，外国人の記録に日本人の時間意識が記されていることが多かった。**資料1・2**は，幕末から明治初期にかけて日本を訪れた外国人の日記等の一部である。彼らから見れば日本人は時間に対して A であったようだ。

資料3

乗車するものは，遅くとも表示の時刻より15分前に駅に来て，切符を購入したり，その他の用事を済ませておくように。

発車時刻を守るために，時刻の5分前には駅の入り口を閉めておくように。

それでも**資料3**に見られるように，明治初期の B の開通などは人びとの時間意識に大きな影響をもたらした。その他，文部省が出した「小学生徒心得」には「毎日登校は授業時限の10分前であること」などという項目があった。また，規律ある集団行動が求められる軍隊での経験や，工場での労働などが人びとの時間への意識を少しずつ変えていったようである。

問 1 [A] [B] に当てはまる語の組合せとして最も適切なものを，次の①～④のうちから一つ選べ。解答番号は [25] 。

① A—おおざっぱ　B—鉄　道　② A—おおざっぱ　B—路線バス
③ A—几帳面　B—鉄　道　④ A—几帳面　B—路線バス

問 2 下線部分時計について，次の**表**から**読み取れること**と，**表**の期間中に**普及率が上がった背景**の組合せとして最も適切なものを，下の①～④のうちから一つ選べ。解答番号は [26] 。

表　明治期の日本における時計の数と保有率推計

	累積輸入(単位：千個)		累積国産(単位：千個)		保有率	
西　暦	腕時計	置時計	腕時計	置時計	腕時計	置時計
1877 年	108	265	0	0	0.2 %	3.2 %
1887 年	364	695	0	0	0.8 %	8.0 %
1897 年	2008	2125	0	750	4.2 %	31.5 %
1907 年	5171	3448	250	5535	10.0 %	72.3 %

※腕時計は当時の総人口における保有率であり，置時計は一般世帯における保有率である。

（内田星美「明治時代における時計の普及」『遅刻の誕生』により作成）

読み取れること

ア　置時計の普及率は，腕時計の普及率を超えることはなかった。

イ　腕時計の国産化は，置時計の国産化よりも遅れた。

普及率が上がった背景

ウ　工業化の進展により，工業生産額が農業生産額を上回った。

エ　産業革命の進展により，工場労働者が増加した。

① アーウ　② アーエ　③ イーウ　④ イーエ

Ⅱ

昭和時代のことを調べるためにある書物を読んでいると，**資料4**の漫画が紹介されていた。この「少年ダン吉」は，少年向け雑誌『少年倶楽部』に1933年から1939年のあいだ連載された漫画である。南の島に漂着した日本人少年ダン吉が，冒険をともないながら島を文明化していく話である。この回は島に学校を建設するという話であり，**資料4**でダン吉は［ C ］として描かれている。この漫画は［ D ］という日本の状況の中で人気が出たようだ。

この書物でもダン吉が常に腕時計をしていることに注目している。時計を持ったダン吉が学校の校長となり，通学する島民を管理しているといえる。

資料4

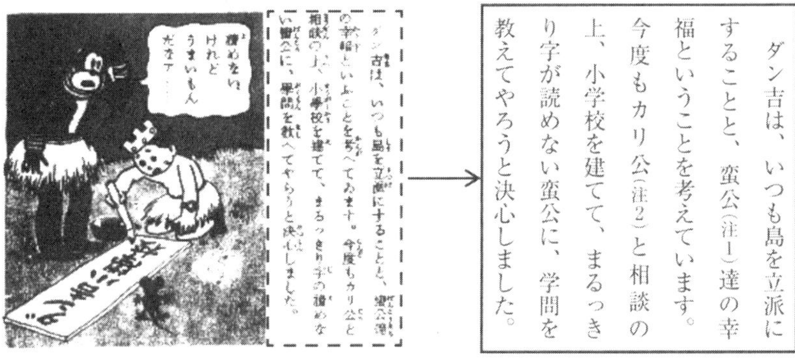

ダン吉は、いつも島を立派にすることと、蛮公(注1)達の幸福ということを考えています。今度もカリ公(注2)と相談の上、小学校を建てて、まるっきり字が読めない蛮公に、学問を教えてやろうと決心しました。

学校といっても野蛮島のことですから、ヤシの葉で造った屋根があるだけの校舎です。授業を知らせる鐘はヤシの実のから に石っころのはいったのが、ぶら下がっています。
何しろ一度遅刻すると、通信簿が乙になる(注3)という規則ですから愉快です。

(注1)　蛮公：島民を指した表現(**資料**原文のまま掲載)

(注2)　カリ公：絵中のネズミのキャラクター

(注3)　乙になる：成績が下がること

(島田啓三『少年ダン吉(復刻版)』により作成)

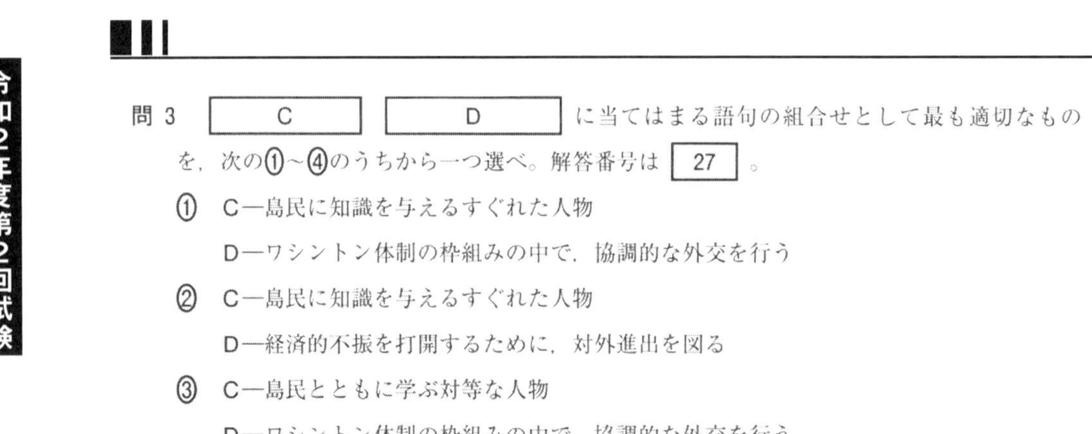

問 3 [C] [D] に当てはまる語句の組合せとして最も適切なものを，次の①～④のうちから一つ選べ。解答番号は [27] 。

① C―島民に知識を与えるすぐれた人物
　D―ワシントン体制の枠組みの中で，協調的な外交を行う

② C―島民に知識を与えるすぐれた人物
　D―経済的不振を打開するために，対外進出を図る

③ C―島民とともに学ぶ対等な人物
　D―ワシントン体制の枠組みの中で，協調的な外交を行う

④ C―島民とともに学ぶ対等な人物
　D―経済的不振を打開するために，対外進出を図る

問 4 Ⅰ・Ⅱをふまえて，人びとの時間意識に関する文の正誤の組合せとして最も適切なものを，下の①～④のうちから一つ選べ。解答番号は [28] 。

ア 日本では明治時代のはじめから時間の概念が重視されていたため，時計が普及した。

イ 近代化の過程で様々な制度が整っていく中で，日本人の時間意識は高まっていった。

① ア―正　イ―正	② ア―正　イ―誤
③ ア―誤　イ―正	④ ア―誤　イ―誤

（これで日本史Aの問題は終わりです。）

日　本　史　B

（解答番号 1 ～ 28 ）

1 次のⅠ・Ⅱについて，後にある**問1**～**問4**に答えよ。

Ⅰ

説明文

『 A 』が成立して，2020年で1300年になる。舎人親王らを中心に編纂され，漢文の編年体を用いて書かれた日本の正史である。我が国の歴史を知るうえで非常に重要な史料であるが，記述されなかった事実があることも指摘されている。例えば，600年に遣隋使が派遣され， B ことが，**資料1**の『隋書』倭国伝の記述からわかるが，『 A 』には記述されていない。倭国は，この600年以降に国家組織を整備(a)したうえで，607年に遣隋使を派遣している。

資料1（意訳してある）

開皇二十年(600年)，倭王の使者が，隋の都までやってきた。その使者は，「倭王は天を兄として，太陽を弟としている。太陽が出る前に政務を聞き，太陽が出るとやめて弟に任せるのだと言います。」と言う。皇帝は，「それはまったく筋が通らないことである。」と言い，改めるよう伝えた。

大業三年(607年)，倭王が使者を送ってきた。…(中略)…その国書には「太陽の昇るところの天子が，書を太陽が沈むところの天子に届けます。いかがお過ごしでしょうか。」と書かれる。皇帝はこれを見て不機嫌になり，役人に「この倭人の国書は無礼である。また無礼な国書が来たら持ってくるな。」と言った。翌年，皇帝は，裴世清(はいせいせい)を使者として倭国に派遣した。

III

問 1 [A] [B] に当てはまる語句の組合せとして最も適切なものを，次の①～④のうちから一つ選べ。解答番号は [1] 。

① A―日本書紀　B―倭国の政務について，隋の皇帝は理解を示した

② A―日本書紀　B―倭国の政務について，隋の皇帝から批判を受けた

③ A―古事記　B―倭国の政務について，隋の皇帝は理解を示した

④ A―古事記　B―倭国の政務について，隋の皇帝から批判を受けた

問 2 下線部分国家組織を整備(a)について，600 年から 607 年の間に実施された**政策**と，**資料 1** から読み取ることができる 607 年に派遣された遣隋使への隋の**皇帝の対応**について，正しいものの組合せを，下の①～④のうちから一つ選べ。解答番号は [2] 。

政　策

ア　大宝律令を施行した。

イ　憲法十七条を定めた。

皇帝の対応

ウ　国書が無礼であったため，二度と倭国と関係を持つことはなかった。

エ　国書が無礼であったが，返礼の使者を倭国へ送った。

① ア―ウ　② ア―エ　③ イ―ウ　④ イ―エ

Ⅱ

説明文

六国史の2番目にあたる『続日本紀』は，平安時代初期に，菅野真道らによって編纂された。文武天皇から桓武天皇の時代について書かれ，奈良時代を知るための重要な史料となっている。**資料2**は，朝廷に銅が献上されたこと(b)についての，『続日本紀』の記述である。

資料2（意訳してある）

和銅元年正月十一日

武蔵国秩父郡から良質の銅が献上された。「これは，天と地の神が，ともに政治を祝福して現れた宝であるから，元号を改める。」という天皇のお言葉があった。

これによって，慶雲五年を改めて和銅元年として元号を定める。

和銅元年七月

近江国で銅銭を鋳造（ちゅうぞう）した。

和銅元年八月

初めて銅銭を使用させた。

和銅四年十月二十三日

天皇は職種や役職による給与の支給規定を定めた。そもそも銭は，余ったものや足りないものを交換するために使うものである。ところが，今の人びとは，これまでの習慣にとらわれて，このことを理解できないでいる。わずかに売買はしているが，銭を蓄えるほどの者がいない。

問3 **資料2**から読み取ることができる内容として**適切でないもの**を，次の①～④のうちから一つ選べ。解答番号は［3］。

① 良質の銅が献上されたその年に，貨幣の鋳造がおこなわれた。

② 人びとに，貨幣を使用する習慣が定着していなかった。

③ 政府は，必要なものは，物々交換をするべきだと考えている。

④ 朝廷に献上品があったことを，喜ばしいことだとして改元がおこなわれた。

問 4　下線部分(b)銅が献上されたについて，この時，銅が産出された国の**場所**と，銅が献上されたことによって鋳造した**貨幣**の組合せとして正しいものを，下の①～④のうちから一つ選べ。解答番号は 4 。

場　所

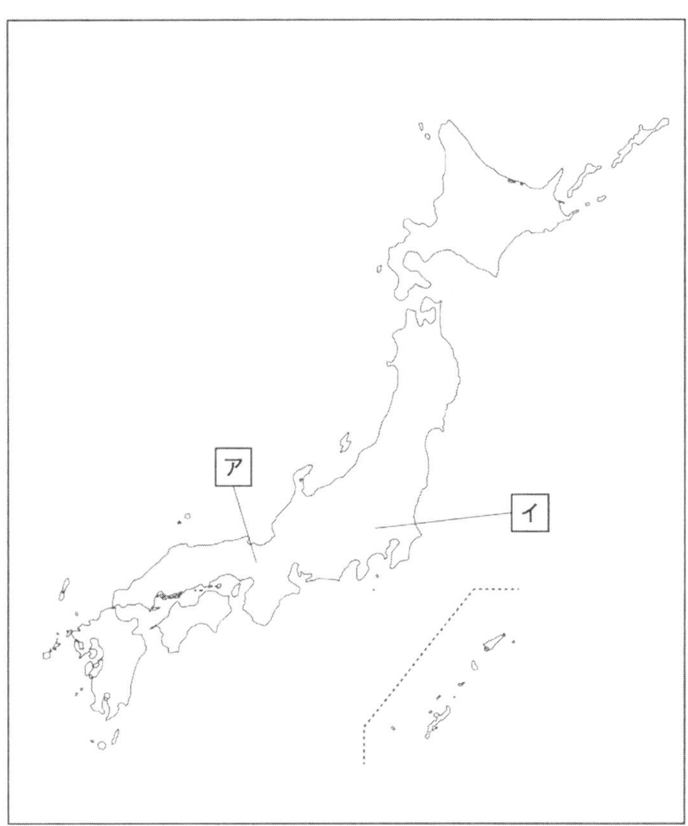

貨　幣

ウ　　　　　　　　　　エ

①　ア―ウ　　　②　ア―エ　　　③　イ―ウ　　　④　イ―エ

2 次の**会話文**を読み，後にある**問1**～**問4**に答えよ。

会話文

生徒：絵巻物には，色々な作品がありますね。 A 描いた**資料1**は，博物館などで展示されるといつも人気ですね。いつの時代のものですか。

先生：この絵巻物は，院政期のものです。院政期は，絵巻物が発展した時代で，保元の乱の後，院政を開始した B 上皇も絵巻物を愛し，『年中行事絵巻』などを描かせています。**資料2**も院政期の作品です。

生徒：仏像を前に祈る人物のようすが描かれていますが，どのような作品でしょうか。

先生：命蓮（みょうれん）という僧の伝説を描いた『信貴山（しぎさん）縁起絵巻』です。この場面は，命蓮を訪ねてその姉が旅をする途中，大和国である有名な仏像を拝んでいるようすです。

生徒：ここに描かれた仏像は，鎮護国家の考えにもとづき聖武天皇の命を受けて造立されたものですね。修学旅行で目にする機会がありました。

先生：この仏像は戦乱で焼失してしまい，現在のものは修復されたものです。

生徒：焼失してしまう前の貴重な姿が描かれているのですね。

先生：鎌倉時代になると絵巻物は，新しい時代を生きる人びとのようすを描くようになります。**資料3**の『一遍上人絵伝』から，どのような人が暮らしているかわかりますか。

生徒：堀や板塀によって防御され，馬などが飼育されていることから， C の生活が描かれていることがわかります。鎌倉幕府の将軍に従った C は御家人と呼ばれ，合戦に参加したり， D したりすることなどによって所領の支配を保証されていたんですよね。

先生：そうです。蒙古襲来の際に，合戦に参加した御家人も絵巻物を描かせています。

資料1

資料2

資料3

問 1 [A] [B] に当てはまる語句の組合せとして最も適切なものを，次の①～④のうちから一つ選べ。解答番号は [5] 。

① A—自然に生きる動物たちの姿を写実的に　B—鳥　羽
② A—自然に生きる動物たちの姿を写実的に　B—後白河
③ A—動物たちを擬人化して社会を風刺して　B—鳥　羽
④ A—動物たちを擬人化して社会を風刺して　B—後白河

問 2 [C] [D] に当てはまる語句の組合せとして最も適切なものを，次の①～④のうちから一つ選べ。解答番号は [6] 。

① C—貴　族　D—天皇や将軍の御所を警護
② C—貴　族　D—神仏の権威を背景に強訴
③ C—武　士　D—天皇や将軍の御所を警護
④ C—武　士　D—神仏の権威を背景に強訴

問 3 **資料2**で描かれた**仏像**と，その仏像が安置されている**寺院**の組合せとして正しいものを，下の①～④のうちから一つ選べ。解答番号は [7] 。

仏　像　ア　阿弥陀仏　イ　盧舎那仏
寺　院　ウ　東大寺　エ　平等院

① アーウ　② アーエ　③ イーウ　④ イーエ

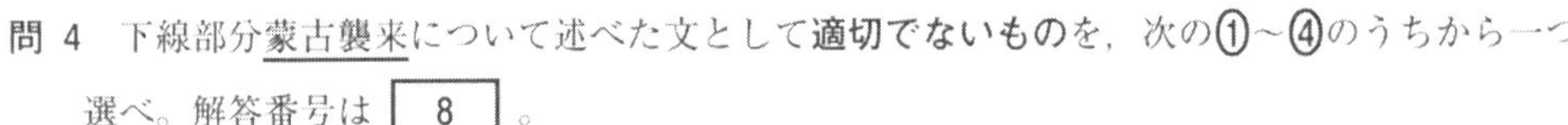

問 4　下線部分蒙古襲来について述べた文として**適切でないもの**を，次の①～④のうちから一つ選べ。解答番号は 8 。

① 集団戦法を用いる元軍に対して一騎打ちで戦う御家人は苦戦した。

② 1度目の襲来の後，博多湾沿いに防塁が築かれた。

③ 合戦後，御家人の竹崎季長が『蒙古襲来絵詞』を描かせた。

④ 種子島に伝来した鉄砲が本格的に使用された。

3 次の文を読み，後にある**問1**～**問4**に答えよ。

飼い慣らした鷹を使用して山野で鳥や小動物などを捕獲する鷹狩(たかがり)は，古代以来武芸の一つとして盛んに行われた。

江戸時代においても鷹狩は家康の時代から将軍や諸大名によって盛んに行われ，鷹狩で得た獲物を贈答する慣行も生まれた。**表**からは，同じ徳川一門でも［ A ］に対して多くの獲物が将軍より下されていたことがわかる。一方で，将軍は鷹狩で得た鶴を［ B ］から武家伝奏を通じて天皇に進上した。鷹狩にともなう贈答は大名家の序列の明示や，朝幕関係の構築に利用されたのである。

将軍や諸大名は自領内や幕府から認められた江戸近郊の農村内に鷹狩を行う場所である鷹場を設定したが，(a)その地域の民衆はさまざまな影響をうけた。

鷹狩のあり方に変化が生じるのが5代将軍綱吉の時代である。［ C ］ことをめざした綱吉は鷹狩を縮小・廃止させた。

表 1644年に将軍家光から徳川一門の藩に下された獲物(鳥)の数

藩	石高	下された鳥の数
尾張藩	62万石	50羽
紀州藩	55万石	50羽
水戸藩	28万石	50羽
加賀藩(注)	80万石	30羽
福井藩	52万石	30羽

(注) 加賀藩は当主の前田光高が将軍家光の養女を妻に迎えており，徳川一門に準じた扱いを受けている。

その後，［ D ］8代将軍吉宗は，家康が愛好した武芸である鷹狩を復興させた。次の**歌**はこのような吉宗の鷹狩好きを庶民が風刺したものである。

歌

上(かみ)の御数寄(おすき)な物，御鷹野(たかの)と(b)下の難儀(なんぎ)

(将軍吉宗の好きな物は，鷹狩りと庶民の苦労である。)

(『享保世話』により作成)

問1 ［ A ］［ B ］に当てはまる語句の組合せとして最も適切なものを，次の①～④のうちから一つ選べ。解答番号は［ 9 ］。

① A―より石高が大きい藩　　B―京都所司代

② A―より格の高い家柄とされた藩　　B―京都所司代

③ A―より石高が大きい藩　　B―六波羅探題

④ A―より格の高い家柄とされた藩　　B―六波羅探題

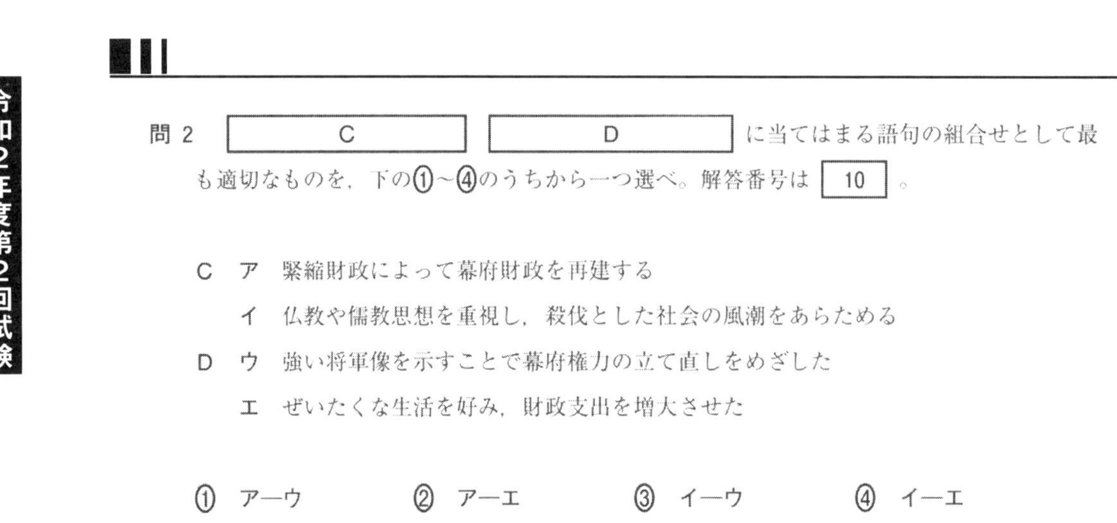

問 2 　C　 　D　 に当てはまる語句の組合せとして最も適切なものを，下の①～④のうちから一つ選べ。解答番号は 10 。

C　ア　緊縮財政によって幕府財政を再建する

　　イ　仏教や儒教思想を重視し，殺伐とした社会の風潮をあらためる

D　ウ　強い将軍像を示すことで幕府権力の立て直しをめざした

　　エ　ぜいたくな生活を好み，財政支出を増大させた

① アーウ　　② アーエ　　③ イーウ　　④ イーエ

問 3 下線部分その地域の民衆はさまざまな影響をうけた(a)に関連して，次の**資料**(意訳・抜粋してある)の内容について説明した**ア**・**イ**の正誤の組合せとして正しいものを，下の①～④のうちから一つ選べ。解答番号は 11 。

資料 尾張藩が鷹場とした村に対して出した法令

> 一、大名が鷹狩を行う場合は，村の道筋は言うまでもなく，脇道・細道にいたるまで邪魔になるいばらや柵は設置してはならない。また，道・橋等は念入りに整備すること。
> 一、鹿・イノシシを許可なく追い払ってはならない。許可なくかかしを立ててはならない。
> 一、鷹の餌となる鳥を許可なく追い払ったり，鳥を飼育したりしてはならない。
> 一、もし鉄砲を撃つ者がいたら，住所や名を聞き出し，役人に報告すること。
> 一、神事や祭礼など大勢の人が集まる行事を行う際は必ず事前に役人に申し出るように。

ア　農業や狩猟などの生業や村の行事などが制約を受けた。

イ　不審な人物への警戒や道路整備などの負担が課された。

① アー正　イー正　　② アー正　イー誤

③ アー誤　イー正　　④ アー誤　イー誤

問 4 下線部分下の難儀(b)について，このように風刺される原因となった吉宗の政策として最も適切なものを，次の①～④のうちから一つ選べ。解答番号は 12 。

① 米の売却をおこなう商人である札差に対する旗本・御家人の借金を帳消しとした。

② 百姓の都市への出稼ぎを禁じて，江戸に流入した貧民を強制的に農村に返した。

③ 幕領における年貢徴収法を検見法から定免法に改めた。

④ 都市の町人が負担していた町費を節約させ，そのうちの七割を積み立てさせた。

4 次のⅠ・Ⅱについて，後にある**問1**～**問4**に答えよ。

Ⅰ

資料(現代仮名遣いで表記してある)

権利幸福きらいな人に自由湯(注1)をばのましたい
オッペケペ　オッペケペッポーペッポーポー
堅い上下(かみしも)(注2)角(かど)とれて　マンテルズボンに人力車　意気な束髪ボンネット(注3)
貴女に紳士のいでたちで　外部のかざりはよけれども　政治の思想が欠乏だ
天地の真理が解らない　心に自由の種をまけ　オッペケペ　オッペケペッポ　ペッポーポー

(注1)　自由湯：「自由党」という政党名と掛けた言葉になっている。
(注2)　上下：裃(かみしも)を表し，武士の正装のことを示している。
(注3)　マンテルズボン，人力車，束髪ボンネット：文明開化による民衆の生活の変化を象徴している。

会話文

先生：この**資料**は，川上音二郎という自由党壮士だった青年が時事を風刺して作った歌です。
生徒：リズム良く歌われていて耳に残りますね。
　　「権利幸福きらいな人」とは［　A　］に反対する人を指しているのですか。
先生：そうですね。4行目は<u>具体的な政策を批判している</u>(a)ようにも読み取れますね。

問1　［　A　］に当てはまる語として適切なものを，次の①～④のうちから一つ選べ。解答番号は［13］。

①　原水爆禁止運動　　②　自由民権運動　　③　新体制運動　　④　地方改良運動

問2　下線部分<u>具体的な政策を批判している</u>(a)について，次の［　B　］［　C　］に当てはまる語句の組合せとして最も適切なものを，下の①～④のうちから一つ選べ。解答番号は［14］。

この具体的な政策とは［　B　］を指している。この時期，［　C　］が適用されたノルマントン号事件をきっかけに，日本国民の間に不平等条約への不満が高まっていった。

①　B―急速に西洋の生活や文化を取り入れようとする極端な欧化政策　　C―領事裁判権
②　B―急速に西洋の生活や文化を取り入れようとする極端な欧化政策　　C―関税自主権
③　B―民衆暴動の鎮圧を目的に朝鮮半島に出兵するという積極的な外交政策　　C―領事裁判権
④　B―民衆暴動の鎮圧を目的に朝鮮半島に出兵するという積極的な外交政策　　C―関税自主権

Ⅱ

説明文

この風刺画は日露戦争(b)における国際関係を描いたものである。［D］は，中国の利権を奪われることを恐れて日本の背中を強く押している。一方，遠くから眺めているように見える［E］は，講和条約締結の仲介を行うなど日本に協力的な態度を示した。

問3 ［D］［E］に当てはまる語の組合せとして最も適切なものを，次の①～④のうちから一つ選べ。解答番号は［15］。

① D—ドイツ　E—フランス
② D—ドイツ　E—アメリカ
③ D—イギリス　E—フランス
④ D—イギリス　E—アメリカ

問4 下線部分日露戦争(b)がおきた時期として適切なものを，次の①～④のうちから一つ選べ。解答番号は［16］。

江華島事件
↓ ①
甲午農民戦争
↓ ②
義和団事件
↓ ③
ハーグ密使事件
↓ ④
三・一独立運動

5 次のⅠ・Ⅱについて，後にある**問1**～**問4**に答えよ。

Ⅰ

図「日露戦争の戦費調達」

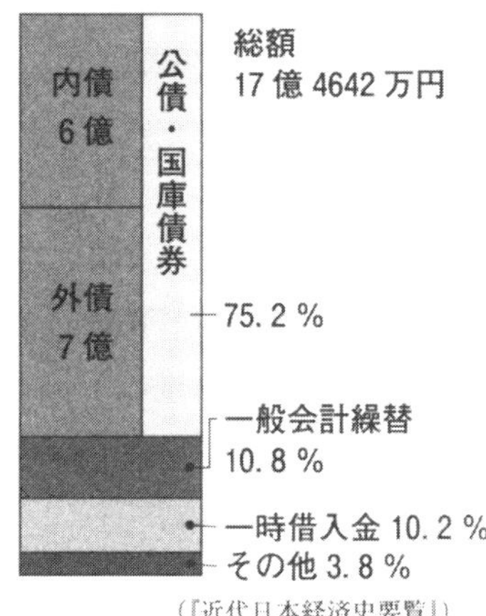

（『近代日本経済史要覧』）

資料1　夏目漱石『それから』（小説）

> 日本ほど借金をこしらえて，貧乏震いしている国はありゃしない。この借金が君，いつになったら返せると思うか。…（中略）…日本は西洋から借金でもしなければ，到底立ちゆかない国だ。それでいて，一等国をもって任じている。……

生徒のまとめ文

> **図**や**資料1**から分かるように，日本は，戦費の［ A ］を借金でまかなっていました。なかでもイギリスやアメリカなどに対して発行した［ B ］が，「公債・国庫債券」の半分以上を占めました。
>
> 借金返済などで国家財政が悪化したことから，［ C ］内閣は，財政整理をすすめました。一方で陸軍は，朝鮮半島の国家を併合したことを理由に軍備［ D ］を要求しました。

問1　**図**をもとに［ A ］［ B ］に当てはまる語の組合せとして適切なものを，次の①～④のうちから一つ選べ。解答番号は［ 17 ］。

① A―約半分　B―外　債
② A―約半分　B―内　債
③ A―4分の3以上　B―外　債
④ A―4分の3以上　B―内　債

問2　［ C ］［ D ］に当てはまる語句の組合せとして最も適切なものを，次の①～④のうちから一つ選べ。解答番号は［ 18 ］。

① C―西園寺公望　D―縮　小
② C―西園寺公望　D―拡　大
③ C―山県有朋　D―縮　小
④ C―山県有朋　D―拡　大

Ⅱ

資料2 「日本の貿易額の推移」

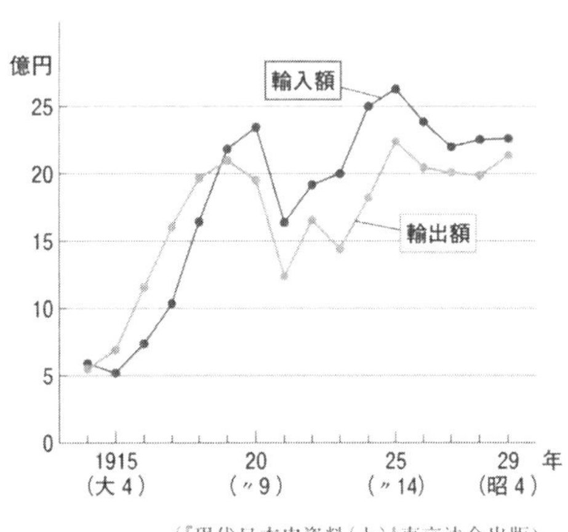

(『現代日本史資料(上)』東京法令出版)

資料3 「企業の資本金増加比」

業種	1914(大3)(A)(万円)	1919(大8)(B)(万円)	B/A(倍)
海運業	1930	1億9550	10.1
鉱業	1670	2億8940	17.3
化学工業	1460	2億4930	17.1
造船業	20	2240	112.0
金属工業	130	4470	34.4
紡績業	170	2億6020	153.1
織布業	320	2億1390	66.8
銀行業	5200	6億4260	12.4
鉄道業	3120	2億1710	7.0
電力業	3100	4億6100	14.9

生徒：**資料2**を見ると，1915～1918年の間は，［ E ］を上回っていたんですね。

先生：戦争がおこったことと関係があるのでしょうか。

生徒：戦争の主戦場となった［ F ］から手を引いたことが日本に好景気をもたらしたんですね。特に，紡績業の成長が著しかったことが，**資料3**から分かります。

先生：そうです。［ G ］業も1914年から5年間で，資本金が100倍以上に増加しました。

問3 ［ E ］［ F ］に当てはまる語句の組合せとして最も適切なものを，次の①～④のうちから一つ選べ。解答番号は［ 19 ］。

① E—輸出額が輸入額　F—ヨーロッパ諸国が，アジア市場

② E—輸出額が輸入額　F—アジア諸国が，ヨーロッパ市場

③ E—輸入額が輸出額　F—ヨーロッパ諸国が，アジア市場

④ E—輸入額が輸出額　F—アジア諸国が，ヨーロッパ市場

問4 ［ G ］に当てはまる語として最も適切なものを，次の①～④のうちから一つ選べ。解答番号は［ 20 ］。

① 造船　② 銀行　③ 鉱　④ 電力

6 次の**レポート**は，茨城県に住むある高校生が日本史Bの地域学習における課題として書いたものである。これを読み，後にある**問1**・**問2**に答えよ。

レポート

私の住む土浦市は，今年(2020年)で，市制の施行から80年をむかえます。市制施行の同年，海軍の少年飛行兵の養成機関として，市の隣町に予科練(よかれん)(土浦海軍航空隊)が開設されました。この予科練との関わりの中で，土浦では道路の整備や市街地の形成がすすみ，今日につながる発展の基礎がつくられました。

予科練の前身は，第一次世界大戦の終了から4年後に開設された，霞ヶ浦海軍航空隊にさかのぼります。航空隊の開設から18年後，飛行兵の養成部門を分離・独立させ，**図1**に「水上班」と見える地に開設されたのが予科練です。その背景には，多くの飛行兵の育成を必要とする，時代の要請がありました。予科練には，大空を自由に飛び交うことを夢見る，私たちと同世代の若者たちが全国から志願したようです。

図1

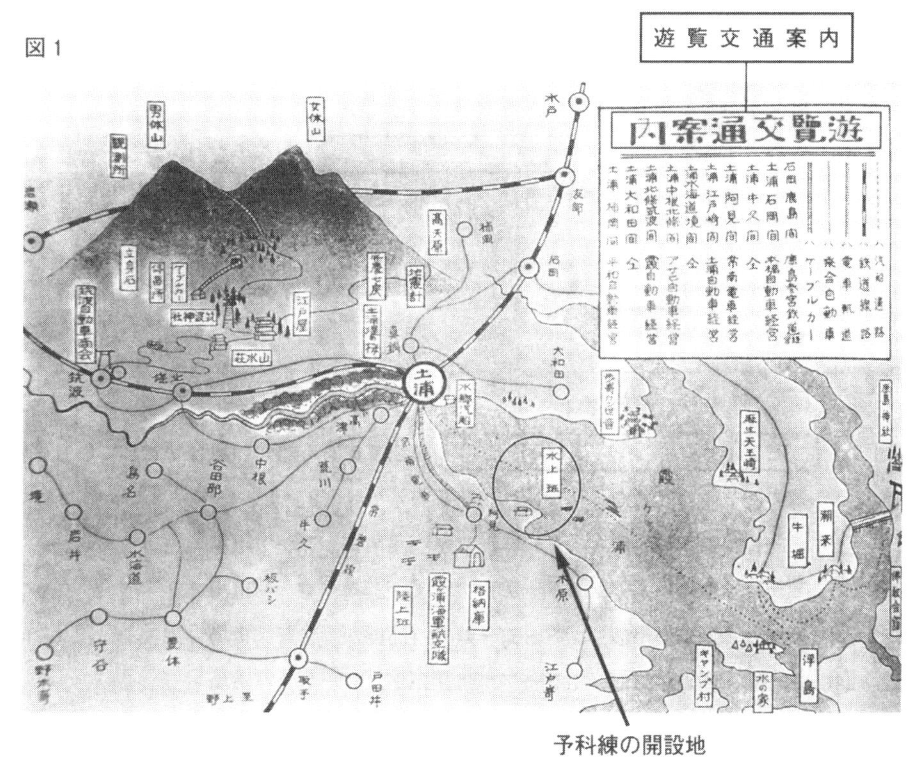

右の図2は，予科練発足の年に発売された絵葉書(包紙)です。表題の「 A 」の文字は，当時の土浦の軍事都市としての性格を伝えており，「 B 」の文字が添えられていることや図1の内容などから， C による経済効果も期待されていたことが分かります。

戦時色が強まる中，市内は予科練生や海軍関係者でにぎわったといいます。その一方，時局の影響は衣食住や教育など，市民生活のあらゆる分野におよびました。

第二次世界大戦の末期，日本の敗色が濃くなるなかで予科練における教育活動は凍結され，終戦となりました。その後，予科練から霞ヶ浦海軍航空隊におよぶ広大な海軍の用地はさまざまな変遷をへて，今日にいたっています。

図2

問1 A B C に当てはまる語の組合せとして最も適切なものを，次の①～④のうちから一つ選べ。解答番号は 21 。

① A—水　郷　B—空　都　C—農　業
② A—水　郷　B—空　都　C—観　光
③ A—空　都　B—水　郷　C—農　業
④ A—空　都　B—水　郷　C—観　光

問2　下線部分時局の影響について，次の資料(表記等を一部改めてある)は，その一例を示す当時の汽船会社の広告である。これについて述べたア・イの各文を読み，その正誤の組合せとして最も適切なものを，下の①～④のうちから一つ選べ。解答番号は 22 。

資料

米英撃滅・必勝祈願　鹿島(注)・香取両神宮参拝

今年こそは！敵である米英と戦い抜き，勝ち抜く決戦の年であります。…(中略)…
来たる四月一日より，左のとおり「日帰り参拝船」の申し込みを歓迎致します。
奮ってご利用願います。

記

発船地	四百人迄(さつき丸)	二百五十人迄(あやめ丸)	百五十人迄(鹿島丸)
江戸崎・入古渡より両神宮間往復	六〇〇円	三七五円	二二五円
銚子方面より　同右	六四〇円	四〇〇円	二四〇円
其他(そのた)霞ヶ浦沿岸地方より　同右	六〇〇円	三七五円	二二五円

一、右の表は，国民学校団体の料金を示しました。
一、右の表の基準人員に満たない場合でも，表のとおり料金を申し受けます。
…(後略)…

(注)鹿島・香取両神宮：鹿島神宮と香取神宮。ともに武神・軍神をまつる神社として知られている。

ア　この広告は，日ソ中立条約の締結より後の時期につくられたものである。

イ　この広告では，現在の小学生に当たる年齢層の人びとを対象に神社参拝をよびかけている。

①　ア―正　イ―正　　　②　ア―正　イ―誤

③　ア―誤　イ―正　　　④　ア―誤　イ―誤

7 次の**資料**は，日本の佐藤栄作首相とアメリカのニクソン大統領との間で交わされ，1969年11月に発表された日米共同声明の抜粋である。これを読み，後にある**問1**・**問2**に答えよ。

資　料

> 6．(佐藤)総理大臣と(ニクソン)大統領は，…(中略)…現在のような［ A ］情勢の下において，沖縄にある米軍が重要な役割を果たしていることを認めた。討議の結果，両者は，…(中略)…［ A ］の安全をそこなうことなく沖縄の日本への早期復帰を達成するための具体的な取決めに関し，両国政府が直ちに協議に入ることに合意した。さらに，両者は，…(中略)…1972年中に沖縄の復帰を達成するよう，この協議を促進すべきことに合意した。
>
> 12．総理大臣と大統領は，…(中略)…貿易及び国際収支の大幅な不均衡の現状に照らしても，(両国が)国際貿易及び国際通貨の制度の維持と強化についてそれぞれ重要な責任を負っていることを認めた。

問1 **資料**について述べた次の文中の［ A ］［ B ］に当てはまる語句の組合せとして最も適切なものを，下の①～④のうちから一つ選べ。なお，［ A ］には**資料**中の［ A ］と同じ語が入る。解答番号は［ 23 ］。

> 冷戦が激化の様相をみせるなか，日本を［ A ］における共産主義への防壁にする方針に転じたアメリカのもとで，日本の再軍備がすすめられた。だが，**資料**発表の前年には，［ B ］ことに反対する運動がおこっていた。このように，沖縄返還交渉は，反戦・核兵器反対運動の高まりのなかで行われた。

A　ア　極　東
　　イ　大東亜
B　ウ　アメリカ軍への後方支援として，政府が海上自衛隊をインド洋に派遣した
　　エ　革新政党・地元住民などにより，アメリカ軍の原子力空母が長崎県に入港する

①　アーウ　　②　アーエ　　③　イーウ　　④　イーエ

問 2　下線部分貿易及び国際収支の大幅な不均衡の現状について述べた次の文中の［ C ］［ D ］に当てはまる語句の組合せとして最も適切なものを，下の①～④のうちから一つ選べ。解答番号は［ 24 ］。

> アメリカは，悪化した国際収支の改善などを目的に，**資料**の共同声明から2年後，基軸通貨であるドルと金の交換を［ C ］新しい経済政策を発表した。
> このの ち，国際通貨基金(IMF)を中心としてきた世界経済の枠組みは崩壊に向かい，これまで実質的な［ D ］のもとで輸出産業に支えられ，経済成長をとげてきた日本経済は，大きな曲がり角をむかえた。

① C—可能とする　D—円　高
② C—可能とする　D—円　安
③ C—停止する　D—円　高
④ C—停止する　D—円　安

8 トイレやし尿処理の歴史に関する次の**会話文Ⅰ～Ⅲ**を読み，後にある**問1～問4**に答えよ。

会話文Ⅰ

生徒：先生，昔の人はどのようなトイレを使っていたのですか。

先生：**図1**は縄文時代の遺跡である福井県の鳥浜貝塚から見つかった糞石(ふんせき)です。糞石とは人間の排泄(はいせつ)物が化石となったものです。この場所から糞石が見つかったことから，縄文人が［　A　］をトイレのように利用する場合があったことがわかります。また，糞石の内容物からは，縄文時代が［　B　］を中心とする社会であったことがあらためて確認できます。

図1

［内容物］ 獣肉の繊維，魚のウロコ・骨，山ゴボウの繊維，ネマガリダケ(野生のタケノコ)の先端部

生徒：明確にトイレとみなせるような遺構が見つかるのはいつの時代からですか。

先生：飛鳥時代の遺跡からは掘った穴に排泄したとみられる遺構が見つかっています。注目されるのは奈良時代の平城京跡から見つかったトイレ遺構です。**図2**はその想像図です。宅地の外側を流れる道路の側溝(そっこう)から水を敷地内に引き込み，それによってできた水路を利用して排泄する，いわば「水洗トイレ」ということになります。

生徒：すごい構造ですね。問題はなかったのでしょうか。

先生：平安京にも同じ構造のトイレがありましたが，**資料1**からは［　C　］ことがわかります。

図2

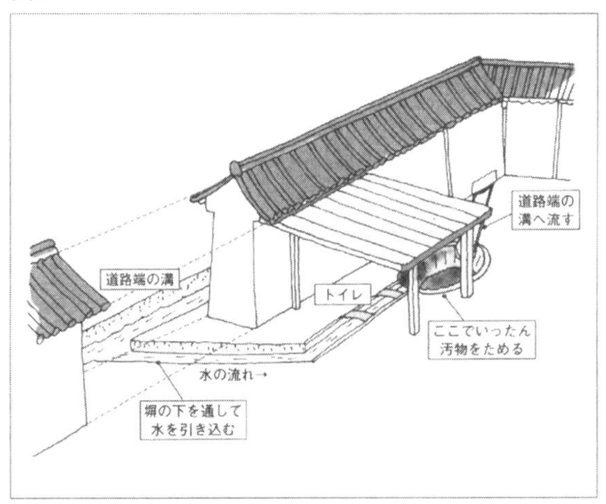

資料1　815年に出された法令

…(前略)…平安京内にある役所や家が垣根に穴を開けて水を家の敷地内に引くために側溝を塞いで道路を水で浸してしまう。管理する役所に命じて修理させること。また，水を敷地内に引くことはよいが，汚物を外に流すことがないようにすべきである。…(後略)…

(『類聚三代格』により作成)

生徒：古代～中世の庶民の排泄を描いた絵としては『餓鬼草紙』(注)も有名ですよね。

先生：図3で示した場面には老若男女の排便を食べる餓鬼の姿が描かれています。注目されるのはこの場面に描かれている庶民のようすです。［　D　］ことが読み取れることから，都の「共同トイレ」を描いた場面であるという説があります。

図3

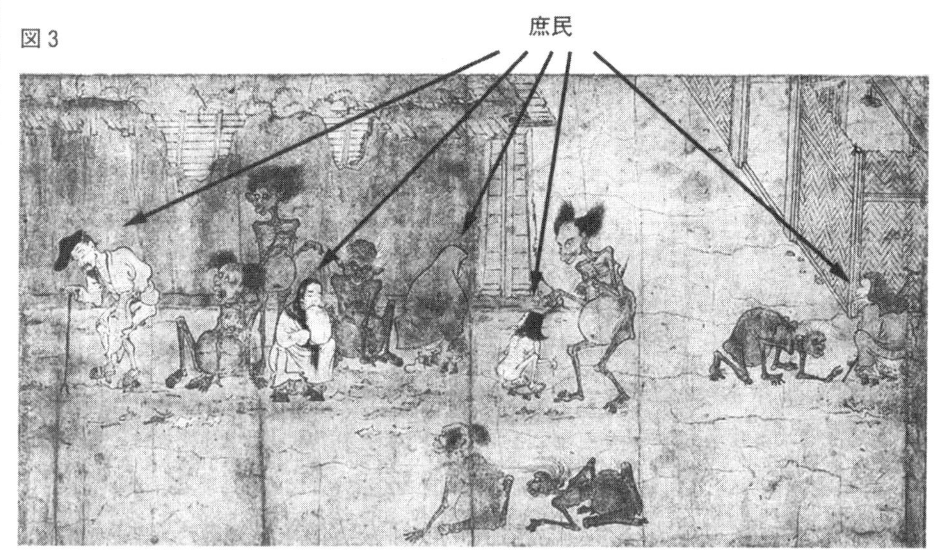

(注)　仏教思想の六道輪廻のうち，生前の悪業により飲食の飢えと苦しみを満たされない餓鬼道に堕ちた者を描いた絵巻。

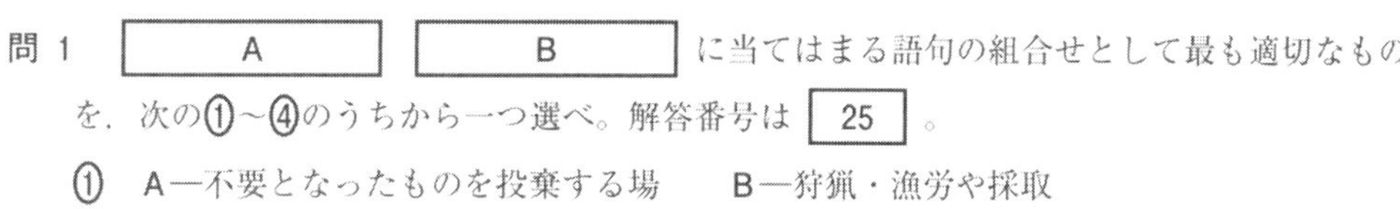

問1　［　A　］［　B　］に当てはまる語句の組合せとして最も適切なものを，次の①～④のうちから一つ選べ。解答番号は［25］。

① A―不要となったものを投棄する場　B―狩猟・漁労や採取
② A―不要となったものを投棄する場　B―水稲耕作
③ A―外敵から集落を守る設備　B―狩猟・漁労や採取
④ A―外敵から集落を守る設備　B―水稲耕作

問2　［　C　］［　D　］に当てはまる語句の組合せとして最も適切なものを，下の①～④のうちから一つ選べ。解答番号は［26］。

C　ア　側溝を利用するトイレの築造により，都市環境の悪化が問題となっていた
　　イ　側溝を利用するトイレの築造が奨励され，都市環境は良好な状態に保たれていた
D　ウ　壁で区切られた個室で人びとが排泄している
　　エ　複数の人びとがあつまって路上に排泄している

①　アーウ　　②　アーエ　　③　イーウ　　④　イーエ

会話文Ⅱ

先生：中世になると，人間のし尿を原料とした肥料である下肥が利用されるようになったことで，し尿を壺や甕（かめ）などにためる汲（く）み取り式のトイレが登場します。そして，江戸時代になると人口が集中する都市で出たし尿を周辺農村で下肥として利用するしくみができあがります。

生徒：江戸時代は循環型の社会だったのですね。

先生：次の**資料2**は，江戸時代の京都のようすについて1837年に書かれた文献の一部です。

資料2（意訳してある）

桶と野菜を盛った籠（かご）をかつぎ，「野菜と小便」などと言ってまわる業者がいる。道沿いの家の住人が「入って小便を汲みなさい」とその業者に伝える。業者は桶に汲み終わると「大根何本分」，「ナス何個分」と報告し，家の住人は小便と野菜を交換する。…（中略）…大便を集める業者も同様である。…（中略）…借家（しゃくや）の場合，（大家（おおや）が）し尿を全て一人の業者に汲み取らせる契約をしており，住人たちはし尿を自由に扱うことはできない。…（中略）…京都を巡回すると，し尿は相当な量となった。山城国の農業はおおむねこの下肥によるものである。伏見の村などは京都から遠いため，運搬には高瀬川が利用された。数十桶を満載した船が悪臭を漂わせながら川を下っていった。…（後略）…

（『都繁昌記』により作成）

問3　**資料2**の内容について説明した文として適切なものを，次の①～④のうちから一つ選べ。解答番号は 27 。

① 都市の住民たちはし尿の処理費用として業者に野菜を渡していた。

② し尿は悪臭を放ったため運搬に水運を利用することは許されなかった。

③ 借家から出たし尿からあがる利益は大家のものとなった。

④ 京都周辺の農村では下肥はほとんど普及していなかった。

会話文Ⅲ

生徒：近代以降はどうなっていったのですか。

先生：明治時代になると，欧米の文化が日本に流入してきます。明治の中頃には水洗式の便器も輸入されますが，庶民の住宅は依然として汲み取り式のトイレでした。

生徒：水洗トイレは現在までにどのように普及していったのですか。

先生：日本で下水道が本格的に整備されるようになったのは，第二次世界大戦後のことです。次の**グラフ**は戦後における水洗トイレを含めた耐久消費財の普及率を示すものです。

グラフ

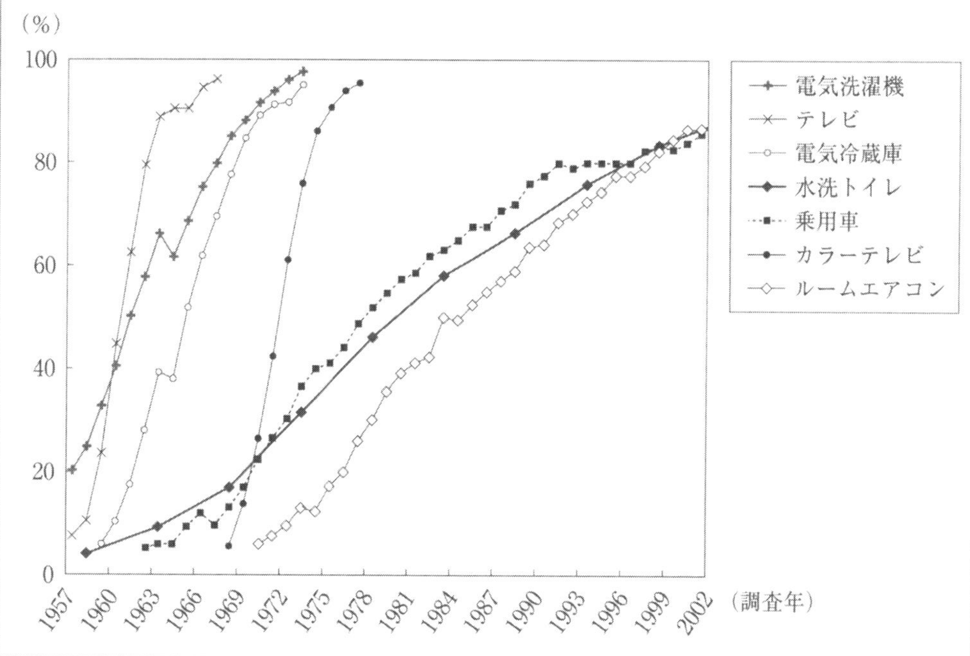

問４　**グラフ**について述べたア・イの正誤の組合せとして正しいものを，下の①〜④のうちから一つ選べ。解答番号は 28 。

ア　高度経済成長期において，水洗トイレは当時「三種の神器」と呼ばれた耐久消費財の普及率を上回っていた。

イ　バブル景気と呼ばれる時期までに水洗トイレの普及率は80％に達した。

①　アー正　イー正

②　アー正　イー誤

③　アー誤　イー正

④　アー誤　イー誤

令和２年度　第２回

解答・解説

【重要度の表記】

Ａ：重要度が高く確実に正答したい設問。しっかり復習する必要のある問題です。

Ｂ：重要度はＡレベルよりすこし下で、やや難易度が高い設問または内容を読み取る設問。高得点を狙う人は復習しましょう！

Ｃ：重要度が低い、または難解な設問。軽く復習する程度でよいでしょう！

令和２年度 第２回 高卒認定試験

【 Ａ解答 】

1	解答番号	正答	配点	2	解答番号	正答	配点	3	解答番号	正答	配点	4	解答番号	正答	配点
問１	1	③	3	問１	5	②	3	問１	9	③	4	問１	17	②	4
問２	2	①	4	問２	6	①	4	問２	10	②	3	問２	18	④	3
問３	3	④	3	問３	7	④	3	問３	11	③	3	問３	19	①	4
問４	4	②	4	問４	8	③	4	問４	12	②	4	問４	20	③	3
-	-			-	-			問５	13	④	3	-	-		
-	-			-	-			問６	14	①	4	-	-		
-	-			-	-			問７	15	①	4	-	-		
-	-			-	-			問８	16	①	3	-	-		

5	解答番号	正答	配点	6	解答番号	正答	配点
問１	21	②	4	問１	25	①	4
問２	22	③	3	問２	26	④	4
問３	23	④	4	問３	27	②	4
問４	24	③	3	問４	28	③	4

【 Ａ解説 】

1

問１　Ａについて、会話文中に「新潟港などの開港を約束した」とありますので、Ａは日米修好通商条約であることが分かります。なお、他に開港した港として、神奈川・長崎・兵庫があります。なお、日米和親条約では、下田と箱館が開港されました。Ｂについて、会話文中に「京都に近い」とありますので、地理的な距離から兵庫であると推測できます。

解答番号【１】：３　　⇒ **重要度Ａ**

問２　資料を見ると、「将来政府が蝦夷地を開拓することを考えると」とあります。蝦夷地は現在の北海道を指しますので、アは適切であると分かります。さらに資料を見ると、江戸は「艦船の修理も簡単にできそうです」とありますので、ウが適切であると分かります。

解答番号【２】：１　　⇒ **重要度Ａ**

問３　不適切なものを選びます。①～③は、孝明天皇の在位中（1846 ～ 1866 年）の出来事です。④は孝明天皇の次に即位した明治天皇の在位中の出来事です。よって、正解は④です。

解答番号【３】：４　　　⇒ 重要度Ａ

問４　Ｃについて、王政復古は江戸時代の終わりの 1867 年、廃藩置県は明治時代の 1871 年に行われました。新潟港の開港は 1869 年となるので，Ｃには「王政復古」が当てはまります。Ｄには、戊辰戦争時に会津藩や庄内藩を支援した東北諸藩による「奥羽越列藩同盟」が当てはまります。一方、薩長同盟とは薩摩藩・長州藩による軍事同盟です。

解答番号【４】：２　　　⇒ 重要度Ａ

2

問１　資料を見ると、「自由湯」（自由党）とあります。また、会話文から、オッペケペー節は自由党壮士の川上音二郎が作曲したことが分かります。川上音二郎は明治初期の自由民権運動がさかんな時期に活躍した人物です。

解答番号【５】：２　　　⇒ 重要度Ｂ

問２　Ｂを考える上で、資料の３～４行目が参考になります。「マンテルズボン」（洋服）や「紳士のいでたち」など、文明開化に関する内容が書かれており、その上で「政治の思想が欠乏だ」とあります。よって、Ｂは極端な欧化政策を指していると推測できます。Ｃについて、ノルマントン号事件とは、1886 年にイギリス汽船が和歌山県沖で沈没した際に船長とイギリス人らが脱出し、日本人が全員溺死した事件です。この事件で、イギリス人船長は領事裁判権により無罪となりました。

解答番号【６】：１　　　⇒ 重要度Ａ

問３　日本が日露戦争に踏み切った理由の１つに、日英同盟の締結があります。よって、Ｄにはイギリスが当てはまります。Ｅについて、日露戦争の講和条約（ポーツマス条約）の締結を仲介したのは、アメリカのセオドア・ルーズベルト大統領です。

解答番号【７】：４　　　⇒ 重要度Ａ

問４　江華島事件は 1875 年、甲午農民戦争は 1894 年、義和団事件は 1900 年、ハーグ密使事件は 1907 年、三・一独立運動は 1919 年におこりました。日露戦争がおきたのは 1904 年なので、正解は③となります。なお、義和団事件後にロシアが中国の満州に残留していたことが日本への圧力となり、ロシアとの開戦論に拍車をかけた流れから、日露戦争は義和団事件後におこったと判断することもできます。

解答番号【８】：３　　　⇒ 重要度Ａ

3

問１　図を見ると、戦費の４分の３以上が公債・国庫債券などの借金でまかなわれていることが分かります。そのうち約半分が、外国に対しての借金である外債が占めています。

解答番号【9】：3　　⇒**重要度A**

問２　Ｃについて、日露戦争後の財政問題の渦中で総理大臣となったのは西園寺公望です。日露戦争時の総理大臣が山県有朋の後継といわれる桂太郎であったことを考えると、消去法でも正答を導き出すことができます。Ｄでは、朝鮮半島の国家を併合した後に取った軍備について問われています。陸軍からすると守るべき領土が増えたことになりますので、軍備拡大を要求したと推測できます。

解答番号【10】：2　　⇒**重要度A**

問３　アは第一次日韓協約（1904年）、イは第二次日韓協約（1905年）、ウは日清戦争の講和条約である下関条約（1895年）の内容です。古い順に並べると、ウ→ア→イとなります。

解答番号【11】：3　　⇒**重要度A**

問４　資料１の夏目漱石が著した『それから』は、明治末にあたる1909年に著されました。島崎藤村が著した『破戒』も、同じく明治末の1906年に発表された作品です。島崎藤村は人間社会の現実をありのままに表現する自然主義の作家です。一方、『麦と兵隊』は昭和期の1938年に刊行された作品です。

解答番号【12】：2　　⇒**重要度B**

問５　①の樺太・千島交換条約は1875年に締結されました。内閣制度が始まる1885年より前の出来事です。②は1917～1918年の寺内正毅内閣による西原借款の内容です。③は同じく寺内正毅内閣による石井・ランシング協定の内容です。

解答番号【13】：4　　⇒**重要度A**

問６　アについて、資料２の７行目に「憲法を軽視し、その精神を理解していない」とありますので、アは適切です。イについて、資料２の２行目に「天皇の陰にかくれ政敵を狙撃する」とありますので、イも適切であることが分かります。

解答番号【14】：1　　⇒**重要度B**

問７　資料３を見ると、1915～1918年の間は、輸出額が輸入額を上回っています。この期間は第一次世界大戦がおこっており、ヨーロッパはアジア市場（主に中国）から手を引いています。このことから、日本商品がアジア市場に進出しました。

解答番号【15】：1　　⇒**重要度B**

問８　資料４を見ると、資本金が100倍以上に増加しているのは造船業と紡績業です。なお、第一次世界大戦中は戦争で船の需要が高まり、日本の海運・造船業が急成長しました。

解答番号【16】：1　　⇒**重要度A**

4

問１　Ａについて、第一次世界大戦後、次第に軍国主義の傾向が強まりをみせるなか、北一

輝は『日本改造法案大綱』でクーデターによる軍部独裁政権の樹立と、日本を間違った方向に進ませている政党・財界・官僚の排除を主張しました。この国家改造運動に影響を受けた青年将校により、二・二六事件が起こっています。よって、Aには国家が当てはまります。一方、日本列島改造とは、第二次世界大戦後に田中角栄内閣が主張したものです。Bでは、航空隊の開設から18年後の時代背景を選びます。レポートを見ると、航空隊が第一次世界大戦終了（1919年）から4年後に開設されたことが分かります。ここからさらに18年後（1941年頃）は、1937年より長期化していた日中戦争の戦時中と重なります。一方、本土空襲が本格化したのは1945年頃です。

解答番号【17】：2　　⇒重要度B

問2　Cには、軍事都市としての性格を伝えている空都が当てはまります。Dには、図2の表題に添えられている水郷が当てはまります。Eについて、図1を見ると、遊覧交通案内が描かれています。よって、土浦は観光による経済効果を期待していたと推測できます。

解答番号【18】：4　　⇒重要度A

問3　アについて、日ソ中立条約は1941年に締結されました。これは、第二次近衛内閣がアメリカとの戦争に備え、北方の守りを固めるために結んだ条約です。その後、日本はアメリカの真珠湾、イギリス支配下のマレー半島に攻撃をしかけた流れを考えると、資料の広告は日ソ中立条約の後につくられたものであると判断することができます。イについて、資料中にある「国民学校」では現在の小学生にあたる年齢層の子供が学んでいました。

解答番号【19】：1　　⇒重要度B

問4　①は1945年、②は1947年、③は1952年、④は1946年の出来事です。

解答番号【20】：3　　⇒重要度B

5

問1　Aについて、冷戦下、アメリカは日本を極東における共産主義への防壁となることを期待しました。一方、大東亜とは主に戦前に使用された表現で、東アジアを意味しています。Bには、資料が発表された1969年の前年の出来事が当てはまりますので、1968年に起こったエの佐世保エンタープライズ寄港阻止闘争が当てはまります。一方、ウはアメリカ同時多発テロ後のアフガニスタン攻撃の際に、日本の自衛隊がインド洋に派遣された出来事で、2001～2010年まで行われました。

解答番号【21】：2　　⇒重要度A

問2　資料が発表された1969年頃に起こった戦争として、ベトナム戦争（1955～1975年）があります。ベトナムの位置は、地図上の③です。ベトナム戦争では、南北ベトナムの統治をめぐる争いにアメリカが介入し、南ベトナムを支援して、北ベトナムを攻撃しました。その際、多くの戦闘機が沖縄の基地から飛び立ちました。

解答番号【22】：3　　⇒重要度A

問3　ニクソン大統領は、1971年にドルと金の交換を停止しました（ニクソン・ショック）。

この結果、これまで１ドル＝360円であった為替相場が崩れて円高となりました。輸出においては円安の方が有利となりますので、日本の経済に大きな影響を及ぼしました。

解答番号【23】：４ ⇒**重要度Ａ**

問４ ①は1950年、②は1913年、③は1970年、④は1943年の出来事です。日中共同声明は1972年の出来事なので、最も近い時期の出来事は③となります。

解答番号【24】：３ ⇒**重要度Ｂ**

6

問１ Ａについて、資料１の１～２行目を見ると、明治初期の日本人は時間に対しておおざっぱであったことが分かります。Ｂについて、明治初期の文明開化時に開通したのは鉄道です。一方、路線バスは1990年代はじめに運行が開始されました。

解答番号【25】：１ ⇒**重要度Ａ**

問２ アについて、表の保有率を見ると、1877～1907年はいずれも腕時計より置時計の方が高くなっています。よって、アは誤りです。イについて、表の累積国産を見ると、腕時計は1877～1897年まで０ですが、置時計は1897年で750千個生産されています。よって、イは適切となります。ウについて、工業生産額が農業生産額を上回ったのは、大正時代の第一次世界大戦時です。よって、ウは誤りです。エについて、日本は明治時代初期（1880年代後半）に産業革命を迎え、工場労働者が増加しました。よって、エは適切です。

解答番号【26】：４ ⇒**重要度Ｂ**

問３ Ｃについて、資料４を見ると、ダン吉は「まるっきり字が読めない蛮公に、学問を教えてやろうと決意しました」とあります。このことから、ダン吉は島民に知識を与える人物として描かれていることが分かります。Ｄについて、Ⅱの文章の２行目のとおり、この漫画は1933～1939年に連載されています。この頃の日本は、満州事変や国連の脱退など、対外進出を図る様子が見られました。一方、ワシントン体制とは第一次世界大戦後に取られた東アジア・太平洋地域の国際秩序です。

解答番号【27】：２ ⇒**重要度Ｂ**

問４ アについて、資料１を見ると、明治時代はじめの日本人について「時計を持たなかったし、また時間の厳守ということはなかった」とあります。このことから、時間の概念が重視されているとは言えませんので、アは誤りです。イについて、Ⅰの文章の最後３行を見ると、軍隊での経験や工場での労働などが人々の時間への意識を少しずつ変えていったことが読み取れます。よって、イは適切です。

解答番号【28】：３ ⇒**重要度Ｂ**

【 B解答 】

1	解答番号	正答	配点	2	解答番号	正答	配点	3	解答番号	正答	配点	4	解答番号	正答	配点
問1	1	②	3	問1	5	④	4	問1	9	②	4	問1	13	②	3
問2	2	④	4	問2	6	③	3	問2	10	③	3	問2	14	①	4
問3	3	③	4	問3	7	③	4	問3	11	①	4	問3	15	④	3
問4	4	④	3	問4	8	④	3	問4	12	③	3	問4	16	③	4
5	解答番号	正答	配点	6	解答番号	正答	配点	7	解答番号	正答	配点	8	解答番号	正答	配点
問1	17	③	4	問1	21	④	3	問1	23	②	4	問1	25	①	4
問2	18	②	3	問2	22	①	4	問2	24	④	3	問2	26	②	4
問3	19	①	4	-	-			-	-			問3	27	③	4
問4	20	①	3	-	-			-	-			問4	28	④	4

【 B解説 】

1

問１　Aについて、舎人親王らを中心に編纂された日本の正史は『日本書紀』です。一方、『古事記』は太安万侶が筆録した最初の歴史書です。Bについて、資料１の２～４行目を見ると、隋の皇帝は倭国の政務に対して「まったく筋が通らない」と言い、改めるように伝えたとあります。よって、倭国の政務に対して隋の皇帝から批判を受けたことが分かります。

解答番号【1】：2　⇒重要度B

問２　600年から607年の間に実施された政策は、聖徳太子が定めた憲法十七条(604年)です。一方、大宝律令は文武天皇によって701年に定められました。隋の皇帝の対応について、資料１の７～８行目を見ると、「倭人の国書は無礼」としながらも、「裴世清を使者として倭国に派遣した」ことが分かります。

解答番号【2】：4　⇒重要度A

問３　不適切なものを選びます。①は、和銅元年正月に銅が献上され、同年７月に銅銭を鋳造したことが読み取れるので適切です。②は、資料２の10～13行目を見ると、人びとがこれまでの習慣にとらわれて銭と物を交換することを理解できていない旨が読み取れますので適切です。④は、資料２の２～３行目を見ると、銅が献上されたことについて「天と地の神が、ともに政治を祝福して現れた宝」と喜び、元号を改めたことが読み取れますので適切です。一方、③には政府が「物々交換をするべきだと考えている」とありますが、資料２の10～13行目を見ると、むしろ銭を通じた交換を推奨していることが読み取れます。よって、③は不適切となります。

解答番号【3】：3　⇒重要度A

問４　資料２の２行目を見ると、武蔵国秩父郡（現在の埼玉県）から銅が献上されたとあります。よって、銅が産出された国の場所はイとなります。和銅元年（708 年）に鋳造された貨幣は、エの和同開珎です。一方、ウの寛永通宝とは、江戸時代に流通した貨幣です。

解答番号【4】：4　　⇒**重要度Ａ**

2

問１　Ａについて、資料１を見ると、動物たちがまるで人間のように描かれています。この作品『鳥獣戯画』は擬人化した蛙・兎・狐の姿で、僧侶や権力者の振舞いを風刺しています。Ｂについて、『年中行事絵巻』を描かせたのは後白河上皇です。

解答番号【5】：4　　⇒**重要度Ｂ**

問２　Ｃについて、鎌倉幕府の将軍に従った御家人は武士です。御家人は将軍と主従関係を結んでおり、天皇や将軍の御所を警護しました。一方、神仏の権威を背景に強訴をしたのは寺社の僧兵です。

解答番号【6】：3　　⇒**重要度Ａ**

問３　資料２の仏像について、会話文９～10 行目を見ると、「聖武天皇の命を受けて造立されたもの」とあります。聖武天皇は鎮護国家思想に基づき、741 年に国分寺・国分尼寺建立の詔、743 年に大仏造立の詔を出した人物で、東大寺と大仏（盧舎那仏）の造立が行われました。一方、平等院は藤原頼通により 1052 年に建立された寺院です。この頃に発展した浄土教は、阿弥陀仏に極楽往生を願いました。

解答番号【7】：3　　⇒**重要度Ｂ**

問４　不適切なものを選びます。蒙古襲来（元寇）は 1274 年と 1281 年に起こりました。④の鉄砲は、1543 年に種子島に伝来しましたので、④が不適切な内容です。

解答番号【8】：4　　⇒**重要度Ａ**

3

問１　Ａについて、表を見ると、下された鳥の数が多いのは尾張藩・紀州藩・水戸藩です。これら３つの藩は、将軍家を継ぐことができる家（御三家）ですので、格の高い家柄となります。Ｂについて、武家伝奏とは朝廷と幕府の連絡役のことで、幕府は京都所司代を通じてやり取りをしました。

解答番号【9】：2　　⇒**重要度Ｂ**

問２　Ｃには徳川綱吉の政策が当てはまります。綱吉は学問を奨励したり、仏教への帰依から生類憐みの令を出したりした人物です。よって、Ｃにはイが当てはまります。Ｄには徳川吉宗の政策が当てはまります。吉宗は享保の改革を行った人物で、将軍の権力強化を進めながら、財政再建策により幕府の支出抑制を目指しました。よって、Ｄにはウが当てはまります。

解答番号【10】：3　⇒**重要度B**

問３　アについて、資料３行目に「鹿・イノシシを許可なく追い払ってはならない」、６行目に「行事を行う際は必ず事前に役人に申し出るように」とあります。これらのことから、農作物に被害をもたらすことがある獣を自由に追い払えない上に、村の行事にも制約があることが分かります。よって、アは適切です。イについて、資料２行目に「道・橋等は念入りに整備すること」、５行目には鉄砲を撃つ者について「役人に報告すること」とあります。よって、イも適切です。

解答番号【11】：1　⇒**重要度A**

問４　徳川吉宗は年貢の徴収方法を毎年の収穫高を見て決める検見法から豊作・不作に関係なく一定とする定免法に改めました。よって、正解は③です。なお、①と④は家斉の時代に老中となった松平定信による棄捐令（1789年）と七分積金（1791年）の内容です。②は家慶の時代に老中となった水野忠邦による人返しの法（1843年）の内容です。

解答番号【12】：3　⇒**重要度A**

4

問１　資料を見ると、「自由湯」（自由党）とあります。また、会話文から、オッペケペー節は自由党壮士の川上音二郎が作曲したことが分かります。川上音二郎は明治初期の自由民権運動がさかんな時期に活躍した人物です。

解答番号【13】：2　⇒**重要度B**

問２　Ｂを考える上で、資料の３～４行目が参考になります。「マンテルズボン」（洋服）や「紳士のいでたち」など、文明開化に関する内容が書かれており、その上で「政治の思想が欠乏だ」とあります。よって、Ｂは極端な欧化政策を指していると推測できます。Ｃについて、ノルマントン号事件とは、1886年にイギリス汽船が和歌山県沖で沈没した際に船長とイギリス人らが脱出し、日本人が全員溺死した事件です。この事件で、イギリス人船長は領事裁判権により無罪となりました。

解答番号【14】：1　⇒**重要度A**

問３　日本が日露戦争に踏み切った理由の１つに、日英同盟の締結があります。よって、Ｄにはイギリスが当てはまります。Ｅについて、日露戦争の講和条約（ポーツマス条約）の締結を仲介したのは、アメリカのセオドア・ルーズベルト大統領です。

解答番号【15】：4　⇒**重要度A**

問４　江華島事件は1875年、甲午農民戦争は1894年、義和団事件は1900年、ハーグ密使事件は1907年、三・一独立運動は1919年におこりました。日露戦争がおきたのは1904年なので、正解は③となります。なお、義和団事件後にロシアが中国の満州に残留していたことが日本への圧力となり、ロシアとの開戦論に拍車をかけた流れから、日露戦争は義和団事件後におこったと判断することもできます。

解答番号【16】：3　⇒**重要度A**

5

問１　図を見ると、戦費の４分の３以上が公債・国庫債券などの借金でまかなわれていることが分かります。そのうち約半分が、外国に対しての借金である外債が占めています。

解答番号【17】：３　　⇒ 重要度Ａ

問２　Ｃについて、日露戦争後の財政問題の渦中で総理大臣となったのは西園寺公望です。日露戦争時の総理大臣が山県有朋の後継といわれる桂太郎であったことを考えると、消去法でも正答を導き出すことができます。Ｄでは、朝鮮半島の国家を併合した後に取った軍備について問われています。陸軍からすると守るべき領土が増えたことになりますので、軍備拡大を要求したと推測できます。

解答番号【18】：２　　⇒ 重要度Ａ

問３　資料２を見ると、1915 ～ 1918 年の間は、輸出額が輸入額を上回っています。この期間は第一世次界大戦がおこっており、ヨーロッパはアジア市場（主に中国）から手を引いています。このことから、日本商品がアジア市場に進出しました。

解答番号【19】：１　　⇒ 重要度Ｂ

問４　資料３を見ると、資本金が 100 倍以上に増加しているのは造船業と紡績業です。なお、第一次世界大戦中は戦争で船の需要が高まり、日本の海運・造船業が急成長しました。

解答番号【20】：１　　⇒ 重要度Ａ

6

問１　Ａには、軍事都市としての性格を伝えている空都が当てはまります。Ｂには、図２の表題に添えられている水郷が当てはまります。Ｃについて、図１を見ると、遊覧交通案内が描かれています。よって、土浦は観光による経済効果を期待していたと推測できます。

解答番号【21】：４　　⇒ 重要度Ａ

問２　アについて、日ソ中立条約は 1941 年に締結されました。これは、第二次近衛内閣がアメリカとの戦争に備え、北方の守りを固めるために結んだ条約です。その後、日本はアメリカの真珠湾、イギリス支配下のマレー半島に攻撃をしかけた流れを考えると、資料の広告は日ソ中立条約の後につくられたものであると判断することができます。イについて、資料中にある「国民学校」では現在の小学生にあたる年齢層の子供が学んでいました。

解答番号【22】：１　　⇒ 重要度Ｂ

7

問１　Ａについて、冷戦下、アメリカは日本を極東における共産主義への防壁となることを期待しました。一方、大東亜とは主に戦前に使用された表現で、東アジアを意味しています。Ｂには、資料が発表された 1969 年の前年の出来事が当てはまりますので、1968 年に起

こった工の佐世保エンタープライズ寄港阻止闘争が当てはまります。一方、ウはアメリカ同時多発テロ後のアフガニスタン攻撃の際に、日本の自衛隊がインド洋に派遣された出来事で、2001 ～ 2010 年まで行われました。

解答番号【23】： 2　　⇒ 重要度A

問２　ニクソン大統領は、1971 年にドルと金の交換を停止しました（ニクソン・ショック）。この結果、これまで１ドル＝ 360 円であった為替相場が崩れて円高となりました。輸出においては円安の方が有利となりますので、日本の経済に大きな影響を及ぼしました。

解答番号【24】： 4　　⇒ 重要度B

8

問１　Aについて、糞石の化石が見つかった場所である貝塚は、当時の人々のゴミ捨て場でした。Bについて、糞石の内容物を見ると米は含まれておらず、肉・魚・野菜が中心です。よって、縄文時代の人々は、狩猟や漁労を中心とした生活をしていたと推測できます。

解答番号【25】： 1　　⇒ 重要度A

問２　Cについて、資料１を見ると、「水を家の敷地内に引くために側溝を塞いで道路を水で浸してしまう」「汚物を外に流すことがないようにすべき」とありますので、トイレの構造により問題が発生していることが分かります。よって、Cにはアが当てはまります。Dについて、図３を見ると、個室トイレは見られず、複数の人が集まって排泄していることが分かります。よって、Dにはエが当てはまります。

解答番号【26】： 2　　⇒ 重要度B

問３　資料２の４～５行目を見ると、「借家の場合、（大家が）し尿を全て一人の業者に汲み取らせる契約をしており、住人たちはし尿を自由に扱うことはできない」とあります。同資料中に、し尿は野菜と交換できることが読み取れますので、③の内容が適切となります。一方、①については資料３行目に「小便と野菜を交換する」とありますので誤りです。②については、資料７～８行目に、し尿の運搬に「高瀬川が利用された」とありますので誤りです。④については、資料７～８行目を見ると、し尿は伏見の村に運ばれていることが読み取れますので、誤りと推測できます。

解答番号【27】： 3　　⇒ 重要度B

問４　三種の神器とは、白黒テレビ・洗濯機・冷蔵庫のことです。グラフで高度経済成長期（1955 ～ 1973 年頃）を見ると、水洗トイレは三種の神器と比べて普及率が下回っています。よって、アは誤りです。また、バブル景気（1986 ～ 1991 年頃）の時期を見ると、水洗トイレの普及率は 80％に達しておらず、約 60％となっています。よって、イも誤りです。

解答番号【28】： 4　　⇒ 重要度A

令和２年度 第１回
高卒認定試験

日本史Ａ・Ｂ

解答時間　50分

注　意　事　項（抜粋）

＊　試験開始の合図前に，監督者の指示に従って，解答用紙の該当欄に以下の内容をそれぞれ正しく記入し，マークすること。

①**氏名欄**

氏名を記入すること。

②**受験番号**，③**生年月日**，④**受験地欄**

受験番号, **生年月日を記入**し, さらにマーク欄に**受験番号**（数字）, **生年月日**（年号・数字）, **受験地をマーク**すること。

＊　**受験番号，生年月日，受験地が正しくマークされていない場合は，採点できないことがある。**

＊　解答は，解答用紙の解答欄にマークすること。例えば，［10］と表示のある解答番号に対して②と解答する場合は，次の(例)のように**解答番号** 10 の**解答欄**の②に**マーク**すること。

（例）

解答番号	解答欄
10	①　●　③　④　⑤　⑥　⑦　⑧　⑨　⓪

日　本　史　A

（解答番号 1 ～ 28 ）

1 次のⅠ・Ⅱの文章を読み，後にある問1～問8に答えよ。

Ⅰ

幕末の日本には，欧米から多くの外国人がやってきた。その中の一人で，幕末から<u>明治時代にかけて，通訳として活躍したイギリス人アーネスト・サトウ</u>(a)は，自著の中で，幕府が滅亡して明治新政府が成立する過程を細かく記述している。特にサトウが注目したのは，外交問題に関わる幕府の態度である。アメリカが日米和親条約に基づいて［ A ］を領事として下田に着任させることを求めたのに対し，サトウは，「将軍は自己の立場を強固にするためついに［ B ］に対して条約の裁可を要請することに決めた。織田信長も豊臣秀吉も徳川家康も，自分の行動に［ B ］の承認が必要だとは考えなかった」と指摘している。将軍によるこの新しいやり方にそって，その後アメリカとの<u>通商条約締結</u>(b)についても幕府は［ B ］と［ A ］との間に立って交渉を進めることになり，<u>1858年にアメリカなど5ヵ国と次々に条約が締結される</u>(c)こととなった。

問1 ［ A ］［ B ］に当てはまる語の組合せとして正しいものを，次の①～④のうちから一つ選べ。解答番号は ［ 1 ］。

① A―ハリス　　　　B―大寺社
② A―ハリス　　　　B―朝　廷
③ A―プチャーチン　B―大寺社
④ A―プチャーチン　B―朝　廷

問2 下線部分<u>明治時代にかけて，通訳として活躍したイギリス人アーネスト・サトウ</u>(a)と同様に，明治時代に日本に滞在した外国人について述べたものとして**誤っているもの**を，次の①～④のうちから一つ選べ。解答番号は ［ 2 ］。

① フェノロサは，日本美術を評価し，東京美術学校の設立に尽力した。
② ロエスレルは，大日本帝国憲法の起草について助言した。
③ コンドルは，社交の場となった鹿鳴館を設計した。
④ シャウプは，日本の税制改革の方針について勧告した。

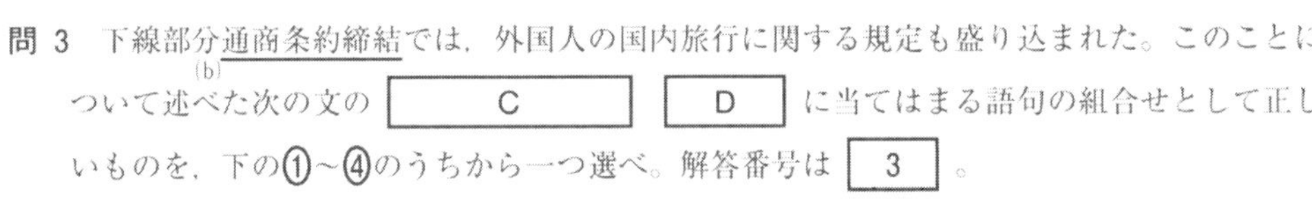

問 3　下線部分通商条約締結(b)では，外国人の国内旅行に関する規定も盛り込まれた。このことについて述べた次の文の［C］［D］に当てはまる語句の組合せとして正しいものを，下の①～④のうちから一つ選べ。解答番号は［3］。

> 欧米各国と結んだ修好通商条約では，［C］。外国人の日本国内の移動・旅行は原則禁止とされたが，学術研究・療養などの目的にのみ，旅行の許可証が発行された。1894 年，当時外務大臣であった［D］の交渉により，日英通商航海条約が結ばれ，外国人の国内旅行が自由にできるようになった。

① C—下田と箱館が開港された　　D—陸奥宗光
② C—下田と箱館が開港された　　D—小村寿太郎
③ C—外国人は開港場にのみ居住できた　　D—陸奥宗光
④ C—外国人は開港場にのみ居住できた　　D—小村寿太郎

問 4　下線部分 1858 年にアメリカなど 5 ヵ国と次々に条約が締結された(c)ことを受けて始まった貿易は，次の**表**のような推移をたどった。この**表**中の期間における貿易について述べた文の正誤の組合せとして正しいものを，下の①～④のうちから一つ選べ。解答番号は［4］。

表

年	輸出		輸入	
	総額（百万ドル）	輸出総額に占める横浜港の輸出額の割合（%）	総額（百万ドル）	輸入総額に占める横浜港の輸入額の割合（%）
1859	0.9	44.9	0.8	25.0
1860	5	83.9	2	57.2
1861	4	70.7	2	63.1
1862	7	86.7	4	79.1
1863	12	86.4	6	59.7
1864	11	85.1	8	68.5
1865	18	94.5	15	86.9
1866	17	84.8	16	74.4
1867	12	80.1	22	68.8

（横浜税関『横浜開港 150 年の歴史』等により作成）

ア　1860 年以降，横浜港の輸出額と輸入額はともに，開港した港の中でそれぞれ最大であった。

イ　1866 年以前は，日本の貿易収支は黒字であった。

① ア—正　イ—正　　② ア—正　イ—誤
③ ア—誤　イ—正　　④ ア—誤　イ—誤

Ⅱ

1880年代以降，日本では自由民権運動をへて議会が開設され(d)，対外的には日清戦争も経験し列強としての地位を確立しつつあった。サトウは1900年から1906年の間，駐清公使として北京に滞在している。折しも清国では列強各国や日本に対する抵抗運動が増していた時期であり，サトウは列強の連合軍と清国との戦争(e)の事後処理にも携わった。さらに日露戦争を見届けることにもなり，幕末以降の日本の動向を間近で見てきたサトウは，日本の政治の近代化と陸海軍(f)の発展を目の当たりにすることになった。

またサトウは，1907年にオランダのハーグで開かれた第2回万国平和会議(g)に英国代表次席公使として参加している。欧米各国と肩を並べて「平和」を議論する日本を，サトウはどのような思いで見たのだろうか。

問5　下線部分自由民権運動をへて議会が開設される(d)までの政治について述べた次のア～ウを年代の古い順に正しく並べたものを，下の①～④のうちから一つ選べ。解答番号は 5 。

ア　福島県令三島通庸による道路工事の強制に対し，自由党員らが反対運動を展開した。
イ　政府は讒謗律（ざんぼうりつ）や新聞紙条例を制定し，言論で政府を攻撃する民権派を弾圧した。
ウ　地租の軽減，言論・集会の自由，外交失策の挽回を掲げて民権派が政府を追及した。

①　ア→イ→ウ　　②　ア→ウ→イ　　③　イ→ア→ウ　　④　イ→ウ→ア

問6　下線部分列強の連合軍と清国との戦争(e)とは何を指しているか。その**戦争の名称**と，**終戦後に結ばれたとり決め**の組合せとして正しいものを，下の①～④のうちから一つ選べ。解答番号は 6 。

戦争の名称	ア	アヘン戦争
	イ	北清事変
終戦後に結ばれたとり決め	ウ	南京条約
	エ	北京議定書

①　アーウ　　②　アーエ　　③　イーウ　　④　イーエ

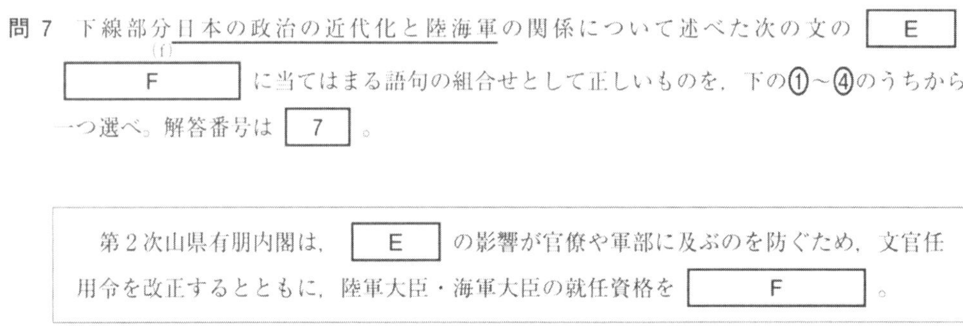

問 7　下線部分日本の政治の近代化と陸海軍の関係について述べた次の文の [E] [F] に当てはまる語句の組合せとして正しいものを，下の①～④のうちから一つ選べ。解答番号は [7] 。
(f)

> 第2次山県有朋内閣は，[E] の影響が官僚や軍部に及ぶのを防ぐため，文官任用令を改正するとともに，陸軍大臣・海軍大臣の就任資格を [F] 。

① E―政　党　　F―現役の大将・中将に限定した

② E―政　党　　F―現役以外の軍人に拡大した

③ E―メディア　　F―現役の大将・中将に限定した

④ E―メディア　　F―現役以外の軍人に拡大した

問 8　下線部分第2回万国平和会議において，大韓帝国は会議に参加できなかった。この状況を生み出した協定について述べた文として最も適切なものを，次の①～④のうちから一つ選べ。解答番号は [8] 。
(g)

① 日朝修好条規で，日本の領事裁判権が認められた。

② 第2次日韓協約で，韓国の外交権を日本が掌握した。

③ 韓国併合条約で，朝鮮総督府が置かれた。

④ 日韓基本条約で，日本は韓国を朝鮮にある唯一の合法的政府であると認めた。

2 次の**写真1**・**2**に関する**説明文**を読み，後にある**問1**～**問4**に答えよ。

写真1

写真2

説明文

写真1は綿糸の大量生産をめざした大阪府の紡績工場の内部を，**写真2**は「外貨獲得の優等生」と呼ばれた<u>生糸</u>(a)の主要な生産地である［ A ］県の製糸工場内部を撮影したものである。**写真1**と**写真2**を比較すると，当時の紡績業，製糸業では，ともに［ B ］という共通点があったことがわかる。一方，製糸工場に比べて紡績工場ではおもに［ C ］に頼る部分が大きいことから，日本の産業革命の主役は紡績業であったことがわかる。

工業の発達により労働者が増加すると，<u>労働者の待遇</u>(b)を改善しようとする動きがみられるようになった。19世紀末に成立した第2次山県有朋内閣は［ D ］を定めて，こうした動きを制限しようとした。

問1 ［ A ］［ B ］に当てはまる語句の組合せとして最も適切なものを，次の①～④のうちから一つ選べ。解答番号は［ 9 ］。

① A―沖　縄　　B―労働者には安全帽やマスクが支給されていた

② A―沖　縄　　B―女性の労働力に支えられていた

③ A―長　野　　B―労働者には安全帽やマスクが支給されていた

④ A―長　野　　B―女性の労働力に支えられていた

問2 ［ C ］［ D ］に当てはまる語の組合せとして最も適切なものを，次の①～④のうちから一つ選べ。解答番号は［ 10 ］。

① C―機　械　　D―工場法

② C―機　械　　D―治安警察法

③ C―手作業　　D―工場法

④ C―手作業　　D―治安警察法

問 3　下線部分(a)生糸が「外貨獲得の優等生」と呼ばれた理由を述べた文の正誤の組合せとして適切なものを，次のグラフを参考にして，下の①～④のうちから一つ選べ。解答番号は 11 。

グラフ

1885年
輸出品　総額3715万円　生糸　緑茶　石炭　銅　乾魚　米　その他
輸入品　総額2936万円　綿糸　砂糖　綿織物　毛織物　石油　鉄類　機械類　その他

輸出品　総額の対比　1885年　1900年
輸入品　総額の対比　1885年　1900年

1900年
輸出品　総額2億443万円　生糸　綿糸　石炭　絹織物　銅　その他
輸入品　総額2億8726万円　綿花　砂糖　鉄類　綿織物　機械類　石油　毛織物　その他

ア　生糸は，日本における産業革命が本格化する以前から，最大の輸出品目であったから。

イ　生糸は，原料を輸入に頼る必要がなかったから。

① ア―正　イ―正　　② ア―正　イ―誤

③ ア―誤　イ―正　　④ ア―誤　イ―誤

問 4　下線部分(b)労働者の待遇に関連して，次の**資料**から読み取れることとして**適切でないもの**を，下の①～④のうちから一つ選べ。解答番号は 12 。

資　料

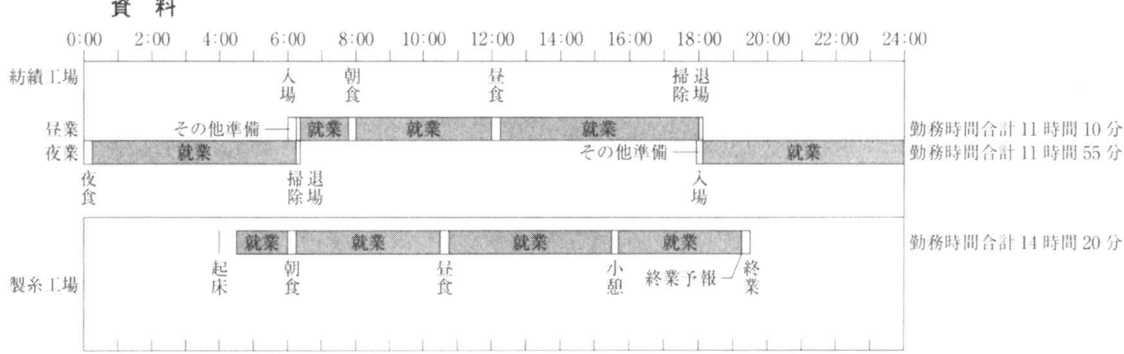

① **資料**中の紡績工場では，およそ12時間の夜業中に一度しか食事が与えられなかった。

② **資料**中の製糸工場では，1日の勤務時間の合計が14時間を超える長時間勤務が行われた。

③ **資料**中のどちらの工場でも，昼夜二交代の勤務が行われていた。

④ **資料**中のどちらの工場でも，休憩をとらずに4時間を超える勤務をさせられることがあった。

3 次の文を読み，後にある**問1**～**問4**に答えよ。

第一次世界大戦に参戦した日本は，山東半島の青島(a)や南洋諸島を占領した。また，二十一ヵ条の要求を示し，[A]など中国権益の拡大をめざしたが，これは中国だけではなく欧米諸国の反発をかった。

第一次世界大戦後，1920年代の日本(b)は，諸外国との対立を避け，協調外交を展開したが，国内にはこれに反発する声もあった。1926年に[B]のひきいる中国国民党が北伐(c)を開始すると，日中の対立は深まっていった。

問1 [A] [B]に当てはまる語句の組合せとして正しいものを，次の①～④のうちから一つ選べ。解答番号は[13]。

① A―旅順・大連の租借権を延長する　　B―蔣介石
② A―旅順・大連の租借権を延長する　　B―袁世凱
③ A―満州国を承認する　　B―蔣介石
④ A―満州国を承認する　　B―袁世凱

問2 下線部分山東半島の青島(a)の**場所**と，日本が占領する直前まで山東半島に権益を保持していた国の組合せとして正しいものを，下の①～④のうちから一つ選べ。解答番号は[14]。

国
ウ　イギリス
エ　ドイツ

① ア―ウ　② ア―エ　③ イ―ウ　④ イ―エ

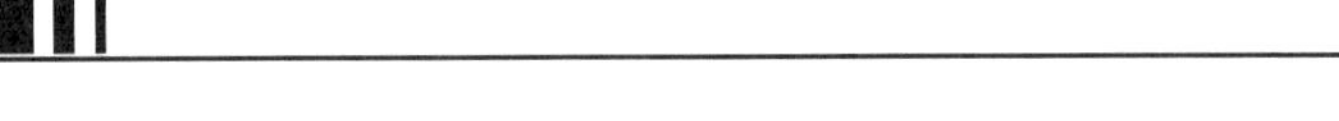

問 3　下線部分(b)1920年代の日本について述べた文の正誤の組合せとして適切なものを，下の①～④のうちから一つ選べ。解答番号は 15 。

ア　アジア市場への綿製品の輸出拡大を原因の一つとする，好況が続いた。

イ　アメリカやイギリスと軍艦の保有比率を定める条約を調印し，軍縮を行った。

① ア―正　イ―正　　② ア―正　イ―誤
③ ア―誤　イ―正　　④ ア―誤　イ―誤

問 4　下線部分(c)北伐開始後のできごとについて述べた次のア～ウを年代の古い順に正しく並べたものを，下の①～④のうちから一つ選べ。解答番号は 16 。

ア　日本政府は，３週間のモラトリアムを実施した。

イ　北伐不介入方針をとった内閣が，金融恐慌により総辞職した。

ウ　北伐軍(国民革命軍)に敗北した張作霖を，関東軍が殺害した。

① ア→イ→ウ　② イ→ア→ウ　③ ウ→ア→イ　④ ウ→イ→ア

4 次の**年表**は，鳩山一郎についてまとめたものである。これを読み，後にある**問1**～**問8**に答えよ。

年　表

	鳩山一郎についてのできごと	これまでの学習で学んだこと
1883年	東京に生まれる。	
1931年	犬養内閣の文部大臣に就任する。	X（1931年～1934年）　Y（1931年～1936年）
1933年	(a)滝川事件に関与する。	
1934年	文部大臣を辞任する。	
1936年		二・二六事件がおきる。
1941年		太平洋戦争が始まる。
1942年	(b)翼賛選挙に非推薦で当選する。	
1943年	内閣を批判し，政界から離れる。	
1945年		ポツダム宣言を受諾する。
〃	終戦後，日本自由党総裁に就任する。	Z（1945年～1950年）
1946年		戦後初の(c)総選挙が行われる。
〃	公職追放となる。	
1950年		朝鮮戦争が始まる。
1952年	政界に復帰する。	
1954年	内閣総理大臣に就任する。	
1955年	(d)自由民主党総裁に就任する。	保守合同が行われる。
1956年	(e)日ソ共同宣言に調印する。	
〃	内閣総理大臣を辞任する。	
1959年	没する。	

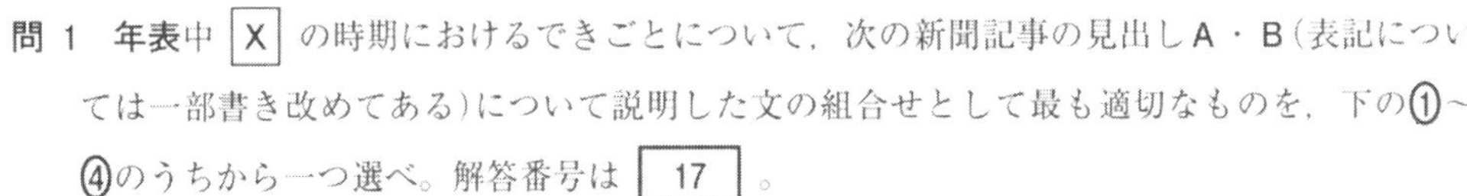

問 1　年表中 X の時期におけるできごとについて，次の新聞記事の見出しＡ・Ｂ（表記については一部書き改めてある）について説明した文の組合せとして最も適切なものを，下の①～④のうちから一つ選べ。解答番号は 17 。

Ａ

未曾有の帝都大不穏事件
狙撃されて重傷の
犬養総理大臣ついに逝去
（略）

Ｂ

総会、勧告書を採択し
わが代表堂々退場す
四十二対一票、棄権一
（略）

ア　見出しＡのできごとをきっかけに，軍部大臣現役武官制が復活した。

イ　見出しＡのできごとをきっかけに，政党内閣は崩壊し，太平洋戦争後まで復活しなかった。

ウ　見出しＢのできごとの後に，日本は国際連盟からの脱退を通告した。

エ　見出しＢのできごとの後に，満州事変が始まった。

①　ア－ウ　　②　ア－エ　　③　イ－ウ　　④　イ－エ

問 2　下線部分滝川事件(a)について述べた文として適切なものを，次の①～④のうちから一つ選べ。解答番号は 18 。

①　天皇機関説が反国体的学説であると攻撃され，その説をとなえた学者が貴族院議員を辞職した。

②　自由主義的な刑法学説をとなえた京大法学部教授が休職処分となった。

③　明治天皇暗殺計画容疑で社会主義者たちが死刑になった。

④　第１次大隈重信内閣の文部大臣が金権政治を批判した発言が，不敬とされた。

問 3　次の**表**は**年表**中 Y の時期における日本の財政について示したものである。この**表から読み取れること**と，この時期の**日本の経済**について説明した文の組合せとして最も適切なものを，下の①～④のうちから一つ選べ。解答番号は 19 。

表

単位：億円

	1931 年	1932 年	1933 年	1934 年	1935 年	1936 年
一般会計歳出	14.77	19.50	22.55	21.63	22.06	22.82
うち軍事費	4.55	6.86	8.73	9.42	10.33	10.78
時局匡救事業費		2.64	3.66	2.35		
国債発行額	1.91	7.72	8.40	8.30	7.61	6.85

表から読み取れること

ア　**表**中の期間を通して，軍事費が増加し続けている。

イ　**表**中の期間を通して，一般会計歳出，国債発行額がともに減少し続けている。

日本の経済

ウ　緊縮的な財政政策を行った結果，世界的な不況の中で引き続き停滞した。

エ　積極的な財政政策を行った結果，世界的な不況から脱出することができた。

①　ア―ウ　　②　ア―エ　　③　イ―ウ　　④　イ―エ

令和2年度第1回試験

問 4　下線部分(b)翼賛選挙を実施した**内閣総理大臣**と，**選挙の結果**についての説明の組合せとして正しいものを，下の①～④のうちから一つ選べ。解答番号は 20 。

内閣総理大臣

ア　松方正義　　　イ　東条英機

選挙の結果

ウ　政府の支援を受けた推薦候補が，絶対多数の議席を獲得した。

エ　激しい選挙干渉が行われたが，民党が多数の議席を獲得した。

①　ア―ウ　　②　ア―エ　　③　イ―ウ　　④　イ―エ

問 5　下線部分(c)総選挙に関連して，日本における衆議院議員総選挙の結果について述べた次のア～ウを年代の古い順に正しく並べたものを，下の①～④のうちから一つ選べ。解答番号は 21 。

ア　無産政党勢力が８人当選したことを受けて，政府は共産党員の検挙や治安維持法の改正を行った。

イ　39 人の女性議員が誕生し，日本自由党が第一党となった。

ウ　収賄容疑で元首相が逮捕された後，自由民主党は大敗し，衆議院の過半数を割り込んだ。

①　ア→イ→ウ　　②　ア→ウ→イ　　③　イ→ア→ウ　　④　イ→ウ→ア

問 6　**年表中** Z の時期におけるできごとについて述べた文として**適切でないもの**を，次の①～④のうちから一つ選べ。解答番号は 22 。

①　日米相互協力および安全保障条約(日米新安全保障条約)が結ばれた。

②　金融緊急措置令が出された。

③　極東国際軍事裁判(東京裁判)が始まった。

④　財閥解体が行われた。

問 7　下線部分(d)自由民主党が結成された後の日本政府の政策について述べた文として**適切でないもの**を，次の①～④のうちから一つ選べ。解答番号は 23 。

①　国際平和維持活動(PKO)協力法が制定された。

②　電電公社(現 NTT)・専売公社(現 JT)・国鉄(現 JR)の民営化が実現した。

③　冷戦終結後の日米安保体制について共同宣言を発表した。

④　傾斜生産方式により鉄鋼，石炭に資金，資材が重点的に投入された。

問8　下線部分(e)日ソ共同宣言に関連して，次の**資料**から読み取ることができる鳩山一郎の考えとして**適切でないもの**を，下の①～④のうちから一つ選べ。解答番号は 24 。

資　料

私が日ソ国交正常化の必要性を強く主張する第一の理由は，平和に対するあくことない追求であります。…(中略)…

第二の理由は，日本の国際的地位の向上と，自主独立の完成であります。…(中略)…国連加盟を実現して国際社会における日本の地位と発言権を強固にし，独立国家としていずれの国に対しても対等の立場を保持するためにも，この際まず日ソの復交(注1)が必要であると考えます。…(中略)…戦後十幾年かを経て，今なお異境(注2)に抑留されている数多くの人達とその家族の心情を察する時，断腸の思いであります。これがソ連との復交に私の心をゆり動かした第三の理由であります。…(中略)…

もちろん，わが国固有の領土に対しては，その主張を断じて譲るものではありません。私たち政治の責任者にとって，領土に対する愛着は，国民の生命と同等，何物にも代え難いものであります。

(鳩山一郎『鳩山一郎回顧録』)

(注1)　国交を回復すること。

(注2)　異なる国。この場合はシベリアを指す。

① 日ソの関係を正常に回復させることが，平和を追求する上で大きな役割を果たす。
② 国連加盟を実現するために，これに反対しているソ連との復交が必要である。
③ ソ連にまだ抑留されている人たちの一刻も早い帰還を実現させなければならない。
④ 国後島や択捉島などの北方領土の返還については，ソ連に主張しない。

5 近現代のわが国における税に関する次の**資料**・**表**を読み，後にある**問1**～**問4**に答えよ。

資　料　19世紀半ばにアメリカ合衆国とのあいだで結ばれた条約(抜粋，意訳してある)

第三条　日本人とアメリカ人が，物品を売買することはまったく問題なく，決済方法などについて日本の役人は干渉しない。

第四条　日本で輸出入する物品はすべて，別冊の通り日本の役所に関税を納める。

(備考)　第四条の「別冊」に記載された関税の税率

	品　目	税　率
輸入	金銀，衣服，家財，書籍など	(なし)
	造船や船の修復に必要な物品，鯨漁具，食物，錫，生絹(注1)	5分
	酒類	3割5分
	その他	2割
輸出	金銀，棹銅(注2)	5分

(注1)　生糸，または生糸で織った絹織物。　(注2)　銅の一種。

表　**資料**の条約が結ばれた後の，わが国の税に関するできごと(年代の古い順に並べてある)

地租改正条例が定められ，［A］にもとづく地租が［B］で納められるようになった。

↕ ［X］

第一次世界大戦の好景気を背景に，戦時利得税(注3)が導入された。

↕

「国民は，法律の定めるところにより，納税の義務を負ふ。」と日本国憲法に規定された。

↕ ［Y］

竹下登内閣のもとで，税率が3％の［C］税である消費税が導入された。

(注3)　一定の基準を超過した所得に対し，法人は20％，個人は15％が課税されたが，終戦を迎えると廃止された。

問1 [A] [B] [C] に当てはまる語の組合せとして正しいものを，次の①〜④のうちから一つ選べ。解答番号は [25] 。

① A—地　価　B—貨　幣　C—直　接
② A—地　価　B—貨　幣　C—間　接
③ A—収穫高　B—米　C—直　接
④ A—収穫高　B—米　C—間　接

問2 **資料**の内容に関連して述べた文の組合せとして正しいものを，下の①〜④のうちから一つ選べ。解答番号は [26] 。

ア 「別冊」によると，日本が輸入した「生絹」には，5％の関税が課された。
イ 「別冊」によると，日本が輸出した「金銀」には，関税が課されなかった。
ウ 日本は，**表**中 [X] の時期に，相手国との協議を経ないで関税の税率を決めることができるようになった。
エ 日本は，**表**中 [X] の時期に，日本国内で法を犯した外国人を領事が裁くことを，初めて相手国に認めた。

① ア—ウ　② ア—エ　③ イ—ウ　④ イ—エ

問3 **表**中 [Y] の時期の日本の経済について述べた文として正しいものを，次の①〜④のうちから一つ選べ。解答番号は [27] 。

① 清との戦争で獲得した賠償金をもとにして金本位制が採用され，民間産業が発展した。
② 相模湾を震源とする大地震で多くの企業が倒産し，決済できなくなった手形が続出した。
③ 国民総生産(GNP)が飛躍的に伸び，資本主義国の中で第2位の経済大国になった。
④ 経済の不振が進む中で，「構造改革」のスローガンのもとで郵政事業が民営化された。

問4 **表**で示された時期のできごとについて述べた次のア〜ウを年代の古い順に正しく並べたものを，下の①〜④のうちから一つ選べ。解答番号は [28] 。

ア 自家用車が普及し高速道路網が整備される中で，自動車取得税が導入された。
イ 中華民国との開戦にともない政府の財源不足を補うため，映画の入場料に税が課された。
ウ 衆議院議員の選挙権が，直接国税(地租や所得税)15円以上の納入者に与えられた。

① イ→ア→ウ　② イ→ウ→ア　③ ウ→ア→イ　④ ウ→イ→ア

(これで日本史Aの問題は終わりです。)

日　本　史　B

（解答番号 1 ～ 28 ）

1 関東地方の歴史について花子さんが作成した次の**レポート**を読み，後にある**問1～問4**に答えよ。

レポート

(1) 東京都内の遺跡のうち，大森貝塚と向ヶ丘貝塚(弥生町遺跡)が有名です。この二つの遺跡の共通点は， A 遺跡である，ということです。

(2) 下の**地図**は，大宝律令が完成した頃の関東地方で，**地図**中の太線は B を示しています。これらの道路を設けたのは当時の政府ですが，この**地図**からわかるように，武蔵国はそのうちの二つに挟まれた位置にありました。また，**地図**中の**ア**と**イ**からそれぞれ発見された巨大な道路の遺構はつながっていたと推定されており，**地図**中の点線はそのルートを示しています。つまり，これらの遺構は，武蔵国の国府と C を結ぶ道だったと考えられています。

地　図

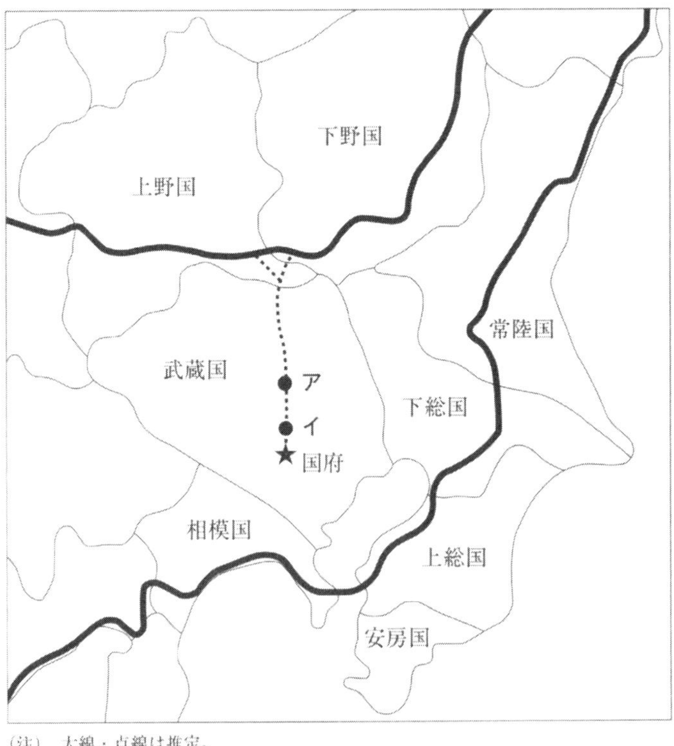

(注) 太線・点線は推定。

(3) 東京の神田(かんだ)神社には，10世紀前半に関東で反乱をおこした D が供養(くよう)されています。この反乱の際には， E の僧侶が，不動明王像を携えて関東に下り，加持祈禱によって反乱を治めようとしました。そのため，その不動明王像が祀られている成田山(なりたさん)新勝寺(しんしょうじ)には，神田神社の氏子(うじこ)は参詣してはいけないという言い伝えがあります。

(4) 江戸氏という一族が平安時代末期に武蔵国の一部を支配していました。したがって，「江戸」という地名がこの頃までには用いられていたと考えられます。平氏の支流であったとされる江戸氏の先祖は，代々武蔵国を中心に東国に勢力をもっていたようです。

問1 A に当てはまる語句として適切なものを，次の①～④のうちから一つ選べ。解答番号は 1 。

① 関東地方がヤマト政権の影響を受けていたことを示す
② 日本列島に旧石器時代があったことを証明する
③ 東日本まで稲作が伝来していたことを示す
④ 出土した土器から当時の文化をうかがい知ることができる

問2 B C に当てはまる語句の組合せとして正しいものを，次の①～④のうちから一つ選べ。解答番号は 2 。

① B—各国の国府を結ぶ駅路　C—東山道　② B—各国の国府を結ぶ駅路　C—東海道
③ B—参勤交代のための五街道　C—東山道　④ B—参勤交代のための五街道　C—東海道

問3 D E に当てはまる語の組合せとして正しいものを，次の①～④のうちから一つ選べ。解答番号は 3 。

① D—藤原純友　E—真言宗　② D—藤原純友　E—曹洞宗
③ D—平将門　E—真言宗　④ D—平将門　E—曹洞宗

問4 下線部分平氏について述べた次のア～ウを年代の古い順に正しく並べたものを，下の①～④のうちから一つ選べ。解答番号は 4 。

ア 平清盛が太政大臣に就任した。
イ 平忠常が反乱をおこしたが，摂関家に奉仕する源頼信によって鎮圧された。
ウ 平正盛が，源義親の反乱を鎮圧するなど，白河上皇の信任を得て活躍した。

① イ→ア→ウ　② イ→ウ→ア　③ ウ→ア→イ　④ ウ→イ→ア

2 源頼朝に関する**年表**と，鎌倉幕府や室町幕府が成立した年代について議論した生徒の**会話文**Ⅰ・Ⅱを読み，後にある**問１**～**問４**に答えよ。

年　表

1180年	伊豆に流されていた源頼朝が挙兵する。鎌倉を拠点とし，侍所を設置する。
1183年	朝廷から，官位を伊豆に流される前のものに戻され，東国支配権を認められる。
1184年	公文所・問注所を設置する。
1185年	壇の浦の戦いで平氏を滅ぼす。朝廷から，守護・地頭の設置を許可される。
1189年	東北地方の奥州藤原氏を滅ぼす。
1190年	朝廷から右近衛大将に任命される。
1192年	朝廷から征夷大将軍に任命される。

会話文Ⅰ

Xさん：鎌倉幕府の成立年について，私は1180年だと思います。源頼朝が鎌倉に拠点を置いて，［ A ］機関を作ったからです。

Yさん：私は1190年だと思います。前年までには［ B ］，この年に右近衛大将に任じられました。右近衛大将は征夷大将軍を上回る武官の官職であることから，名実ともに武家の棟梁となったのはこの年だと思います。

Zさん：Xさんは，［ C ］，という意見なのですね。

Xさん：はい，そうです。

会話文Ⅱ

Xさん：室町幕府の成立については，私は1336年だと考えています。

Yさん：Xさんは，鎌倉幕府の成立について，頼朝が鎌倉に拠点を置いたことと深く関わっている，と主張していましたよね。同じように考えれば，室町幕府が成立した時期は，将軍足利義満が［ D ］時期と深く関わっている，という意見になるはずですよね。

Xさん：いや，義満は祖父や父の政権を引き継いだ立場なので，足利尊氏の時期を重視して考えるべきだと思っています。

Zさん：そもそも，鎌倉幕府の成立時期と室町幕府の成立時期について，無理に基準を合わせなくても良いのではないですか。尊氏が『建武式目』によって政治方針を示した1336年に幕府が成立した，というのが私の意見です。

問 1 [A] [B] に当てはまる語句の組合せとして正しいものを，次の①～④のうちから一つ選べ。解答番号は [5] 。

① A―一般政務や財政を担う　B―源氏に対抗することができる規模の武士団が滅ぼされ
② A―一般政務や財政を担う　B―後鳥羽上皇方についた武士や貴族の所領を没収し
③ A―御家人の統制をする　B―源氏に対抗することができる規模の武士団が滅ぼされ
④ A―御家人の統制をする　B―後鳥羽上皇方についた武士や貴族の所領を没収し

問 2 [C] に当てはまる語句として適切なものの組合せとして正しいものを，下の①～④のうちから一つ選べ。解答番号は [6] 。

ア　東北地方や九州にまで支配を及ぼしていなくても鎌倉幕府は成立していたといえる
イ　東北地方や九州にまで支配を及ぼしたことで鎌倉幕府は成立したといえる
ウ　鎌倉幕府は朝廷から認められる官位とは無関係に成立した
エ　鎌倉幕府は朝廷に権限を認められたことで成立した

①　ア―ウ　　②　ア―エ　　③　イ―ウ　　④　イ―エ

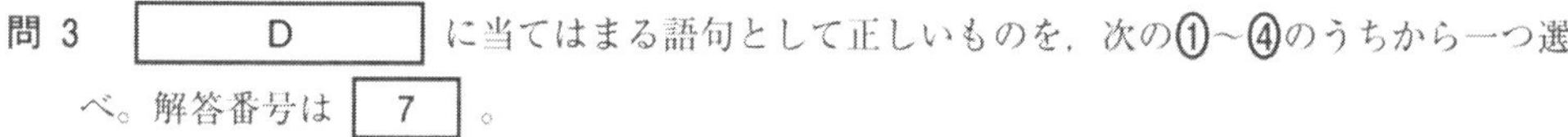

問 3 [D] に当てはまる語句として正しいものを，次の①～④のうちから一つ選べ。解答番号は [7] 。

① 南北朝の合一を達成した
② 明との貿易を始めた
③ 太政大臣に就任した
④ 室町に花の御所を設けた

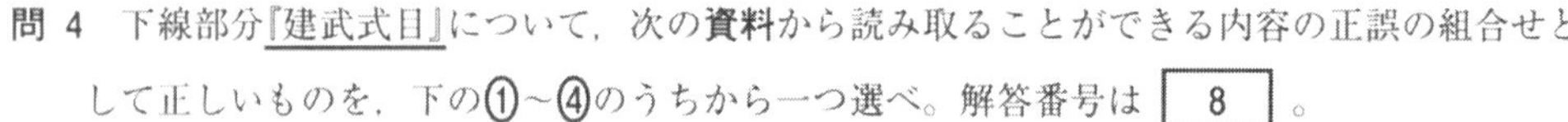

問 4　下線部分『建武式目』について，次の**資料**から読み取ることができる内容の正誤の組合せとして正しいものを，下の①～④のうちから一つ選べ。解答番号は 8 。

資料（意訳してある）

> 鎌倉をもとのように本拠地にするべきか，別の所にするべきかどうかの件について。
> 　…（中略）…とりわけ鎌倉は，源頼朝が初めて武家の館を構え，承久年間に北条義時が天下を併合し，武家にとっては最も縁起の良い土地と言える。…（中略）…ただし，人々がもし鎌倉から本拠地を移すことを望むのであれば，大勢の人々の意向に従うべきだろう。
>
> 政治の道について。
> 　…（中略）…まず武家の全盛期を見習って，善政を行うべきである。…（中略）…古い時代では醍醐天皇・村上天皇の時代の立派な政治を仰ぎ見て，新しい時代では北条義時・泰時父子の行いを模範とするべきである。

ア　政権の拠点として鎌倉が選択肢に入れられていた。
イ　鎌倉幕府の政治を否定し，新たな幕府を建てようとしていた。

① ア―正　イ―正　　② ア―正　イ―誤
③ ア―誤　イ―正　　④ ア―誤　イ―誤

3 次のⅠ・Ⅱを読み，後にある**問1**～**問4**に答えよ。

Ⅰ

説明文1

日本と朝鮮との貿易は豊臣秀吉の朝鮮出兵以来断絶していたが，1609年に両国の国交は復活し，貿易も再開された。その際に対朝鮮貿易の特権的地位を認められたのが対馬藩であった。

18世紀はじめに政治の実権を握った新井白石は，将軍職の地位と権威を高めるため，朝鮮からの国書に従来記されていた「日本国大君殿下」という表現を「日本国王」と改めさせた。

問1 次の**表**は，1830年頃の対馬藩と朝鮮との貿易についてまとめたものである。**説明文1**と**表**を参考にしながら，この貿易について述べた文として**適切でないもの**を，下の①～④のうちから一つ選べ。解答番号は **9** 。

表

輸出			輸入	
品目(量)		入手先	品目(量)	備考
銅	(38,789斤134匁)	大坂	木綿(35,438疋(ひき))	
丹木(たんぼく)(注1)	(10,000斤)	大坂	(うち14,643疋)	藩内で銀226貫にて売却
胡椒(こしょう)	(5,000斤)	長崎	(うち295疋)	藩内の各役所に配分
明礬(みょうばん)(注2)	(1,400斤)	長崎	(うち20,000疋)	大坂で銀285貫にて売却
			(うち500疋)	長崎で銀8貫500匁にて売却
			米(約9,840石)	
			(うち2,382石)	倭館と船中で消費
			(うち7,258石)	藩内の家臣に支給

(『対馬からみた日朝関係』により作成)

(注1) 蘇木のこと。染料・薬剤として用いられた。　(注2) 染色・製革・医薬などに用いる結晶。

① 対馬藩は，長崎で入手した香辛料などを朝鮮に輸出していたと考えられる。

② 対馬藩は，輸入した木綿を売却して銀を獲得していたと考えられる。

③ 朝鮮からの輸入品は，すべて日本国内で消費されていたと考えられる。

④ 輸入した米は，その多くが対馬藩の家臣に支給されていたと考えられる。

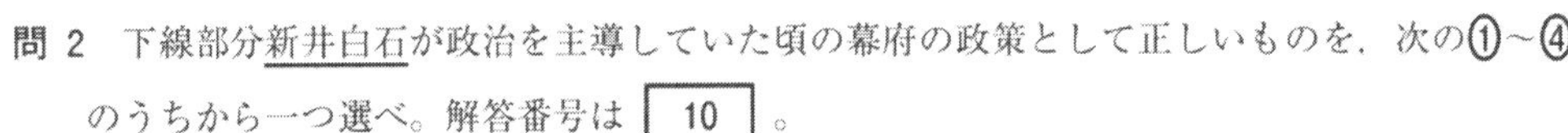

問 2　下線部分新井白石が政治を主導していた頃の幕府の政策として正しいものを，次の①～④のうちから一つ選べ。解答番号は［10］。

① 一国一城令を発し，大名の居城を一つに限った。

② 株仲間を公認し，運上や冥加を徴収した。

③ 公事方御定書を制定し，法にもとづく政治を進めた。

④ 皇室に費用を献じ，閑院宮家を創設した。

Ⅱ

図

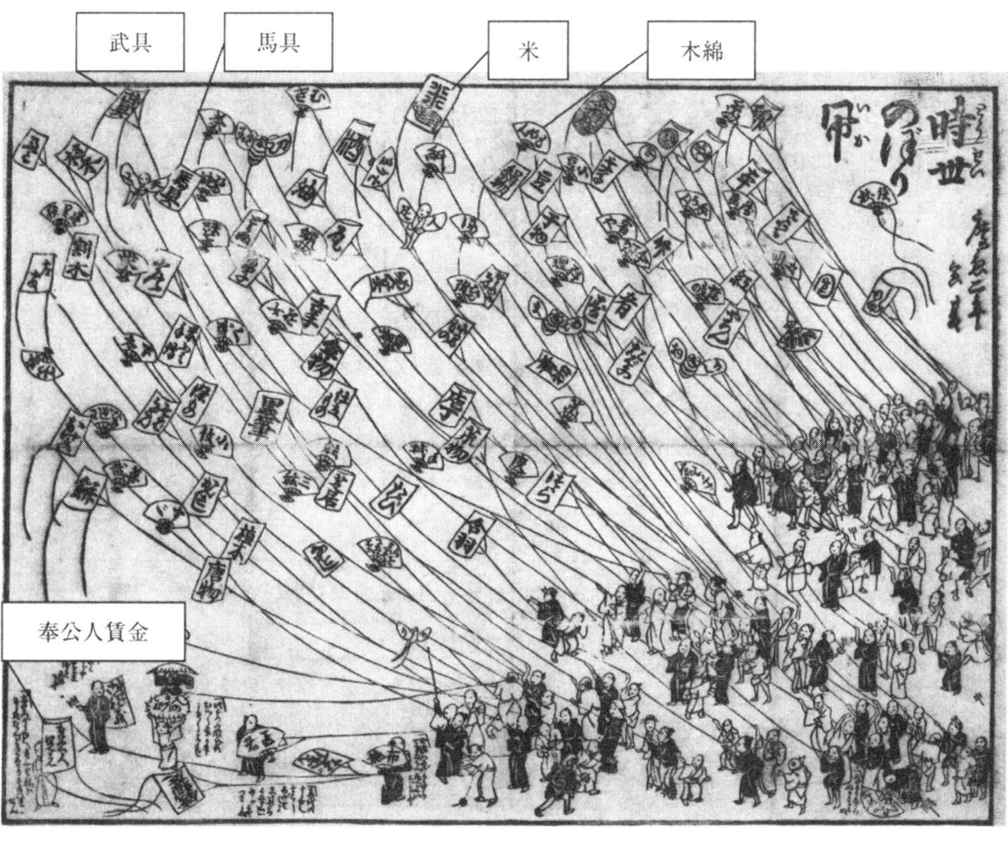

説明文2

図は，1866年刊行の「時世のぼり凧」という風刺画である。凧の高さは物価の変化の程度を示し，上方に描かれているものほど価格が上昇したことを，下方に描かれているものほど価格が下落したことを示している。

つまり，この図からは，［ A ］が他の商品の価格と比べて上昇したことが読み取れる。そのため庶民の生活は苦しかったと考えられる。また，武具や馬具の需要が高まっていたことも読み取れる。この需要の高まりは［ B ］の影響によると考えられる。

問 3　次の年表を参考にしながら，［A］［B］に当てはまる語句の組合せとして正しいものを，下の①～④のうちから一つ選べ。解答番号は［11］。

年　表

年	できごと
1858	日米修好通商条約締結
1860	桜田門外の変
1863	薩英戦争
1864	禁門の変
	第一次長州征討
	四国艦隊下関砲撃事件
1866	改税約書調印
	第二次長州征討

① A—生活必需品の価格　B—外国との貿易
② A—生活必需品の価格　B—あいつぐ戦争
③ A—奉公人賃金　B—外国との貿易
④ A—奉公人賃金　B—あいつぐ戦争

問 4　幕末にはいくつかの理由で物価の高騰がおこった。その理由について述べた文の正誤の組合せとして正しいものを，下の①～④のうちから一つ選べ。解答番号は［12］。

ア　冷害や浅間山の大噴火を原因とする飢饉がおこったから。
イ　貨幣の改鋳によって，金貨の品質が引き下げられたから。

① ア—正　イ—正　② ア—正　イ—誤
③ ア—誤　イ—正　④ ア—誤　イ—誤

4 次の文章を読み，後にある**問1～問4**に答えよ。

幕末の日本には，欧米から多くの外国人がやってきた。その中の一人で，幕末から明治時代にかけて，通訳として活躍したイギリス人アーネスト・サトウ(a)は，自著の中で，幕府が滅亡して明治新政府が成立する過程を細かく記述している。特にサトウが注目したのは，外交問題に関わる幕府の態度である。アメリカが日米和親条約に基づいて［A］を領事として下田に着任させることを求めたのに対し，サトウは，「将軍は自己の立場を強固にするためついに［B］に対して条約の裁可を要請することに決めた。織田信長も豊臣秀吉も徳川家康も，自分の行動に［B］の承認が必要だとは考えなかった」と指摘している。将軍によるこの新しいやり方にそって，その後アメリカとの通商条約締結(b)についても幕府は［B］と［A］との間に立って交渉を進めることになり，1858年にアメリカなど5ヵ国と次々に条約が締結される(c)こととなった。

問1 ［A］［B］に当てはまる語の組合せとして正しいものを，次の①～④のうちから一つ選べ。解答番号は［13］。

① A―ハリス　　B―大寺社
② A―ハリス　　B―朝　廷
③ A―プチャーチン　　B―大寺社
④ A―プチャーチン　　B―朝　廷

問2 下線部分明治時代にかけて，通訳として活躍したイギリス人アーネスト・サトウ(a)と同様に，明治時代に日本に滞在した外国人について述べたものとして**誤っているもの**を，次の①～④のうちから一つ選べ。解答番号は［14］。

① フェノロサは，日本美術を評価し，東京美術学校の設立に尽力した。
② ロエスレルは，大日本帝国憲法の起草について助言した。
③ コンドルは，社交の場となった鹿鳴館を設計した。
④ シャウプは，日本の税制改革の方針について勧告した。

令和2年度第1回試験

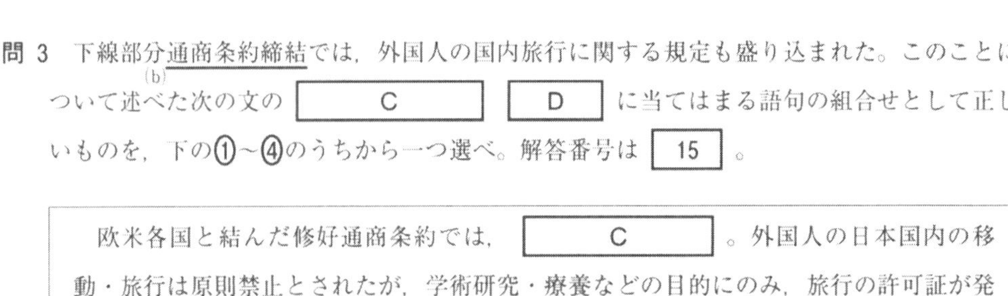

問 3　下線部分通商条約締結(b)では，外国人の国内旅行に関する規定も盛り込まれた。このことについて述べた次の文の［ C ］［ D ］に当てはまる語句の組合せとして正しいものを，下の①～④のうちから一つ選べ。解答番号は［ 15 ］。

> 欧米各国と結んだ修好通商条約では，［ C ］。外国人の日本国内の移動・旅行は原則禁止とされたが，学術研究・療養などの目的にのみ，旅行の許可証が発行された。1894 年，当時外務大臣であった［ D ］の交渉により，日英通商航海条約が結ばれ，外国人の国内旅行が自由にできるようになった。

① C—下田と箱館が開港された　　D—陸奥宗光
② C—下田と箱館が開港された　　D—小村寿太郎
③ C—外国人は開港場にのみ居住できた　　D—陸奥宗光
④ C—外国人は開港場にのみ居住できた　　D—小村寿太郎

問 4　下線部分 1858 年にアメリカなど 5 ヵ国と次々に条約が締結された(c)ことを受けて始まった貿易は，次の表のような推移をたどった。この表中の期間における貿易について述べた文の正誤の組合せとして正しいものを，下の①～④のうちから一つ選べ。解答番号は［ 16 ］。

表

年	輸出		輸入	
	総額（百万ドル）	輸出総額に占める横浜港の輸出額の割合（%）	総額（百万ドル）	輸入総額に占める横浜港の輸入額の割合（%）
1859	0.9	44.9	0.8	25.0
1860	5	83.9	2	57.2
1861	4	70.7	2	63.1
1862	7	86.7	4	79.1
1863	12	86.4	6	59.7
1864	11	85.1	8	68.5
1865	18	94.5	15	86.9
1866	17	84.8	16	74.4
1867	12	80.1	22	68.8

（横浜税関『横浜開港 150 年の歴史』等により作成）

ア　1860 年以降，横浜港の輸出額と輸入額はともに，開港した港の中でそれぞれ最大であった。

イ　1866 年以前は，日本の貿易収支は黒字であった。

① ア—正　イ—正　　② ア—正　イ—誤
③ ア—誤　イ—正　　④ ア—誤　イ—誤

5 次の**写真1・2**に関する**説明文**を読み，後にある**問1〜問2**に答えよ。

写真1

写真2

説明文

写真1は綿糸の大量生産をめざした大阪府の紡績工場の内部を，**写真2**は「外貨獲得の優等生」と呼ばれた生糸(a)の主要な生産地である［A］県の製糸工場内部を撮影したものである。**写真1**と**写真2**を比較すると，当時の紡績業，製糸業では，ともに［B］という共通点があったことがわかる。

問1 ［A］［B］に当てはまる語句の組合せとして最も適切なものを，次の①〜④のうちから一つ選べ。解答番号は［17］。

① A―沖　縄　　B―労働者には安全帽やマスクが支給されていた
② A―沖　縄　　B―女性の労働力に支えられていた
③ A―長　野　　B―労働者には安全帽やマスクが支給されていた
④ A―長　野　　B―女性の労働力に支えられていた

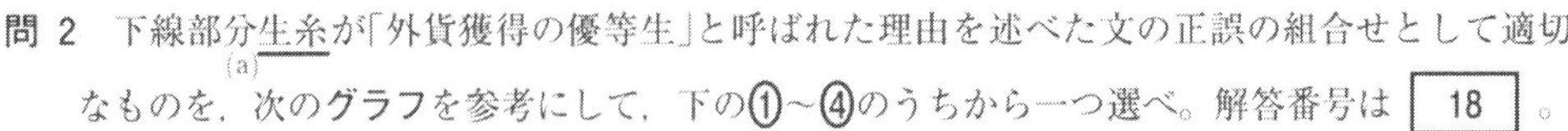

問 2　下線部分生糸(a)が「外貨獲得の優等生」と呼ばれた理由を述べた文の正誤の組合せとして適切なものを，次のグラフを参考にして，下の①～④のうちから一つ選べ。解答番号は 18 。

グラフ

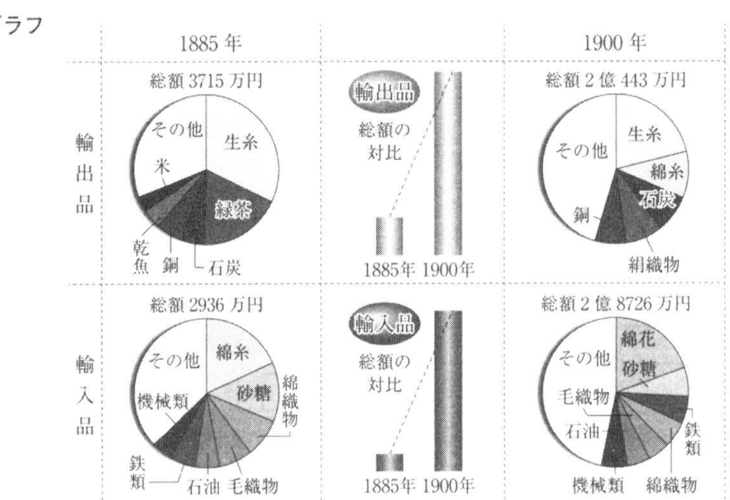

ア　生糸は，日本における産業革命が本格化する以前から，最大の輸出品目であったから。

イ　生糸は，原料を輸入に頼る必要がなかったから。

①　ア―正　イ―正	②　ア―正　イ―誤
③　ア―誤　イ―正	④　ア―誤　イ―誤

6 次の文を読み，後にある**問1～問2**に答えよ。

> 第一次世界大戦に参戦した日本は，山東半島の青島や南洋諸島を占領した。また，二十一ヵ条の要求を示し，[A]など中国権益の拡大をめざしたが，これは中国だけではなく欧米諸国の反発をかった。
>
> 第一次世界大戦後，1920年代の日本は，諸外国との対立を避け，協調外交を展開したが，国内にはこれに反発する声もあった。1926年に[B]のひきいる中国国民党が北伐を開始すると，日中の対立は深まっていった。

問1 [A] [B]に当てはまる語句の組合せとして正しいものを，次の①～④のうちから一つ選べ。解答番号は[19]。

① A—旅順・大連の租借権を延長する　　B—蔣介石
② A—旅順・大連の租借権を延長する　　B—袁世凱
③ A—満州国を承認する　　B—蔣介石
④ A—満州国を承認する　　B—袁世凱

問2 下線部分1920年代の日本について述べた文の正誤の組合せとして適切なものを，下の①～④のうちから一つ選べ。解答番号は[20]。

ア　アジア市場への綿製品の輸出拡大を原因の一つとする，好況が続いた。
イ　アメリカやイギリスと軍艦の保有比率を定める条約を調印し，軍縮を行った。

① ア—正　イ—正　　② ア—正　イ—誤
③ ア—誤　イ—正　　④ ア—誤　イ—誤

令和2年度第1回試験

7　次の**年表**は，鳩山一郎についてまとめたものである。これを読み，後にある**問 1** ～**問 4** に答えよ。

年　表

	鳩山一郎についてのできごと	これまでの学習で学んだこと
1883 年	東京に生まれる。	
1931 年	犬養内閣の文部大臣に就任する。	
		X　Y
1933 年	滝川事件に関与する。	
1934 年	文部大臣を辞任する。	
1936 年		二・二六事件がおきる。
1941 年		太平洋戦争が始まる。
1942 年	翼賛選挙に非推薦で当選する。	
1943 年	内閣を批判し，政界から離れる。	
1945 年		ポツダム宣言を受諾する。
〃	終戦後，日本自由党総裁に就任する。	Z
1946 年		戦後初の総選挙が行われる。
〃	公職追放となる。	
1950 年		朝鮮戦争が始まる。
1952 年	政界に復帰する。	
1954 年	内閣総理大臣に就任する。	
1955 年	自由民主党総裁に就任する。	保守合同が行われる。
1956 年	日ソ共同宣言に調印する。	
〃	内閣総理大臣を辞任する。	
1959 年	没する。	

問１　年表中 X の時期におけるできごとについて，次の新聞記事の見出しA・B（表記については一部書き改めてある）について説明した文の組合せとして正しいものを，下の①～④のうちから一つ選べ。解答番号は 21 。

A

未曽有の帝都大不穏事件
狙撃されて重傷の
犬養総理大臣ついに逝去
（略）

B

総会、勧告書を採択し
わが代表堂々退場す
四十二対一票、棄権一
（略）

ア　見出しAのできごとをきっかけに，軍部大臣現役武官制が復活した。

イ　見出しAのできごとをきっかけに，政党内閣は崩壊し，太平洋戦争後まで復活しなかった。

ウ　見出しBのできごとの後に，日本は国際連盟からの脱退を通告した。

エ　見出しBのできごとの後に，満州事変が始まった。

①　ア－ウ　　②　ア－エ　　③　イ－ウ　　④　イ－エ

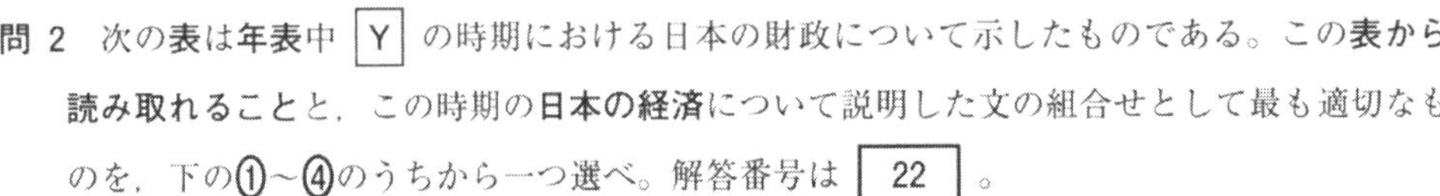

問 2　次の**表**は**年表**中 Y の時期における日本の財政について示したものである。この**表から読み取れること**と，この時期の**日本の経済**について説明した文の組合せとして最も適切なものを，下の①～④のうちから一つ選べ。解答番号は 22 。

表

単位：億円

	1931 年	1932 年	1933 年	1934 年	1935 年	1936 年
一般会計歳出	14.77	19.50	22.55	21.63	22.06	22.82
うち軍事費	4.55	6.86	8.73	9.42	10.33	10.78
時局匡救事業費		2.64	3.66	2.35		
国債発行額	1.91	7.72	8.40	8.30	7.61	6.85

表から読み取れること

ア　**表**中の期間を通して，軍事費が増加し続けている。

イ　**表**中の期間を通して，一般会計歳出，国債発行額がともに減少し続けている。

日本の経済

ウ　緊縮的な財政政策を行った結果，世界的な不況の中で引き続き停滞した。

エ　積極的な財政政策を行った結果，世界的な不況から脱出することができた。

①　アーウ　　②　アーエ　　③　イーウ　　④　イーエ

問 3　**年表**中 Z の時期におけるできごとについて述べた文として**適切でないものを**，次の①～④のうちから一つ選べ。解答番号は 23 。

①　日米相互協力および安全保障条約（日米新安全保障条約）が結ばれた。

②　金融緊急措置令が出された。

③　極東国際軍事裁判（東京裁判）が始まった。

④　財閥解体が行われた。

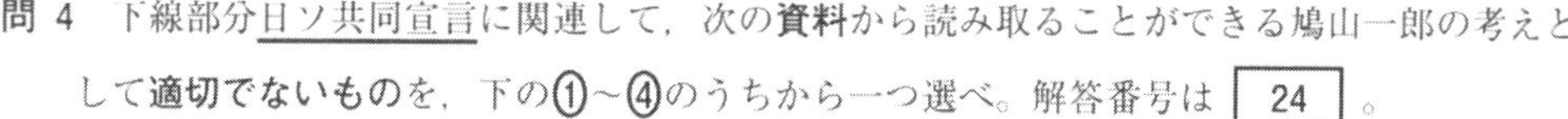

問 4　下線部分日ソ共同宣言に関連して，次の**資料**から読み取ることができる鳩山一郎の考えとして**適切でないもの**を，下の①～④のうちから一つ選べ。解答番号は 24 。

資　料

私が日ソ国交正常化の必要性を強く主張する第一の理由は，平和に対するあくことない追求であります。…(中略)…

第二の理由は，日本の国際的地位の向上と，自主独立の完成であります。…(中略)…国連加盟を実現して国際社会における日本の地位と発言権を強固にし，独立国家としていずれの国に対しても対等の立場を保持するためにも，この際まず日ソの復交(注1)が必要であると考えます。…(中略)…戦後十幾年かを経て，今なお異境(注2)に抑留されている数多くの人達とその家族の心情を察する時，断腸の思いであります。これがソ連との復交に私の心をゆり動かした第三の理由であります。…(中略)…

もちろん，わが国固有の領土に対しては，その主張を断じて譲るものではありません。私たち政治の責任者にとって，領土に対する愛着は，国民の生命と同等，何物にも代え難いものであります。

（鳩山一郎『鳩山一郎回顧録』）

（注1）　国交を回復すること。

（注2）　異なる国。この場合はシベリアを指す。

① 日ソの関係を正常に回復させることが，平和を追求する上で大きな役割を果たす。

② 国連加盟を実現するために，これに反対しているソ連との復交が必要である。

③ ソ連にまだ抑留されている人たちの一刻も早い帰還を実現させなければならない。

④ 国後島や択捉島などの北方領土の返還については，ソ連に主張しない。

8 次のⅠ～Ⅲは，「日本人と犬の歴史」と題した太郎さんのレポートの一部である。これらを読み，後にある**問1**～**問4**に答えよ。

Ⅰ

図1

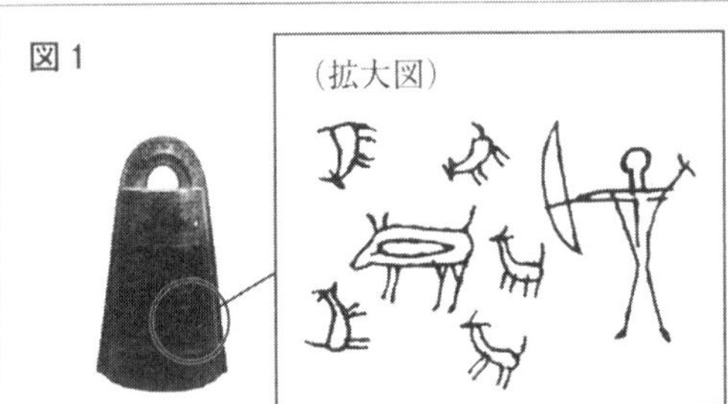

図2

図1は，ある遺跡から出土した青銅器であり，イノシシとそれを取り囲む犬，弓矢を持った人物が描かれている。このことから，［ A ］時代には犬を使った狩猟が行われていたことがわかる。

図2には弓矢を持った武士が犬を追いかけるようすが描かれている。武士たちは［ B ］を目的としてこのような行為をしたと考えられている。

Ⅱ

ヨーロッパ人との貿易が始まると洋犬が多く流入するようになった。平戸に来航したイギリスのある司令官は，本国へ向けて次のような**手紙**を書いている。

手紙(意訳してある)

> (松浦候(注1)への贈物は)立派なマスチーフ(注2)一頭，ウォーター＝スパニール(注2)一頭，グレイハウンド(注2)一頭がいいだろう。

(注1) 平戸の領主。　(注2) すべて犬の種類。

Ⅲ

犬は日本人との関わりの中で時に社会情勢の影響を受け(a)，時に国際親善の面で大きな役割を果たしてきた。1937年に初来日したアメリカの福祉活動家であるヘレン・ケラー(b)は秋田犬を贈られ，1948年の再来日の際に感謝の意を述べている。

問 1 [A] [B] に当てはまる語句の組合せとして正しいものを，次の①～④のうちから一つ選べ。解答番号は [25] 。

① A―旧石器　　B―狩猟犬の育成
② A―旧石器　　B―武芸の訓練
③ A―弥　生　　B―狩猟犬の育成
④ A―弥　生　　B―武芸の訓練

問 2 Ⅱの**手紙**が書かれた時期として正しいものを，次の**年表**中の①～④のうちから一つ選べ。解答番号は [26] 。

年　表

フランシスコ＝ザビエルが，キリスト教を日本に伝える。

①

豊臣秀吉が，バテレン追放令を出す。

②

オランダ商館が長崎の出島に移される。

③

漢訳洋書の輸入制限が緩和される。

④

杉田玄白らが西洋医学の解剖書を訳述する。

問 3　下線部分犬は日本人との関わりの中で時に社会情勢の影響を受け(a)について，次に示す**資料1・2**について考察した文ア・イの正誤の組合せとして正しいものを，下の①～④のうちから一つ選べ。解答番号は 27 。

資料1　東北地方に関する記述(意訳してある)

> 最近，外来種の犬の繁殖がいたるところで行われていると聞く。しかし和犬の繁殖は行われていない。…(中略)…王政復古以来，意図的に和犬を殺しているために往来で見ることがなくなっている。
> (『両羽博物図譜』)

資料2

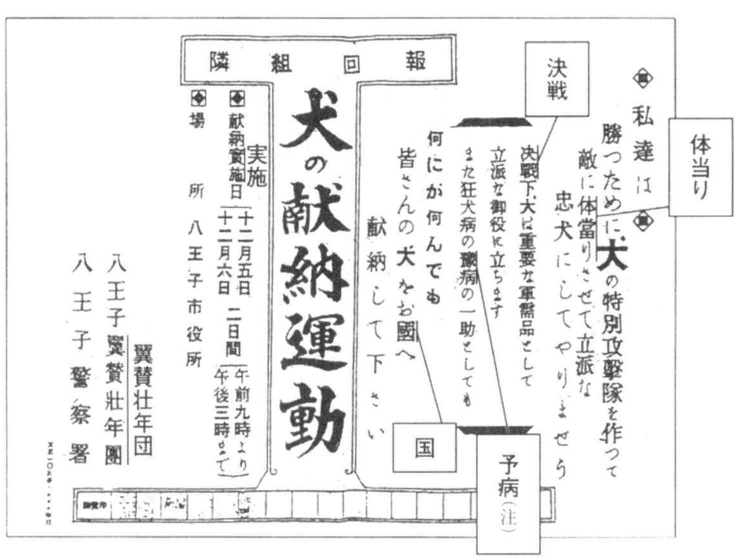

(注)　予防のこと。

ア　明治政府は「富国強兵」「文明開化」などのスローガンを掲げ，西洋文明の移植による急激な近代化を進めた。その中で**資料1**のように，外来種の犬よりも和犬を重んじる地域もあった。

イ　太平洋戦争末期には戦局が悪化する中で，国力の大部分が戦争へとつぎ込まれた。**資料2**が出された時期の日本では，物資が極端に不足していたと考えられる。

① ア―正　イ―正	② ア―正　イ―誤
③ ア―誤　イ―正	④ ア―誤　イ―誤

問４　下線部分ヘレン・ケラー(b)の，Ⅲにある２度の来日の間におこったできごとについて述べた文として正しいものを，次の①〜④のうちから一つ選べ。解答番号は 28 。

① 変動為替相場制がとり入れられた。

② 天皇が，国民および国民統合の象徴として位置づけられた。

③ 警察予備隊が，保安隊に改組された。

④ 義務教育期間が，４年から６年に延長された。

令和２年度　第１回

解答・解説

【重要度の表記】

Ａ：重要度が高く確実に正答したい設問。しっかり復習する必要のある問題です。

Ｂ：重要度はＡレベルよりすこし下で、やや難易度が高い設問または内容を読み取る設問。高得点を狙う人は復習しましょう！

Ｃ：重要度が低い、または難解な設問。軽く復習する程度でよいでしょう！

令和２年度　第１回　高卒認定試験

【　Ａ解答　】

1	解答番号	正答	配点	2	解答番号	正答	配点	3	解答番号	正答	配点	4	解答番号	正答	配点	5	解答番号	正答	配点
問１	1	②	3	問１	9	④	3	問１	13	①	3	問１	17	③	3	問１	25	②	4
問２	2	④	4	問２	10	②	3	問２	14	④	3	問２	18	②	3	問２	26	①	4
問３	3	③	3	問３	11	①	4	問３	15	③	4	問３	19	②	4	問３	27	③	4
問４	4	①	4	問４	12	③	4	問４	16	②	4	問４	20	③	3	問４	28	④	4
問５	5	③	4	-	-			-	-			問５	21	①	4	-	-		
問６	6	④	3	-	-			-	-			問６	22	①	3	-	-		
問７	7	①	3	-	-			-	-			問７	23	④	4	-	-		
問８	8	②	4	-	-			-	-			問８	24	④	4	-	-		

【　Ａ解説　】

1

問１　日米和親条約で下田に領事館が置かれ、領事として着任したのがハリスです。もう一つのＡの選択肢であるプチャーチンは幕末に結ばれた日露和親条約締結の使節です。Ｂに入れる選択肢については「織田信長も豊臣秀吉も徳川家康も、自分の行動にＢの承認が必要だとは考えなかった」という部分から、かつて政治権力の中心にあった朝廷が入ると推察できます。

解答番号【１】：２　　　⇒ **重要度Ｂ**

問２　誤っているものを選ぶ問題であるということに注意しましょう。フェノロサは美術研究家、ロエスレルは大日本帝国憲法草案作成に関わった法律家、コンドルは鹿鳴館などを設計した建築家で、お雇い外国人として日本の近代化に貢献しました。④のシャウプは1949年に日本の税制度に対する提案をした人物で、この提案はシャウプ勧告と呼ばれています。

解答番号【２】：４　　　⇒ **重要度Ａ**

問３　Ｃの選択肢として「下田と箱館が開港された」とありますが、これは日米修好通商条約締結より前の1854年に結ばれた日米和親条約の内容です。Ｄについては日英通商航海条約締結時の外務大臣である陸奥宗光が適切な選択肢となります。日英通商航海条約では和親条約で結ばれた治外法権を認めるという不平等条約の一部が改正されました。Ｄのもうひとつの選択肢となっている小村寿太郎は日英同盟やポーツマス条約締結時の外務大臣です。

解答番号【３】：３　　　⇒ **重要度Ａ**

問4　アについて、日米修好通商条約でいくつか開港した港がありますが 1860 年以降横浜港の輸出・輸入額が 50％以上を超えている＝開港した港の中で横浜港が最大であると考えることができます。イについて、表の 1866 年以前を見ると、輸入額より輸出額の方が大きいため貿易収支は黒字となっています。

解答番号【4】：1　　⇒**重要度B**

問5　アは 1882 年の福島事件で、三島通庸が会津から新潟・山形・栃木につながる会津三方道路の工事のための増税を打ち出したのに対し自由党員が中心となって反発し逮捕されたものです。イの讒謗律は人を誹謗する文書や行為を取り締まるもの、新聞紙条例は犯罪や国家転覆を扇動する記事の掲載を禁じたもので 1875 年に発布されました。ウの三大事件建白運動は 1887 年の出来事です。

解答番号【5】：3　　⇒**重要度B**

問6　1900 年から 1906 年の間に発生した清と列強諸国の戦争は 1900 年の北清事変（＝義和団事件）です。終戦後には、北京議定書が結ばれました。もうひとつの選択肢のアヘン戦争は 1840 年にインドで製造したアヘン（麻薬）を中国に輸出しようとしたイギリスとそれを禁じた清の間でおきた戦争で、その講和条約として結ばれたのが南京条約です。

解答番号【6】：4　　⇒**重要度A**

問7　第二次山県有朋内閣は 1898 年に組閣された藩閥内閣で、文官任用令の改正や治安警察法の制定、軍部大臣現役武官制の導入などを行いました。これらのことから、E には「政党」、F には「現役の大将・中将に限定した」が入ります。F のもう一つの選択肢である「現役以外の軍人に拡大した」のは 1913 年に組閣された山本権兵衛内閣です。

解答番号【7】：1　　⇒**重要度B**

問8　①日朝修好条規は 1876 年に結ばれた日本に有利な不平等条約で、鎖国をしていた朝鮮はこれによって開国しました。②日韓協約は三次にわたって結ばれ、第一次で日本が韓国に財務顧問・外交顧問を置くことが定められ、第二次で韓国の外交権を奪い韓国統監府を設置して保護国化し、第三次で韓国の内政権を掌握して軍隊を解散させました。③韓国併合条約は 1910 年に結ばれ、これ以降第二次世界大戦終戦まで朝鮮総督府がおかれて日本による植民地支配を受けました。④日韓基本条約は朝鮮戦争によって南北に分裂した朝鮮半島における唯一の政権を韓国であると日本が認めた条約です。

解答番号【8】：2　　⇒**重要度C**

2

問1　A には生糸の生産地として知られていた長野が入ります。江戸時代から長野県では良質な蚕の産地があり、明治初期になると輸出された蚕の 3 分の 1 が長野産のものでした。B については写真 2 を見ると女性ばかりであること、帽子やマスクはしていないことがわかります。

解答番号【9】：4　　⇒**重要度B**

問2　写真 1 の紡績工場と写真 2 の製糸工場を見比べてみると、紡績工場の方が人が少ないことがわかります。このことより、Ｃには機械が入ります。説明文の下から３行目以降を読むと「労働者の待遇を改善しようとする動きがみられるようになった」「山県有朋内閣はＤを定めて、こうした動きを制限しようとした」とあります。この部分より、Ｄには労働運動を取り締まった治安警察法が入ります。

解答番号【10】：2　⇒ 重要度Ａ

問３　生糸は1885年も1900年も輸出金額の第一位であることから、アについては正しい文であることがわかります。イについて、生糸の原材料は蚕のまゆです。これは1885年、1900年ともに輸入品に含まれていないため国内生産されていたことがわかりますので、正しい文であると判断ができます。国産の蚕については問１の解説も参考にしてください。

解答番号【11】：1　⇒ 重要度Ｂ

問４　適切ではないものを選ぶ問題だということに注意しましょう。①紡績工場の夜業では与えられた食事は午前０時頃の夜食のみです。②製糸工場での勤務開始時間は４時半ごろ、終業は19時半ごろなので労働時間は15時間です。③昼夜二交代制がとられていたのは紡績工場のみです。④紡績工場では昼食から退場までが６時間、製糸工場では10時半の昼食から15時半の小憩まで５時間あります。

解答番号【12】：3　⇒ 重要度Ｂ

3

問１　Ａには二十一ヵ条の要求内にあった「旅順・大連の租借権を延長する」が入ります。もうひとつの選択肢の満州国が承認されたのは日満議定書です。Ｂには孫文死後の中国国民党を牽引した蒋介石が入ります。袁世凱は初代中華民国大総統です。

解答番号【13】：1　⇒ 重要度Ｂ

問２　地図内のアは遼東半島、イは山東半島です。山東半島の青島の権益を持っていたのはドイツです。第一次世界大戦に日英同盟を理由として参戦した日本は、イギリスから青島におけるドイツ権益を削ぐよう依頼され、第一次世界大戦にドイツが敗北して以降は山東半島の権益は日本が引き継ぐようになりました。

解答番号【14】：4　⇒ 重要度Ｂ

問３　1920年代は戦後恐慌と呼ばれる大不況の時代でしたので、アの文は誤りです。イについては1923年に発効されたワシントン海軍軍縮条約を指しています。この条約によって主力艦保有数は英：米：日：仏：伊がそれぞれ、5：5：3：1.67：1.67と定められました。

解答番号【15】：3　⇒ 重要度Ｂ

問４　北伐が開始されたのは1926年であることが問題文中に記されています。アのモラトリアム（支払い猶予令）は1927年の金融恐慌で若槻礼次郎辞職後の田中義一内閣で発令されています。イの金融恐慌を理由に総辞職したのは若槻礼次郎内閣で、1927年に台湾銀行を救済する緊急勅令案発布が否決されての出来事です。ウの張作霖爆殺事件は1928年

の出来事です。

解答番号【16】：2　⇒ **重要度B**

4

問1　Aの犬養首相が暗殺された五・一五事件後に総理大臣になったのが斎藤実です。斎藤実はもともと海軍の軍人で、満州国不承認による国連脱退など、戦時体制に向かっていった総理大臣です。そのため、説明としてはイが適切です。Bは国連脱退に関する見出しなので、説明としてはウが適切です。アの軍部大臣現役武官制の復活は1936年の広田弘毅内閣、エの満州事変は1931年の出来事です。

解答番号【17】：3　⇒ **重要度B**

問2　滝川事件は京都大学教授の滝川幸辰による著書『刑法読本』が危険思想だと問題視され、休職処分になった事件です。①天皇機関説で1935年に議員辞職させられたのは美濃部達吉です。③は1910年に宮下太吉ら4人による明治天皇暗殺計画が明るみにでたことから幸徳秋水ら多数の社会主義者が逮捕され証拠不十分なまま有罪判決を受けた事件です。④は1898年の共和演説事件で、この時金権政治を批判したのが尾崎幸雄文部大臣で、不敬であるとされた後に尾崎は明治天皇に謝罪し辞任しました。

解答番号【18】：2　⇒ **重要度B**

問3　表から読み取れる内容について、アの軍事費については1931年の4.55億円から1936年の10.78億円まで増え続けています。イの一般会計歳出・国債発行額が減少し続けているという部分については増加と減少が見られます。1930年代の日本の経済状況の説明として正しいのはエです。このころ犬養内閣の高橋是清大蔵大臣による金輸出再禁止や管理通貨制度への移行などを経て好況に転じました。

解答番号【19】：2　⇒ **重要度B**

問4　問題文中の「翼賛選挙」という言葉から、第二次世界大戦が近いことを連想しましょう。松方正義は明治・大正期の政治家、東条英機は昭和期の政治家です。東条英機は第二次世界大戦後の極東軍事裁判でA級戦犯とされています。この選挙での当選者の大半は政府の支援を受けた大政翼賛会の所属議員でした。選挙干渉が行われたのは1892年第二回衆議院議員総選挙で、これを主導した品川弥二郎が内務大臣を辞任しています。

解答番号【20】：3　⇒ **重要度A**

問5　アの治安維持法の改正は1928年、イの日本自由党が第一党となったのは1946年の第22回衆議院議員総選挙で、この時が男女普通選挙制度が成立して初めての選挙でした。ウは1976年のロッキード事件についての説明で、この時逮捕された元首相は田中角栄です。

解答番号【21】：1　⇒ **重要度B**

問6　適切ではない選択肢を選ぶ問題であることに注意しましょう。Zの時期は1945年から1950年を指しています。①新安保条約は1960年に締結されました。日本とアメリカの軍事的同盟強化に反発する国民によって安保闘争が起きましたが岸信介は締結を強行して総辞職しました。②金融緊急措置令は戦後のインフレに対処するために 1946 年に施行されました。③極東国際軍事裁判は第二次世界大戦に中心的に関わった人物を裁くために 1946 年に開かれました。起訴された元首相に広田弘毅・平沼騏一郎・東条英機・小磯国昭がいます。④財閥解体は日本の軍国主義撲滅を目指して GHQ がすすめたもので、1945 年から 1951 年の間に行われました。

解答番号【22】：1　⇒重要度Ａ

問７　適切ではない選択肢を選ぶ問題であることに注意しましょう。自由民主党が結党されたのは 1955 年です。① PKO 協力法は湾岸戦争時に自衛隊を国連軍として派遣できなかったことが国際社会から問われたことをきっかけに 1992 年に制定されました。②電電公社・専売公社が民営化したのは 1985 年、国鉄が民営化したのは 1987 年です。③日米安保共同宣言は 1996 年に発表されました。④傾斜生産方式は第二次世界大戦後の経済復興のためのもので、1946 年からはじまりました。

解答番号【23】：4　⇒重要度Ｂ

問８　適切ではない選択肢を選ぶ問題であることに注意しましょう。①については１～２行目の「日ソ国交の正常化の～あくことない追及」という部分から読み取ることができます。②については４～６行目の「国連加盟を実現して～必要であると考えます」という部分から読み取ることができます。③については６～７行目の「今なお異境に～断腸の思いであります」という部分から読み取ることができます。④については９～ 10 行目の「わが国固有の領土に対しては、その主張を断じて譲るものではありません」という部分からこの選択肢が誤りであることがわかります。

解答番号【24】：4　⇒重要度Ｂ

5

問１　Ａ・Ｂについては地租改正条例の内容を思いだしましょう。ここで定められたのは土地の値段に基づいて税額が決まり、その税は米ではなく貨幣で納めることが定められました。Ｃについては消費税が直接税なのか間接税なのかを考えましょう。直接税とは税を負担する人が国や地方公共団体に直接納めるもの、間接税は酒税やたばこ税のように、税を払う人と国や地方公共団体に収める人が別のものを指します。消費税はものを購入する際に支払い、お店の人などが納めるため間接税となります。

解答番号【25】：2　⇒重要度Ａ

問２　アについて、資料中に生糸の関税が５分であると書かれています。１割が 10％、１分が 1％なので、生糸に対して 5％の関税がかけられているという文は正しいものとなります。イについて、輸入する金銀には関税がかけられていませんが、輸出する金銀に対しては５分の関税がかけられているため、この文は誤りです。ウについて、表の X は、1873 年の地租改正～ 1914 年から始まった第一次世界大戦前の時期です。この期間中、主に 1904 年におこった日露戦争後に、小村寿太郎は関税自主権を回復させています。よって、ウの文章は正しいです。エについて、初めて領事裁判権を認めたのは 1858 年の日米修好通商

条約がはじまりですので、この文は誤りです。

解答番号【26】：1　　⇒ **重要度B**

問3　Yの時期とは、日本国憲法が制定された1946年から消費税が導入された1989年までを指します。①金本位制が採用されたのは1897年の貨幣法に基づくものです。②相模湾を震源とした大地震は1923年の関東大震災を指しています。③高度経済成長の中でGNPが世界第2位となったのは1968年のことです。④郵政民営化が行われたのは2007年、小泉純一郎内閣の時です。

解答番号【27】：3　　⇒ **重要度A**

問4　アの自動車取得税が導入されたのは1968年で、2019年に廃止されています。イの入場税が国税として導入されたのは1940年で、1948年に地方税に移譲、1989年に廃止されています。ウの選挙権が直接国税15円以上の納入者のみに与えられたのは1889年の衆議院議員選挙法公布によるものです。

解答番号【28】：4　　⇒ **重要度C**

【　Ｂ解答　】

1	解答番号	正答	配点	2	解答番号	正答	配点	3	解答番号	正答	配点	4	解答番号	正答	配点	5	解答番号	正答	配点
問１	1	④	4	問１	5	③	4	問１	9	③	4	問１	13	②	3	問１	17	④	3
問２	2	①	4	問２	6	①	3	問２	10	④	3	問２	14	④	4	問２	18	①	4
問３	3	③	3	問３	7	④	3	問３	11	②	4	問３	15	③	3	-	-		
問４	4	②	3	問４	8	②	4	問４	12	③	3	問４	16	①	4	-	-		

6	解答番号	正答	配点	7	解答番号	正答	配点	8	解答番号	正答	配点
問１	19	①	3	問１	21	③	3	問１	25	④	4
問２	20	③	4	問２	22	②	4	問２	26	②	4
-	-			問３	23	①	3	問３	27	③	4
-	-			問４	24	④	4	問４	28	②	4

【　Ｂ解説　】

1

問１　大森貝塚は縄文時代、向ヶ丘貝塚は弥生時代の遺跡です。これによって、①大和政権の影響を受けていた、②旧石器時代があったことを証明する、③稲作が伝来したことを示すについては共通点ではないことがわかります。大森貝塚からは土器・土偶・石斧・石鏃などの生活に関するもの、向ヶ丘貝塚からは弥生土器などの出土品から当時の様子を知ることができます。

解答番号【1】：4　　⇒**重要度Ｂ**

問２　Ｂの前に「大宝律令が完成した頃の」とありますので、この地図は701年前後のものであるとわかります。Ｂに入る選択肢として「各国の国府を結ぶ駅路」と「参勤交代のための五街道」がありますが、参勤交代は江戸時代の制度ですので、Ｂは「各国の国府を結ぶ駅路」が適切と考えられます。Ｃについては、武蔵国（現在の東京都・埼玉県）から北に向かってのびている東山道が適切です。もう一つの選択肢の東海道は武蔵国から西に向かって伸びていた道です。

解答番号【2】：1　　⇒**重要度Ｂ**

問３　10世紀前半に関東で反乱を起こしたのは平将門です。平将門の乱と瀬戸内海でおきた藤原純友の乱を総称して承平天慶の乱と呼びます。この反乱を恐れた朱雀天皇の勅命を受けた真言宗の開祖空海が不動明王像を捧持して京都から房総半島へ向かい、成田山新勝寺が開山しました。

解答番号【3】：3　　⇒**重要度Ｂ**

問４　アの平清盛が太政大臣に就任したのは1167年、イの平忠常の反乱は1028年、ウの平正盛が源義親の追討を白河上皇から命じられたのは1107年のことです。

解答番号【4】: 2　⇒**重要度B**

2

問1　Aについて、源頼朝が1180年に鎌倉に侍所を開き、御家人を統率しました。1184年に公文所(のちの政所)、問注所が設置され、この3つが鎌倉に置かれる統治機関の中心となりました。Bについて「後鳥羽上皇側についた武士や貴族の所領を没収し」とありますが、これは1221年の承久の乱のころの出来事を指しており、鎌倉幕府成立よりも後の出来事となりますので、不適切な選択肢となります。

解答番号【5】: 3　⇒**重要度A**

問2　問1の解説についても併せて参考にしてください。Cについて、Xさんは鎌倉幕府の成立を御家人の統率を行う侍所が設置された1180年であると考えています。選択肢ア・イは鎌倉幕府の影響力がどの範囲まで広がっていたか、選択肢ウ・エは朝廷からその権力を認められていたかが問題の中心となっています。1180年時点ではまだ支配範囲は狭く、1185年の平氏滅亡まで戦いは続いています。また、朝廷から権力を認められ征夷大将軍となったのは1192年のことですので、アとイの選択肢についてはア、ウとエの選択肢についてはウがXさんの考えと一致しています。

解答番号【6】: 1　⇒**重要度A**

問3　Dの少し前を見てみましょう。「Xさんは鎌倉幕府の成立について、頼朝が鎌倉を拠点に置いたことと深く関わっている、と主張していましたよね。同じように考えれば…」とあります。この文章から、Xさんが考える室町幕府の成立も拠点を置いたところから始まると考えることができます。また、室町時代は14世紀前半から始まりますが、①南北朝合一は14世紀後半、②日明貿易の開始は15世紀初頭、③太政大臣になったのは室町幕府3代将軍足利義満で、14世紀後半のことです。

解答番号【7】: 4　⇒**重要度A**

問4　アについて、資料2～3行目の「鎌倉は、源頼朝が初めて武家の館を構え、承久年間に北条義時が天下を併合し、武家にとっては最も縁起の良い土地と言える」という部分から読み取ることができます。イについては資料の下から3行目「武家の全盛期を見習って，善政を行うべきである」、下から2～1行目「新しい時代では北条義時・泰時親子の行いを模範とするべきである」という部分から、鎌倉幕府の政治を否定していないことがわかりますので、この文は誤りとなります。

解答番号【8】: 2　⇒**重要度B**

3

問1　適切ではない選択肢を選ぶ問題であることに注意しましょう。①について、表の輸出品目に「胡椒」があること、その入手先が長崎であることから適切な文であると読み取ることができます。②については表の輸入品目に「木綿」があること、備考欄に「売却」の文字があることから適切な文であると読み取ることができます。③輸入した米のうち、2,382石は倭館・船中で消費されたと書かれています。倭館とは李氏朝鮮の日本人居留地に設けられた客館であることから、この文は誤りであると読み取ることができます。④輸入した米のうち約７割が対馬藩内の家臣に支給されていたことが表から読み取ることができます。

解答番号【9】：３　⇒ **重要度Ｂ**

問２　新井白石が行った正徳の治は1709～1716年の７年間です。①一国一城令が出たのは1615年で、徳川家康が大名らに対して居城以外の城を破壊するよう命令したものです。②株仲間の公認を行い営業上の特権を与える代わりに金銭を上納させたのは田沼意次です。③公事方御定書は1742年、徳川吉宗の時に作成された幕府の司法に関する決まり事です。④閑院宮家が創設されたのは1710年です。新井白石は皇室を繁栄させ、天皇の権威を尊重することが将軍家の権威を高めることにつながるとして閑院宮家の創設を行いました。

解答番号【10】：４　⇒ **重要度Ｂ**

問３　図中の凧の中で高いところにあげられているもの程価格が上昇したと説明文２に書かれています。高いところにある凧の文字を見てみると、米や木綿など生活に欠かせないものであることからＡには「生活必需品の価格」が入ります。同じく価格が上昇したものに武具や馬具があります。これらについては年表中から桜田門外の変・薩英戦争・禁門の変・長州征討などの戦争が多かったことが読み取れますので武具・馬具の需要が高く価格が高騰したと考えられます。よって、Ｂには「あいつぐ戦争」が入ります。

解答番号【11】：２　⇒ **重要度Ｂ**

問４　江戸時代は1603年に徳川家康が征夷大将軍に任命されてから1868年に明治に改元されるまでを指します。アの冷害や浅間山の噴火が起きたのは1782～1787年の天明の飢饉の時期であり幕末にはあてはまりません。江戸時代には８回にわたって貨幣改鋳が行われています。イで書かれている幕末の貨幣改鋳による品質引き下げにあたるのは安政・万延の改鋳で、鎖国を終え開港を行ったことによって日本から大量に金が流出することを防ぐために行われました。

解答番号【12】：３　⇒ **重要度Ａ**

4

問１　日米和親条約で下田に領事館が置かれ、領事として着任したのがハリスです。もう一つのＡの選択肢であるプチャーチンは幕末に結ばれた日露和親条約締結の使節です。Ｂに入れる選択肢については「織田信長も豊臣秀吉も徳川家康も、自分の行動にＢの承認が必要だとは考えなかった」という部分から、かつて政治権力の中心にあった朝廷が入ると推察できます。

解答番号【13】：２　⇒ **重要度Ｂ**

問２　誤っているものを選ぶ問題であるということに注意しましょう。フェノロサは美術研

究家、ロエスレルは大日本帝国憲法草案作成に関わった法律家、コンドルは鹿鳴館などを設計した建築家で、お雇い外国人として日本の近代化に貢献しました。④のシャウプは1949年に日本の税制度に対する提案をした人物で、この提案はシャウプ勧告と呼ばれています。

解答番号【14】：4　⇒ 重要度A

問３　Cの選択肢として「下田と箱館が開港された」とありますが、これは日米修好通商条約締結より前の1854年に結ばれた日米和親条約の内容です。Dについては日英通商航海条約締結時の外務大臣である陸奥宗光が適切な選択肢となります。日英通商航海条約では和親条約で結ばれた治外法権を認めるという不平等条約の一部が改正されました。Dのもうひとつの選択肢となっている小村寿太郎は日英同盟やポーツマス条約締結時の外務大臣です。

解答番号【15】：3　⇒ 重要度A

問４　アについて、日米修好通商条約でいくつか開港した港がありますが1860年以降横浜港の輸出・輸入額が50％以上を超えている＝開港した港の中で横浜港が最大であると考えることができます。イについて、表の1866年以前を見ると、輸入額より輸出額の方が大きいため貿易収支は黒字となっています。

解答番号【16】：1　⇒ 重要度B

5

問１　Aには生糸の生産地として知られていた長野が入ります。江戸時代から長野県では良質な蚕の産地があり、明治初期になると輸出された蚕の３分の１が長野産のものでした。Bについては写真２を見ると女性ばかりであること、帽子やマスクはしていないことがわかります。

解答番号【17】：4　⇒ 重要度B

問２　生糸は1885年も1900年も輸出金額の第一位であることから、アについては正しい文であることがわかります。イについて、生糸の原材料は蚕のまゆです。これは1885年、1900年ともに輸入品に含まれていないため国内生産されていたことがわかりますので、正しい文であると判断ができます。国産の蚕については問１の解説も参考にしてください。

解答番号【18】：1　⇒ 重要度B

6

問１　Aには二十一ヵ条の要求内にあった「旅順・大連の租借権を延長する」が入ります。もうひとつの選択肢の満州国が承認されたのは日満議定書です。Bには孫文死後の中国国民党を牽引した蒋介石が入ります。袁世凱は初代中華民国大総統です。

解答番号【19】：1　⇒ 重要度B

問２　1920 年代は戦後恐慌と呼ばれる大不況の時代でしたので、アの文は誤りです。イについては 1923 年に発効されたワシントン海軍軍縮条約を指しています。この条約によって主力艦保有数は英：米：日：仏：伊がそれぞれ、5：5：3：1.67：1.67 と定められました。

解答番号【20】：3　　　⇒ 重要度Ｂ

7

問１　Ａの犬養首相が暗殺された五・一五事件後に総理大臣になったのが斎藤実です。斎藤実はもともと海軍の軍人で、満州国不承認による国連脱退など、戦時体制に向かっていった総理大臣です。そのため、説明としてはイが適切です。Ｂは国連脱退に関する見出しなので、説明としてはウが適切です。アの軍部大臣現役武官制の復活は 1936 年の広田弘毅内閣、エの満州事変は 1931 年の出来事です。

解答番号【21】：3　　　⇒ 重要度Ｂ

問２　表から読み取れる内容について、アの軍事費については 1931 年の 4.55 億円から 1936 年の 10.78 億円まで増え続けています。イの一般会計歳出・国債発行額が減少し続けているという部分については増加と減少が見られます。1930 年代の日本の経済状況の説明として正しいのはエです。このころ犬養内閣の高橋是清大蔵大臣による金輸出再禁止や管理通貨制度への移行などを経て好況に転じました。

解答番号【22】：2　　　⇒ 重要度Ｂ

問３　適切ではない選択肢を選ぶ問題であることに注意しましょう。Ｚの時期は 1945 年から 1950 年を指しています。①新安保条約は 1960 年に締結されました。日本とアメリカの軍事的同盟強化に反発する国民によって安保闘争が起きましたが岸信介は締結を強行して総辞職しました。②金融緊急措置令は戦後のインフレに対処するために 1946 年に施行されました。③極東国際軍事裁判は第二次世界大戦に中心的に関わった人物を裁くために 1946 年に開かれました。起訴された元首相に広田弘毅・平沼騏一郎・東条英機・小磯国昭がいます。④財閥解体は日本の軍国主義撲滅を目指してGHQがすすめたもので、1945 年から 1951 年の間に行われました。

解答番号【23】：1　　　⇒ 重要度Ａ

問４　適切ではない選択肢を選ぶ問題であることに注意しましょう。①については１～２行目の「日ソ国交の正常化の～あくことない追及」という部分から読み取ることができます。②については４～６行目の「国連加盟を実現して～必要であると考えます」という部分から読み取ることができます。③については６～７行目の「今なお異境に～断腸の思いであります」という部分から読み取ることができます。④については９～10 行目の「わが国固有の領土に対しては、その主張を断じて譲るものではありません」という部分からこの選択肢が誤りであることがわかります。

解答番号【24】：4　　　⇒ 重要度Ｂ

8

問１　図１で示されている青銅器は銅鐸と呼ばれ、弥生時代に鋳造されたものです。図２は犬追物と呼ばれ鎌倉時代からはじまった武芸の訓練で、流鏑馬・笠懸と合わせて騎射三物と呼ばれています。

解答番号【25】：4　　⇒ **重要度A**

問２　「平戸に来航したイギリスのある司令官」という部分に注目しましょう。平戸に商館が設置されたのは 1609 年のオランダ商館がはじめで、その後各国の商館が設置されます。年表中のフランシスコ＝ザビエルがキリスト教を日本に伝えたのは 1549 年、バテレン追放令は 1587 年、オランダ商館が平戸から長崎に移ったのは 1641 年ですので、手紙が書かれたのは、平戸に商館があった②の時期と考えられます。

解答番号【26】：2　　⇒ **重要度A**

問３　資料中から「富国強兵」「文明開化」などは読み取れません。また、資料２は「隣組」「翼賛壮年団」という言葉から第二次世界大戦中のものであるとわかりますのでアの文は誤り、イの文は適切なものであると考えられます。

解答番号【27】：3　　⇒ **重要度A**

問４　1937 ～ 1948 年の間の出来事を選びましょう。①固定為替相場制から変動為替相場制に移行したのは 1973 年です。②天皇が象徴と位置付けられたのは 1946 年に公布された日本国憲法です。③警察予備隊が保安隊に改編されたのは 1952 年です。④義務教育が６年になったのは 1907 年で、就学率の上昇と尋常小学校に併設された高等小学校の普及が背景にありました。

解答番号【28】：2　　⇒ **重要度B**

キ リ ト リ 線

第　回　高等学校卒業程度認定試験

日本史A・B　解答用紙

氏　名	

受験番号 ⇒

①	⓪①②③④⑤⑥⑦⑧⑨	⓪①②③④⑤⑥⑦⑧⑨	⓪①②③④⑤⑥⑦⑧⑨	⓪①②③④⑤⑥⑦⑧⑨

生年月日 ⇒

年号						
明治Ⓜ 大正Ⓣ 昭和Ⓢ 平成Ⓗ	⓪①②③④⑤⑥	⓪①②③④⑤⑥⑦⑧⑨	⓪①	⓪①②③④⑤⑥⑦⑧⑨	⓪①②③	⓪①②③④⑤⑥⑦⑧⑨

（注意事項）

1. 記入はすべてＨまたはＨＢの黒色鉛筆を使用してください。
2. 訂正するときは、プラスチックの消しゴムで丁寧に消し、消しくずを残さないでください。
3. 所定の記入欄以外には何も記入しないでください。
4. 解答用紙を汚したり、折り曲げたりしないでください。
5. マーク例

良い例	●

悪い例	

受験地			
北海道	○	滋　賀	○
青　森	○	京　都	○
岩　手	○	大　阪	○
宮　城	○	兵　庫	○
秋　田	○	奈　良	○
山　形	○	和歌山	○
福　島	○	鳥　取	○
茨　城	○	島　根	○
栃　木	○	岡　山	○
群　馬	○	広　島	○
埼　玉	○	山　口	○
千　葉	○	徳　島	○
東　京	○	香　川	○
神奈川	○	愛　媛	○
新　潟	○	高　知	○
富　山	○	福　岡	○
石　川	○	佐　賀	○
福　井	○	長　崎	○
山　梨	○	熊　本	○
長　野	○	大　分	○
岐　阜	○	宮　崎	○
静　岡	○	鹿児島	○
愛　知	○	沖　縄	○
三　重	○		

※解答する科目名に○を付けてマークして下さい。

日本史A	日本史B
○	○

解答番号	解答欄 1 2 3 4 5 6 7 8 9 0
1	①②③④⑤⑥⑦⑧⑨⓪
2	①②③④⑤⑥⑦⑧⑨⓪
3	①②③④⑤⑥⑦⑧⑨⓪
4	①②③④⑤⑥⑦⑧⑨⓪
5	①②③④⑤⑥⑦⑧⑨⓪
6	①②③④⑤⑥⑦⑧⑨⓪
7	①②③④⑤⑥⑦⑧⑨⓪
8	①②③④⑤⑥⑦⑧⑨⓪
9	①②③④⑤⑥⑦⑧⑨⓪
10	①②③④⑤⑥⑦⑧⑨⓪
11	①②③④⑤⑥⑦⑧⑨⓪
12	①②③④⑤⑥⑦⑧⑨⓪
13	①②③④⑤⑥⑦⑧⑨⓪
14	①②③④⑤⑥⑦⑧⑨⓪
15	①②③④⑤⑥⑦⑧⑨⓪

解答番号	解答欄 1 2 3 4 5 6 7 8 9 0
16	①②③④⑤⑥⑦⑧⑨⓪
17	①②③④⑤⑥⑦⑧⑨⓪
18	①②③④⑤⑥⑦⑧⑨⓪
19	①②③④⑤⑥⑦⑧⑨⓪
20	①②③④⑤⑥⑦⑧⑨⓪
21	①②③④⑤⑥⑦⑧⑨⓪
22	①②③④⑤⑥⑦⑧⑨⓪
23	①②③④⑤⑥⑦⑧⑨⓪
24	①②③④⑤⑥⑦⑧⑨⓪
25	①②③④⑤⑥⑦⑧⑨⓪
26	①②③④⑤⑥⑦⑧⑨⓪
27	①②③④⑤⑥⑦⑧⑨⓪
28	①②③④⑤⑥⑦⑧⑨⓪
29	①②③④⑤⑥⑦⑧⑨⓪
30	①②③④⑤⑥⑦⑧⑨⓪

解答番号	解答欄 1 2 3 4 5 6 7 8 9 0
31	①②③④⑤⑥⑦⑧⑨⓪
32	①②③④⑤⑥⑦⑧⑨⓪
33	①②③④⑤⑥⑦⑧⑨⓪
34	①②③④⑤⑥⑦⑧⑨⓪
35	①②③④⑤⑥⑦⑧⑨⓪
36	①②③④⑤⑥⑦⑧⑨⓪
37	①②③④⑤⑥⑦⑧⑨⓪
38	①②③④⑤⑥⑦⑧⑨⓪
39	①②③④⑤⑥⑦⑧⑨⓪
40	①②③④⑤⑥⑦⑧⑨⓪
41	①②③④⑤⑥⑦⑧⑨⓪
42	①②③④⑤⑥⑦⑧⑨⓪
43	①②③④⑤⑥⑦⑧⑨⓪
44	①②③④⑤⑥⑦⑧⑨⓪
45	①②③④⑤⑥⑦⑧⑨⓪

- - - - - - - - - - - - - - - - - - キ リ ト リ 線 - - - - - - - - - - - - - - - - - -

第　　回　高等学校卒業程度認定試験

日本史Ａ・Ｂ　解答用紙

氏　名	

（注意事項）
1．記入はすべてＨまたはＨＢの黒色鉛筆を使用してください。
2．訂正するときは、プラスチックの消しゴムで丁寧に消し、消しくずを残さないでください。
3．所定の記入欄以外には何も記入しないでください。
4．解答用紙を汚したり、折り曲げたりしないでください。
5．マーク例

良い例	●

悪い例	

受験番号⇒

①	⓪①②③④⑤⑥⑦⑧⑨	⓪①②③④⑤⑥⑦⑧⑨	⓪①②③④⑤⑥⑦⑧⑨	⓪①②③④⑤⑥⑦⑧⑨

生年月日⇒

年号						
明治Ⓜ 大正Ⓣ 昭和Ⓢ 平成Ⓗ	⓪①②③④⑤⑥	⓪①②③④⑤⑥⑦⑧⑨	⓪①	⓪①②③④⑤⑥⑦⑧⑨	⓪①②③	⓪①②③④⑤⑥⑦⑧⑨

受験地			
北海道	○	滋　賀	○
青　森	○	京　都	○
岩　手	○	大　阪	○
宮　城	○	兵　庫	○
秋　田	○	奈　良	○
山　形	○	和歌山	○
福　島	○	鳥　取	○
茨　城	○	島　根	○
栃　木	○	岡　山	○
群　馬	○	広　島	○
埼　玉	○	山　口	○
千　葉	○	徳　島	○
東　京	○	香　川	○
神奈川	○	愛　媛	○
新　潟	○	高　知	○
富　山	○	福　岡	○
石　川	○	佐　賀	○
福　井	○	長　崎	○
山　梨	○	熊　本	○
長　野	○	大　分	○
岐　阜	○	宮　崎	○
静　岡	○	鹿児島	○
愛　知	○	沖　縄	○
三　重	○		

※解答する科目名に○を付けてマークして下さい。

日本史A	日本史B
○	○

解答番号	解答欄 1234567890
1	①②③④⑤⑥⑦⑧⑨⓪
2	①②③④⑤⑥⑦⑧⑨⓪
3	①②③④⑤⑥⑦⑧⑨⓪
4	①②③④⑤⑥⑦⑧⑨⓪
5	①②③④⑤⑥⑦⑧⑨⓪
6	①②③④⑤⑥⑦⑧⑨⓪
7	①②③④⑤⑥⑦⑧⑨⓪
8	①②③④⑤⑥⑦⑧⑨⓪
9	①②③④⑤⑥⑦⑧⑨⓪
10	①②③④⑤⑥⑦⑧⑨⓪
11	①②③④⑤⑥⑦⑧⑨⓪
12	①②③④⑤⑥⑦⑧⑨⓪
13	①②③④⑤⑥⑦⑧⑨⓪
14	①②③④⑤⑥⑦⑧⑨⓪
15	①②③④⑤⑥⑦⑧⑨⓪

解答番号	解答欄 1234567890
16	①②③④⑤⑥⑦⑧⑨⓪
17	①②③④⑤⑥⑦⑧⑨⓪
18	①②③④⑤⑥⑦⑧⑨⓪
19	①②③④⑤⑥⑦⑧⑨⓪
20	①②③④⑤⑥⑦⑧⑨⓪
21	①②③④⑤⑥⑦⑧⑨⓪
22	①②③④⑤⑥⑦⑧⑨⓪
23	①②③④⑤⑥⑦⑧⑨⓪
24	①②③④⑤⑥⑦⑧⑨⓪
25	①②③④⑤⑥⑦⑧⑨⓪
26	①②③④⑤⑥⑦⑧⑨⓪
27	①②③④⑤⑥⑦⑧⑨⓪
28	①②③④⑤⑥⑦⑧⑨⓪
29	①②③④⑤⑥⑦⑧⑨⓪
30	①②③④⑤⑥⑦⑧⑨⓪

解答番号	解答欄 1234567890
31	①②③④⑤⑥⑦⑧⑨⓪
32	①②③④⑤⑥⑦⑧⑨⓪
33	①②③④⑤⑥⑦⑧⑨⓪
34	①②③④⑤⑥⑦⑧⑨⓪
35	①②③④⑤⑥⑦⑧⑨⓪
36	①②③④⑤⑥⑦⑧⑨⓪
37	①②③④⑤⑥⑦⑧⑨⓪
38	①②③④⑤⑥⑦⑧⑨⓪
39	①②③④⑤⑥⑦⑧⑨⓪
40	①②③④⑤⑥⑦⑧⑨⓪
41	①②③④⑤⑥⑦⑧⑨⓪
42	①②③④⑤⑥⑦⑧⑨⓪
43	①②③④⑤⑥⑦⑧⑨⓪
44	①②③④⑤⑥⑦⑧⑨⓪
45	①②③④⑤⑥⑦⑧⑨⓪

- - - - - - - - - - キ リ ト リ 線 - - - - - - - - - -

第　　回　高等学校卒業程度認定試験

日本史Ａ・Ｂ　解答用紙

氏　名	

受験番号⇒

①	⓪①②③④⑤⑥⑦⑧⑨	⓪①②③④⑤⑥⑦⑧⑨	⓪①②③④⑤⑥⑦⑧⑨	⓪①②③④⑤⑥⑦⑧⑨

生年月日⇒

年号						
明治Ⓜ 大正Ⓣ 昭和Ⓢ 平成Ⓗ	⓪①②③④⑤⑥	⓪①②③④⑤⑥⑦⑧⑨	⓪①	⓪①②③④⑤⑥⑦⑧⑨	⓪①②③	⓪①②③④⑤⑥⑦⑧⑨

（注意事項）

1．記入はすべてＨまたはＨＢの黒色鉛筆を使用してください。
2．訂正するときは、プラスチックの消しゴムで丁寧に消し、消しくずを残さないでください。
3．所定の記入欄以外には何も記入しないでください。
4．解答用紙を汚したり、折り曲げたりしないでください。
5．マーク例

良い例	●

悪い例	

受験地			
北海道	○	滋　賀	○
青　森	○	京　都	○
岩　手	○	大　阪	○
宮　城	○	兵　庫	○
秋　田	○	奈　良	○
山　形	○	和歌山	○
福　島	○	鳥　取	○
茨　城	○	島　根	○
栃　木	○	岡　山	○
群　馬	○	広　島	○
埼　玉	○	山　口	○
千　葉	○	徳　島	○
東　京	○	香　川	○
神奈川	○	愛　媛	○
新　潟	○	高　知	○
富　山	○	福　岡	○
石　川	○	佐　賀	○
福　井	○	長　崎	○
山　梨	○	熊　本	○
長　野	○	大　分	○
岐　阜	○	宮　崎	○
静　岡	○	鹿児島	○
愛　知	○	沖　縄	○
三　重	○		

※解答する科目名に○を付けてマークして下さい。

日本史A	日本史B
⚪	⚪

解答番号	解答欄 1 2 3 4 5 6 7 8 9 0	解答番号	解答欄 1 2 3 4 5 6 7 8 9 0	解答番号	解答欄 1 2 3 4 5 6 7 8 9 0
1	①②③④⑤⑥⑦⑧⑨⓪	16	①②③④⑤⑥⑦⑧⑨⓪	31	①②③④⑤⑥⑦⑧⑨⓪
2	①②③④⑤⑥⑦⑧⑨⓪	17	①②③④⑤⑥⑦⑧⑨⓪	32	①②③④⑤⑥⑦⑧⑨⓪
3	①②③④⑤⑥⑦⑧⑨⓪	18	①②③④⑤⑥⑦⑧⑨⓪	33	①②③④⑤⑥⑦⑧⑨⓪
4	①②③④⑤⑥⑦⑧⑨⓪	19	①②③④⑤⑥⑦⑧⑨⓪	34	①②③④⑤⑥⑦⑧⑨⓪
5	①②③④⑤⑥⑦⑧⑨⓪	20	①②③④⑤⑥⑦⑧⑨⓪	35	①②③④⑤⑥⑦⑧⑨⓪
6	①②③④⑤⑥⑦⑧⑨⓪	21	①②③④⑤⑥⑦⑧⑨⓪	36	①②③④⑤⑥⑦⑧⑨⓪
7	①②③④⑤⑥⑦⑧⑨⓪	22	①②③④⑤⑥⑦⑧⑨⓪	37	①②③④⑤⑥⑦⑧⑨⓪
8	①②③④⑤⑥⑦⑧⑨⓪	23	①②③④⑤⑥⑦⑧⑨⓪	38	①②③④⑤⑥⑦⑧⑨⓪
9	①②③④⑤⑥⑦⑧⑨⓪	24	①②③④⑤⑥⑦⑧⑨⓪	39	①②③④⑤⑥⑦⑧⑨⓪
10	①②③④⑤⑥⑦⑧⑨⓪	25	①②③④⑤⑥⑦⑧⑨⓪	40	①②③④⑤⑥⑦⑧⑨⓪
11	①②③④⑤⑥⑦⑧⑨⓪	26	①②③④⑤⑥⑦⑧⑨⓪	41	①②③④⑤⑥⑦⑧⑨⓪
12	①②③④⑤⑥⑦⑧⑨⓪	27	①②③④⑤⑥⑦⑧⑨⓪	42	①②③④⑤⑥⑦⑧⑨⓪
13	①②③④⑤⑥⑦⑧⑨⓪	28	①②③④⑤⑥⑦⑧⑨⓪	43	①②③④⑤⑥⑦⑧⑨⓪
14	①②③④⑤⑥⑦⑧⑨⓪	29	①②③④⑤⑥⑦⑧⑨⓪	44	①②③④⑤⑥⑦⑧⑨⓪
15	①②③④⑤⑥⑦⑧⑨⓪	30	①②③④⑤⑥⑦⑧⑨⓪	45	①②③④⑤⑥⑦⑧⑨⓪

キ リ ト リ 線

第　回　高等学校卒業程度認定試験

日本史A・B　解答用紙

氏　名	

受験番号 ⇒				
①	⓪①②③④⑤⑥⑦⑧⑨	⓪①②③④⑤⑥⑦⑧⑨	⓪①②③④⑤⑥⑦⑧⑨	⓪①②③④⑤⑥⑦⑧⑨

生年月日 ⇒ 年号						
明治Ⓜ 大正Ⓣ 昭和Ⓢ 平成Ⓗ	⓪①②③④⑤⑥	⓪①②③④⑤⑥⑦⑧⑨	⓪①	⓪①②③④⑤⑥⑦⑧⑨	⓪①②③	⓪①②③④⑤⑥⑦⑧⑨

（注意事項）
1．記入はすべてＨまたはＨＢの黒色鉛筆を使用してください。
2．訂正するときは、プラスチックの消しゴムで丁寧に消し、消しくずを残さないでください。
3．所定の記入欄以外には何も記入しないでください。
4．解答用紙を汚したり、折り曲げたりしないでください。
5．マーク例

良い例	●

悪い例	

受験地			
北海道	○	滋　賀	○
青　森	○	京　都	○
岩　手	○	大　阪	○
宮　城	○	兵　庫	○
秋　田	○	奈　良	○
山　形	○	和歌山	○
福　島	○	鳥　取	○
茨　城	○	島　根	○
栃　木	○	岡　山	○
群　馬	○	広　島	○
埼　玉	○	山　口	○
千　葉	○	徳　島	○
東　京	○	香　川	○
神奈川	○	愛　媛	○
新　潟	○	高　知	○
富　山	○	福　岡	○
石　川	○	佐　賀	○
福　井	○	長　崎	○
山　梨	○	熊　本	○
長　野	○	大　分	○
岐　阜	○	宮　崎	○
静　岡	○	鹿児島	○
愛　知	○	沖　縄	○
三　重	○		

※解答する科目名に○を付けてマークして下さい。

日本史A	日本史B
○	○

解答番号	解答欄 1 2 3 4 5 6 7 8 9 0
1	①②③④⑤⑥⑦⑧⑨⓪
2	①②③④⑤⑥⑦⑧⑨⓪
3	①②③④⑤⑥⑦⑧⑨⓪
4	①②③④⑤⑥⑦⑧⑨⓪
5	①②③④⑤⑥⑦⑧⑨⓪
6	①②③④⑤⑥⑦⑧⑨⓪
7	①②③④⑤⑥⑦⑧⑨⓪
8	①②③④⑤⑥⑦⑧⑨⓪
9	①②③④⑤⑥⑦⑧⑨⓪
10	①②③④⑤⑥⑦⑧⑨⓪
11	①②③④⑤⑥⑦⑧⑨⓪
12	①②③④⑤⑥⑦⑧⑨⓪
13	①②③④⑤⑥⑦⑧⑨⓪
14	①②③④⑤⑥⑦⑧⑨⓪
15	①②③④⑤⑥⑦⑧⑨⓪

解答番号	解答欄 1 2 3 4 5 6 7 8 9 0
16	①②③④⑤⑥⑦⑧⑨⓪
17	①②③④⑤⑥⑦⑧⑨⓪
18	①②③④⑤⑥⑦⑧⑨⓪
19	①②③④⑤⑥⑦⑧⑨⓪
20	①②③④⑤⑥⑦⑧⑨⓪
21	①②③④⑤⑥⑦⑧⑨⓪
22	①②③④⑤⑥⑦⑧⑨⓪
23	①②③④⑤⑥⑦⑧⑨⓪
24	①②③④⑤⑥⑦⑧⑨⓪
25	①②③④⑤⑥⑦⑧⑨⓪
26	①②③④⑤⑥⑦⑧⑨⓪
27	①②③④⑤⑥⑦⑧⑨⓪
28	①②③④⑤⑥⑦⑧⑨⓪
29	①②③④⑤⑥⑦⑧⑨⓪
30	①②③④⑤⑥⑦⑧⑨⓪

解答番号	解答欄 1 2 3 4 5 6 7 8 9 0
31	①②③④⑤⑥⑦⑧⑨⓪
32	①②③④⑤⑥⑦⑧⑨⓪
33	①②③④⑤⑥⑦⑧⑨⓪
34	①②③④⑤⑥⑦⑧⑨⓪
35	①②③④⑤⑥⑦⑧⑨⓪
36	①②③④⑤⑥⑦⑧⑨⓪
37	①②③④⑤⑥⑦⑧⑨⓪
38	①②③④⑤⑥⑦⑧⑨⓪
39	①②③④⑤⑥⑦⑧⑨⓪
40	①②③④⑤⑥⑦⑧⑨⓪
41	①②③④⑤⑥⑦⑧⑨⓪
42	①②③④⑤⑥⑦⑧⑨⓪
43	①②③④⑤⑥⑦⑧⑨⓪
44	①②③④⑤⑥⑦⑧⑨⓪
45	①②③④⑤⑥⑦⑧⑨⓪

キリトリ線

第　　回　高等学校卒業程度認定試験

日本史Ａ・Ｂ　解答用紙

氏　名	

受験番号⇒

①	⓪①②③④⑤⑥⑦⑧⑨	⓪①②③④⑤⑥⑦⑧⑨	⓪①②③④⑤⑥⑦⑧⑨	⓪①②③④⑤⑥⑦⑧⑨

生年月日⇒

年号						
明治Ⓜ 大正Ⓣ 昭和Ⓢ 平成Ⓗ	⓪①②③④⑤⑥	⓪①②③④⑤⑥⑦⑧⑨	⓪①	⓪①②③④⑤⑥⑦⑧⑨	⓪①②③	⓪①②③④⑤⑥⑦⑧⑨

（注意事項）
1．記入はすべてＨまたはＨＢの黒色鉛筆を使用してください。
2．訂正するときは、プラスチックの消しゴムで丁寧に消し、消しくずを残さないでください。
3．所定の記入欄以外には何も記入しないでください。
4．解答用紙を汚したり、折り曲げたりしないでください。
5．マーク例

良い例	●

悪い例	

受験地			
北海道	○	滋　賀	○
青　森	○	京　都	○
岩　手	○	大　阪	○
宮　城	○	兵　庫	○
秋　田	○	奈　良	○
山　形	○	和歌山	○
福　島	○	鳥　取	○
茨　城	○	島　根	○
栃　木	○	岡　山	○
群　馬	○	広　島	○
埼　玉	○	山　口	○
千　葉	○	徳　島	○
東　京	○	香　川	○
神奈川	○	愛　媛	○
新　潟	○	高　知	○
富　山	○	福　岡	○
石　川	○	佐　賀	○
福　井	○	長　崎	○
山　梨	○	熊　本	○
長　野	○	大　分	○
岐　阜	○	宮　崎	○
静　岡	○	鹿児島	○
愛　知	○	沖　縄	○
三　重	○		

※解答する科目名に○を付けてマークして下さい。

日本史A	日本史B
○	○

解答番号	解答欄 1234567890
1	①②③④⑤⑥⑦⑧⑨⓪
2	①②③④⑤⑥⑦⑧⑨⓪
3	①②③④⑤⑥⑦⑧⑨⓪
4	①②③④⑤⑥⑦⑧⑨⓪
5	①②③④⑤⑥⑦⑧⑨⓪
6	①②③④⑤⑥⑦⑧⑨⓪
7	①②③④⑤⑥⑦⑧⑨⓪
8	①②③④⑤⑥⑦⑧⑨⓪
9	①②③④⑤⑥⑦⑧⑨⓪
10	①②③④⑤⑥⑦⑧⑨⓪
11	①②③④⑤⑥⑦⑧⑨⓪
12	①②③④⑤⑥⑦⑧⑨⓪
13	①②③④⑤⑥⑦⑧⑨⓪
14	①②③④⑤⑥⑦⑧⑨⓪
15	①②③④⑤⑥⑦⑧⑨⓪

解答番号	解答欄 1234567890
16	①②③④⑤⑥⑦⑧⑨⓪
17	①②③④⑤⑥⑦⑧⑨⓪
18	①②③④⑤⑥⑦⑧⑨⓪
19	①②③④⑤⑥⑦⑧⑨⓪
20	①②③④⑤⑥⑦⑧⑨⓪
21	①②③④⑤⑥⑦⑧⑨⓪
22	①②③④⑤⑥⑦⑧⑨⓪
23	①②③④⑤⑥⑦⑧⑨⓪
24	①②③④⑤⑥⑦⑧⑨⓪
25	①②③④⑤⑥⑦⑧⑨⓪
26	①②③④⑤⑥⑦⑧⑨⓪
27	①②③④⑤⑥⑦⑧⑨⓪
28	①②③④⑤⑥⑦⑧⑨⓪
29	①②③④⑤⑥⑦⑧⑨⓪
30	①②③④⑤⑥⑦⑧⑨⓪

解答番号	解答欄 1234567890
31	①②③④⑤⑥⑦⑧⑨⓪
32	①②③④⑤⑥⑦⑧⑨⓪
33	①②③④⑤⑥⑦⑧⑨⓪
34	①②③④⑤⑥⑦⑧⑨⓪
35	①②③④⑤⑥⑦⑧⑨⓪
36	①②③④⑤⑥⑦⑧⑨⓪
37	①②③④⑤⑥⑦⑧⑨⓪
38	①②③④⑤⑥⑦⑧⑨⓪
39	①②③④⑤⑥⑦⑧⑨⓪
40	①②③④⑤⑥⑦⑧⑨⓪
41	①②③④⑤⑥⑦⑧⑨⓪
42	①②③④⑤⑥⑦⑧⑨⓪
43	①②③④⑤⑥⑦⑧⑨⓪
44	①②③④⑤⑥⑦⑧⑨⓪
45	①②③④⑤⑥⑦⑧⑨⓪

キリトリ線

第　　回　高等学校卒業程度認定試験
日本史Ａ・Ｂ　解答用紙

氏　名	

受験番号⇒

①	⓪①②③④⑤⑥⑦⑧⑨	⓪①②③④⑤⑥⑦⑧⑨	⓪①②③④⑤⑥⑦⑧⑨	⓪①②③④⑤⑥⑦⑧⑨

生年月日⇒

年号						
明治Ⓜ 大正Ⓣ 昭和Ⓢ 平成Ⓗ	⓪①②③④⑤⑥	⓪①②③④⑤⑥⑦⑧⑨	⓪①	⓪①②③④⑤⑥⑦⑧⑨	⓪①②③	⓪①②③④⑤⑥⑦⑧⑨

（注意事項）
1．記入はすべてＨまたはＨＢの黒色鉛筆を使用してください。
2．訂正するときは、プラスチックの消しゴムで丁寧に消し、消しくずを残さないでください。
3．所定の記入欄以外には何も記入しないでください。
4．解答用紙を汚したり、折り曲げたりしないでください。
5．マーク例

良い例	●

悪い例	

受験地			
北海道	○	滋　賀	○
青　森	○	京　都	○
岩　手	○	大　阪	○
宮　城	○	兵　庫	○
秋　田	○	奈　良	○
山　形	○	和歌山	○
福　島	○	鳥　取	○
茨　城	○	島　根	○
栃　木	○	岡　山	○
群　馬	○	広　島	○
埼　玉	○	山　口	○
千　葉	○	徳　島	○
東　京	○	香　川	○
神奈川	○	愛　媛	○
新　潟	○	高　知	○
富　山	○	福　岡	○
石　川	○	佐　賀	○
福　井	○	長　崎	○
山　梨	○	熊　本	○
長　野	○	大　分	○
岐　阜	○	宮　崎	○
静　岡	○	鹿児島	○
愛　知	○	沖　縄	○
三　重	○		

※解答する科目名に○を付けてマークして下さい。

日本史A	日本史B
○	○

解答番号	解答欄 1234567890
1	①②③④⑤⑥⑦⑧⑨⓪
2	①②③④⑤⑥⑦⑧⑨⓪
3	①②③④⑤⑥⑦⑧⑨⓪
4	①②③④⑤⑥⑦⑧⑨⓪
5	①②③④⑤⑥⑦⑧⑨⓪
6	①②③④⑤⑥⑦⑧⑨⓪
7	①②③④⑤⑥⑦⑧⑨⓪
8	①②③④⑤⑥⑦⑧⑨⓪
9	①②③④⑤⑥⑦⑧⑨⓪
10	①②③④⑤⑥⑦⑧⑨⓪
11	①②③④⑤⑥⑦⑧⑨⓪
12	①②③④⑤⑥⑦⑧⑨⓪
13	①②③④⑤⑥⑦⑧⑨⓪
14	①②③④⑤⑥⑦⑧⑨⓪
15	①②③④⑤⑥⑦⑧⑨⓪

解答番号	解答欄 1234567890
16	①②③④⑤⑥⑦⑧⑨⓪
17	①②③④⑤⑥⑦⑧⑨⓪
18	①②③④⑤⑥⑦⑧⑨⓪
19	①②③④⑤⑥⑦⑧⑨⓪
20	①②③④⑤⑥⑦⑧⑨⓪
21	①②③④⑤⑥⑦⑧⑨⓪
22	①②③④⑤⑥⑦⑧⑨⓪
23	①②③④⑤⑥⑦⑧⑨⓪
24	①②③④⑤⑥⑦⑧⑨⓪
25	①②③④⑤⑥⑦⑧⑨⓪
26	①②③④⑤⑥⑦⑧⑨⓪
27	①②③④⑤⑥⑦⑧⑨⓪
28	①②③④⑤⑥⑦⑧⑨⓪
29	①②③④⑤⑥⑦⑧⑨⓪
30	①②③④⑤⑥⑦⑧⑨⓪

解答番号	解答欄 1234567890
31	①②③④⑤⑥⑦⑧⑨⓪
32	①②③④⑤⑥⑦⑧⑨⓪
33	①②③④⑤⑥⑦⑧⑨⓪
34	①②③④⑤⑥⑦⑧⑨⓪
35	①②③④⑤⑥⑦⑧⑨⓪
36	①②③④⑤⑥⑦⑧⑨⓪
37	①②③④⑤⑥⑦⑧⑨⓪
38	①②③④⑤⑥⑦⑧⑨⓪
39	①②③④⑤⑥⑦⑧⑨⓪
40	①②③④⑤⑥⑦⑧⑨⓪
41	①②③④⑤⑥⑦⑧⑨⓪
42	①②③④⑤⑥⑦⑧⑨⓪
43	①②③④⑤⑥⑦⑧⑨⓪
44	①②③④⑤⑥⑦⑧⑨⓪
45	①②③④⑤⑥⑦⑧⑨⓪

2023　高卒認定スーパー実戦過去問題集
日本史A・B

2023年 2月28日 初版 第1刷発行

編集：J-出版編集部
制作：J-Web School
発行：J-出版
〒112-0002 東京都文京区小石川2-3-4第一川田ビル TEL 03-5800-0552
J-出版.Net http://www.j-publish.net/

この本についてのご質問・ご要望は次のところへお願いいたします。
*企画・編集内容に関することは、J-出版編集部（03-5800-0552）
*在庫・不良品（乱丁・落丁等）に関することは、J-出版（03-5800-0552）
*定価はカバーに記載してあります。

ISBN978-4-909326-71-3 C7300 Printed in Japan